KB231626

모모세대가 몰려온다

생산하고 소비하고 창조하는 새로운 10대의 등장

모모세대가 몰려온다

초판 1쇄 발행 2014년 10월 22일
초판 2쇄 발행 2014년 11월 5일

지은이 김경훈
펴낸이 유정연

책임편집 최창욱
기획편집 김세원 김소영 장지연 **전자책** 이정 **디자인** 신묘정 이애리
마케팅 이유섭 최현준 **제작** 임정호 **경영지원** 박승남

펴낸곳 흐름출판 **출판등록** 제313-2003-199호(2003년 5월 28일)
주소 서울시 마포구 동교로 134, 3층 (서교동 464-41)
전화 (02)325-4944 **팩스** (02)325-4945 **이메일** book@hbooks.co.kr
홈페이지 http://www.nwmedia.co.kr **블로그** blog.naver.com/nextwave7
출력·인쇄·제본 (주)현문 **용지** 월드페이퍼(주) **후가공** (주)이지앤비(특허 제10-1081185호)

ISBN 978-89-6596-132-1 13320

• 흐름출판은 독자 여러분의 투고를 기다리고 있습니다. 원고가 있으신 분은 book@hbooks.co.kr로
간단한 개요와 취지, 연락처 등을 보내주세요. 머뭇거리지 말고 문을 두드리세요.
• 파손된 책은 구입하신 서점에서 교환해 드리며 책값은 뒤표지에 있습니다.

이 도서의 국립중앙도서관 출판시도서목록(CIP)은 e-CIP홈페이지(http://www.nl.go.kr/ecip)와 국가자료공동목록시스템(http://www.nl.go.kr/kolisnet)에서 이용하실 수 있습니다. (CIP제어번호 : CIP2014028444)

살아가는 힘이 되는 책 흐름출판은 막히지 않고 두루 소통하는 삶의 이치를 책 속에 담겠습니다.

생산하고 소비하고 창조하는 새로운 10대의 등장

모모세대가 몰려온다

김경훈 한국트렌드연구소장 지음

흐름출판

'철없는 사고뭉치'
'아직 뭘 모르는 애들'
'미성숙한 골칫덩어리'
'고집불통 말썽꾸러기'

10대는 제대로 평가되고 있을까?

게임을 좋아하고 웹툰에 빠져 있으며
인터넷이나 스마트폰을 끼고 사는 10대들

그러나 그것이 그들을
모바일 네이티브로 만든다.
그들은 무엇을 하고
어떻게 보고 듣고 느끼고 생각할까?

rcrombie

jalku
Edb

똑똑하고 깐깐한 소비자
일상을 콘텐츠로 만드는 생산자
안목 높은 평판 전문가
탁월한 감각을 지닌 매칭 마스터
복잡한 논리 없이 경험을 감성으로 직접 수용하는 세대
공감하고 공유하는 문제해결의 달인
어릴 때부터 세상과 너무 친숙하다 보니 웃자란 경계인들
10대를 모모세대로 바라보면
우리가 몰랐던 잠재력과
가능성이 보인다.

스마트폰, 클라우드, 위치기반 서비스, 증강현실, 음성인식, 웨어러블 컴퓨팅……

이 모든 것을 마치 숨 쉬듯 본능적으로 알아채는 아이들

이것은 지금 우리가 안고 있는 세대 문제가
30년 전의 그것과는 전혀 다르다는 의미다. 망치질도 어른이 더 잘하고,
자동차도 어른이 더 잘 다루던 시대를 살아온 기성세대와 달리
모바일 시대의 아이들은 삶의 기본 도구에 대해 어른들보다 더 똑똑하다.
그들의 유전자가 특출해서가 아니다.
그들이 만난 세상이 그렇게 만든 것이다.

모바일 시대

네트워크에 연결된 선이 필요없고
어디서나 자신의 현재 위치에서
시간과 장소에 관계 없이
거대한 가상세계에 접속하는 세상이 되었다.

이러한 기술 환경의 진화는
디지털 네이티브에서 모바일 네이티브로,
또 그 아랫세대로 내려가면서 계속 진행될 것이다.
곧 더욱 강화된 모바일 세상,

'모어 모바일MOre MObile' 시대에
활약할 주인공인
모모세대가 몰려오고 있다.

차례

3장

모모세대의 생산자 감성 : 일상을 기록하고 기획하고 생산한다

4장

모모세대의 소비문화 : 안목 높은 평판 전문가

5장

모모세대의 감각극장 : 외모 가꾸기에 숨은 감각적 재능

6장

모모세대의 문제해결 : 공유하고 공감하고 협업하기

7장

모모세대의 존재감 : 웃자란 경계인을 넘어 어른으로

모모세대를 이해하면 미래가 또렷이 보인다

새로운 시간의 시작을 알리는 세대가 몰려온다. 구시대를 거스르고 진화를 시작한 세대가 몰려온다. 그들은 겨우 10대에 불과한 아이들이다. 그러나 그들은 미하엘 엔데의 소설 《모모》의 주인공 '모모'처럼 소중한 것들을 되찾기 위해 기존의 삶에 진정한 의문을 들이댈 능력을 가지고 있다. 10대의 잠재적 가능성에 대해서는 이미 전 세계가 주목하고 있다. 10대라고 해도 10년 전이나 20년 전의 10대가 아니다. 1990년대 중반 이후부터 2000년대 중반까지 태어난 총 6,123,041명의 아이들(2014년 5월 기준, 대한민국 동사무소 등록), 바로 그 10대들이다.

그들의 유전자가 특출 난 것은 아니다. 그들을 특별하게 만드는 것은 모바일 시대라는 특별한 미래가 출발하는 환경에서 10대를 보내고 있기 때문이다. 그들은 벌써 직접적으로 경제와 소비, 생산 분야에 커다란 영향을 미치기 시작했고, 향후 사회 · 정치 · 문화 전반에 새로운 기운을 불어넣을 것이다. 역사상 10대에 이 정도 영향력과 파급력을 가진 세대는 처음인 것 같다.

그런데 모모세대, 10대의 가능성은 평범한 일상에서 나온다.

교복 와이셔츠 사이즈 109 사실 분? ㅠㅠㅠㅠ 거의 새거입니당

지금 나는 트위터에서 교복이라는 키워드를 실시간 검색한다. 그러자 한 고등학생의 위와 같은 트윗이 12분 전에 올라와 있다. '10대는 스마트폰으로 교복 와이셔츠 거래를 하는구나. 일찌감치 장사를 시작한 것일까?' 그런 건 아니다. 사놓고 별로 입지 않으니까, 그냥 버리느니 필요한 사람에게 전달하려는 것이다. 10대는 중고거래를 많이 한다. 물론 수입이 생기면 더 좋고. 모모세대는 10대의 어린 나이에 이런 '거래'들을 일찌감치 일상 속에서 경험하고 있다. 그런데 그들이 경험하는 것이 때 이른 거래만은 아니다.

지하철에 아프신 노숙자 할아버지가 타셨는데 냄새가 너무 심해서 다들 코만 막고 있는데 내 옆에 앉아계시던 수녀님 두 분 중 한 분이 보시더니 물티슈 들고 가서 손과 발을 다 닦아드린다. 이런 게 진짜구나.

이 고등학생의 트위터엔 교복 와이셔츠 매매를 시도하기 몇 시간 전에 리트윗retweet(남의 트윗을 다시 전송하는 것)한 위의 글이 있었다. 이 글에는 그의 트위터 친구들이 실시간으로 올린 댓글들이 남아 있다.

으아 짱

눈물 나네!

대단하신 분들이네요

우리가 존경하는 수도자들 모습. 역쉬- 수녀님

짧은 시간 동안 그들은 가상 네트워크를 통해 공감을 나눴다. 와이셔츠를 거래했던 그 네트워크에서다. 그 속에서 세상사도 듣고 사람들의 반응도 보고 새 정보도 얻고 삶을 느낀다. 소설 속 '모모'처럼 소중한 것들을 귀하게 여기는 경험을 하고 있다. 역사상 그 어떤 세대가 이런 경험을 거쳐 어른이 되었겠는가!

스마트폰 덕분에 10대들은 정말로 모바일 라이프Mobile Life(이동성이 있는, 혹은 자유로운 이동을 즐기는 삶) 시대를 개척하고 있다. 이 시대는 아직 시작 단계다. 끈이 필요 없고wireless, 그래서 어디서나 자신의 현재 위치에서location based, 장소와 시간에 관계없이 거대한 가상세계와 접속하는ubiquitous, 그런 도구를 손에 들거나 손목에 차거나 안경으로 쓰거나 옷으로 입고 다니는wearable 것이 모바일 라이프 시대다. 앞으로 10년이나 20년, 그러니까 2020년을 넘어 2030년으로 가는 미래다. 모모세대는 이 모바일 시대의 출발점에서 어린 시절을 보내는 덕분에 새로운 시대를 끌어갈 행운을 얻었다. 그들은 알지 못하는 상대와 비즈니스를 하는 경험을 10대에 경험할 수 있고 진짜 삶에 대한 진지한 순간도 가져보며 10대를 보낸 후에 우리를 미래의 새로운 모바일 세계로 이끌어갈 것이다. 그래서 나는 이들에게 '모어 모바일MOre MObile 세대', 줄여서 '모모세대'라는 이름을 지어주기로 한 것이다.

모바일 시대와
모모세대의 가능성

알다시피 모바일로의 이동 속도는 눈부시다고 표현할 수 있다.

'성인 영상도 모바일?'

이런 제목의 뉴스를 살펴보니, 미국의 한 성인영상 서비스 업체가 밝힌 바에 따르면 섹슈얼한 동영상을 시청하는 미국인의 52퍼센트가 모바일 기기로 감상한다는 것이다(이미 2013년 기사다). 세계의 모바일 게임 시장은 연평균 10퍼센트 이상의 성장률을 2020년대까지 이어갈 것으로 예측되고 있고 모바일 뱅킹, 모바일 대출 등 금융 분야도 빠르게 잠식하고 있고 모바일 쇼핑 영역은 못 파는 게 없는 등 모든 영역에서 기존 산업을 뒤흔든다. 소셜 네트워크 서비스도 모바일로 대부분 이루어진다.

이렇게 시장과 비즈니스가 모바일로 인해 지각변동이 일어나는 동안 테크놀로지 분야도 증강현실Augmented Reality, 클라우드 서비스Cloud Service, 사물인터넷Internet of Things, 음성인식Speech Recognition, 웨어러블 디바이스wearable device 등 모바일 라이프를 지원하는 눈부신 기술의 축제를 보여주고 있다. 마치 "앞으로 너희는 이렇게 살아야 해"라고 강요라도 하는 것 같은 대공습이다. "이제 시작이야"라고 말하는 것 같다. 이 테크놀로지들은 아직도 갈 길이 멀기 때문이다.

따라서 모바일 시대는 아직도 대변동의 출발점에 있을 뿐이다. 사회변동과 테크놀로지의 발달이 앞으로도 계속 변화의 불쏘시개를 공급할 것이기 때문이다. 그리고 그 변동의 맨 앞머리에 서 있는 세대가 있다. 가장 앞서가는 사람들이다. 그들이 바로 모모세대인 10대들이다. 그들은 '미리 보는 미래'다. 그래서 모바일 시대의 미래를 알려면 지금 여기의 모모세대를 볼 필요가 있다.

지금의 10대는 기성세대와 다른 환경에서 자랐다. 그것은 그들을 다르게, 모모세대로 만들었다. 애플에서 특별연구원으로 일했고, 상호작용 컴퓨터 분야의 선구자이자 '태블릿의 아버지'라고 불리는 앨런 케이Alan Curtis Kay는 1980년에 이미 이런 말을 했다. "테크놀로지는 그것이 발명되기 전에 태어난 사람들에게만 중요한 것이다."

기성세대가 스마트폰을 신기한 발명품으로 여기는 동안 지금의 10대는 초등학생 때부터 가지고 놀던 것이다. 이 차이는 결코 작지 않다. 그들은 애초에 기성세대와는 다른 세계에서 자랐으며 따라서 기성세대의 기준과는 다른 기준과 감각과 두뇌를 가지고 있다. 이점이 중요하다. 두뇌, 감각, 삶의 기준과 가치. 그 차이와 차이가 빚을 미래.

10대들에 대해 생각할 때 정말로 경계해야 할 것은 그들이 아직 어리고, 미성숙하다는 연령적 특징과 역사적 세대로서 그들의 가능성과 잠재력을 섞어버리는 것이다. 우리는, 기성세대는 10대들의 진실을 모르고 있다. 아니, 무관심하다는 것이 더 적절한 표현일 것이다. 그래서 이해할 수 없는 것이다. 이해할 수 없으니 무작정 가르치려 든다. '40대 아저씨가 하지 말아야 할 것들'이라는 인터넷 유머의 리스트를 보면 '멘토 놀이 하지 마라, 니 할 일이나 잘해라'라는 것이 있다. 그만큼 나이 들수록 인간은 본능적으로 누군가를 가르치려 한다. 이미 2,000년 전 맹자가 말하지 않았는가? "사람에겐 큰 근심과 재앙이 있으니 남의 스승이 되어 가르치는 데서 즐거움을 얻으려 하는 것이다(人之患 在好爲人師, 〈맹자〉 '이루상' 편)." 나이 들면 누구를 가르치려드는 것은 수천 년 된 인간의 습성인 셈이다. 그러나 이번엔 아니다. 《디지털 네이티브》의 저자 돈 탭스콧Don Tapscott은 넷세대(디지털 네이티브 세대, 1980년 이후 출생자들)들이 "역사상 최초로 윗 세대를 가르치는 사람들"이라고 말한 적이 있다. 그러나 모모세대는 더 진화했다.

내가 만난 세상이 나를 만든다. 누구나 그렇다. 소치는 들판에서 나고 자라면 풀을 알고 바람을 알게 된다. 산업화 초기의 도시

뒷골목에서 10대를 보내게 되면 쓰레기들 사이에서 노는 법을 알게 된다. 우리는 누구나 살아 있는 화석처럼 과거를 안고 새기고 살아간다. 그러나 어른이 되고 나면 화석이 너무 굳어서인지 아이들 역시 그들이 만난 세상에서 자란다는 것을 잊는다. 그들이 만나는 세상은 내가 만났던 세상과 다르다는 사실을 눈치 채지 못한다. 게다가 우리는 어른보다 더 많은 것을 알고 있는 아이들과 마주치고 있다. 역사적으로 '세대차이'는 어른보다 못한 아이들이 자라면서 자신들만의 젊음을 무기로 새로움을 추구하는 데서 나왔다. 그러나 가끔, 디지털 문명 같은 문명적 전환기를 만나면 어른보다 더 많은 것을 아는 젊은 세대가 등장한다. 새로운 시대의 도구를 어른보다 잘 다루고, 가야 할 미래를 본능적으로 더 잘 아는 세대가 등장하여 전에 없는 세대차이의 양상을 만드는 것이다.

어릴 적 망치질을 못한다고 아버지에게 꾸중을 들었던 기억이 난다. 못이 똑바로 박히지 않아 애를 먹었던 것 같다. 그 시절, 아이들이 어른보다 잘하는 것은 거의 없었다. 그렇게 10대를 보내고 대학에 와서야 나는 기성세대와 다른 무언가를 추구할 수 있었다. 그러나 내 아이들은 나보다 스마트폰을 잘 다룬다. 스마트폰에 대해 더 많은 지식을 갖고 있고 더 많은 앱을 깔아서 사용한다는 뜻이 아니다. 못을 똑바로 박는 망치질처럼 스마트폰에 대한 요령이 훨씬 많고 익숙하다는 의미다. 이 익숙해짐은 10대들이 가진 '거침없음'의 긍정적 효과다. 스마트폰이 기성세대에게 오히려 장난감 같다면 10대들에게는 생활용품처럼 일상적이고 친숙하다. 지금의 10대들이 대부분 그렇다. 마치 부모 따라 외국에 간 아이들이 부모보다 먼저 현지 친구들과 친해지고 그 나라 언어를 익히는 것과 같다.

이것은 지금 우리가 안고 있는 세대 문제가 30년 전의 그것과는 전혀 다르다는 의미다. 망치질도 어른이 더 잘하고, 자동차도 어른이 더 잘 다루던 시대를 살아온 기성세대와는 달리 디지털 시대, 모바일 시대의 아이들은 삶의 기본 도구에 대해 어른들보다 더 잘 안다. 그들의 유전자가 특출해서가 아니라 그들이 만난 세상이 그렇게 만든 것이다.

우리는 이 책에서 새로운 세대인 10대들이 가진 그 특출한 잠재성을 '세대능력'의 관점에서 알아볼 것이다. 그들을 더 사랑하려면 이해가 필요하다. 현상에 대한 세대차이의 관점에서 벗어나야 한다. 그렇게 시각을 교정해가며 책을 다 읽을 때쯤이면 가정에서, 학교에서, 사회에서 기성세대가 무엇을 해야 할지 떠올릴 수 있을 것이다.

모모세대인 10대를 이해하려 할 때 제일 먼저 부딪치는 문제는 아마도 현실 속 개인으로서의 10대일 것이다(누군가는 '미친 중2'라는 말을 떠올릴지도 모르겠다). 그네들의 가장 흔한 모습은 스마트폰을 만지작거리는 것이다. 모처럼 말을 걸어 대화를 시도했는데 도무지 집중을 안 하는 것에서 짜증이 확 치밀지도 모른다. 뭘 하고 있는 것일까? 잠재력이고 뭐고 대화에 집중하지 않는 것은 인간으로서의 기본적인 태도를 상실한 것이 아닌가? 자, 이 상황에서 우리가 보이는 반응은 기성세대로서는 지극히 정상적이다. 그러나 그들은 아직 10대가 아닌가? 그들의 이런 모습은 반쯤은 미성숙한 연령적 특징에서 나온다. 우리는 또 다른 반을 볼 수 있어야 한다.

예를 들어 아이가 '반톡'을 하고 있다고 해보자. 10대들은 반톡을 한다. 반톡이란 같은 반 아이들끼리 하는 카카오톡 그룹채팅이다. 기성세대가 중고등학교 다닐 때 한 달에 한 번 할까 말까 하던 학급회의를 그들은 매일 실시간으로 하는 것이다. 인터넷카페도 하고 학교 홈페이지도 있지만 반톡이 가장 일반적이다. 예를 한 번 들어보자.

반톡에 애들이 자꾸 저 얘기하길래 쳐봤는데 우리 학교 어떤 애 오빠 친구래. 우와 쩐다 우리집에서 5분? 10분? 거린데 근데 소문이 좀 안 좋아서 일부러 안 가려 하는 애들도 좀 있ㅇ.. 외고 떨어지면 나 저기 가려구 흥3덕3고..

흥3덕4고가 사격 잘한다는 건 알았는데 금메달 와 쩌러. 저 오빠 언제 한번 본 것 같은 ㅋㅋㅋㅋ 길 가다가..... 익숙한 얼굴 신기방기 밤에 운동할 때 맨날 흥덕고 앞을 다녀 ㅋㅋㅋㅋㅋㅋㅋ 잘생긴 오빠들 많음b

이 소녀는 지금 중학생쯤 되는데 인천아시안게임에서 한국에 처음으로 2개의 금메달을 안겨준 고교생 사격선수 이야기를 하고 있다. 그 선수가 자기 동네 학교 출신이라 신기하고 같은 학교 누구의 오빠 친구라는 수다가 반톡에서 벌어진다. 스마트폰을 안 들여다볼 수가 있는가? 이렇게 흥미로운 소식이 계속 이어지는데? 이렇게 해서 이 10대 소녀는 한 귀로 당신의 이야기를 들으면서 눈으로 반톡을 훑고 댓글 달고 트위터에 글을 올린다.

'모어 모바일MOre MObile', 모모MOMO! 그들은 스마트폰이라는 만능도구를 가졌으므로 한꺼번에 여러 가지 일을 하고, 머릿속에 기억하기보다는 가상세계의 창고에 저장을 하고, 단순하게 수용하기보다는 적극적으로 의견을 표현하고, 혼자 알고 있기보다는 남과 공유하고, 이성보다는 감성적인 공감에 더 집중한다.

모모세대의 잠재력을 어떻게 표현하면 좋을까? 이 책은 다음과 같은 주제들로 그들을 표현한다. 놀면서 창조하는 세대. 정보처리의 달인들. 사회구성원으로서의 존재감이 어린 나이에 그 어느 때보다 커진 세대. 소비의 새로운 경로를 스스로 만들어가는 소비자. 상황과 자신을 매칭시키는 능력이 탁월한 세대. 복잡한 논리의 절차 없이 경험을 감성으로 직접 수용하는 세대. 공감에 기초한 집단적 문제해결 능력이 탁월한 세대. 어릴 때부터 세상과 너무 친숙하다 보니 웃자란 경계인들. 10대에 이미 만능도구를 가진 세대. 그러나 이 모든 긍정적 가치에도 불구하고 아직 어리므로 잠재적인 가능성을 가질 뿐인 세대!

이 책의 차례는 이런 모모세대의 잠재력을 구체적인 현상들

속에서 탐색하고 탐험하고 찾아낸 결과다.

세대, 트렌드, 그리고 상상

트렌드 연구자로서 나는 호기심으로 충만한 채 전 세계에서 일어나는 일을 주시한다. 세대도 그런 관찰 대상 중에 하나였다. 2005년에 한국트렌드연구소를 설립하고 '세대연구'를 한번 해야겠다고 늘 생각해왔다. 1994년에 첫《한국인 트렌드》를 쓰고, 2004년에 후속작을 내면서도 한국인을 세대로 나눠서 고찰해야겠다는 생각을 했다. 그러나《한국인 트렌드》이후 20년 만에야 책을 내게 되었다.

'세대Generation'에 대한 많은 논의들 가운데서 길을 찾기는 쉽지 않다. X세대나 Y세대처럼 외국에서 들어와 널리 쓰이는 말들도 있고 '로스트 제너레이션Lost Generation'이나 88만원 세대처럼 논란의 중심에 서 있던 것들도 있다. 신세대나 스마트한 어르신 세대, 월드컵 세대 등 대상이 애매한 표현들까지 포함하면 도대체 누가 어떤 세대에 속해 있는지 아리송해진다. 세대에 대한 책을 쉽게 내지 못했던 데는 이런 이유가 있었던 것 같다. 그렇다면 이 책에서 우리가 다루는 10대는 어떤 세대에 속하는 것일까?

세대라는 개념은 크게 둘로 나뉜다. 가장 명료한 것은 나이에 따른 집합의 개념으로 쓰는 연령별 세대다. 10대, 20대, 30대…… 이렇게 나누거나 청소년 세대, 중장년 세대, 노인 세대와 같이 생애주기에 따라 나눌 경우 나이에 기초해 있다. 여기에 기초하면 우리는 나이가 들면 계속 다른 세대에 속한다. 이 책에서 다루는 10대도 10년 후면 다른 세대가 된다.

두 번째 세대 개념은 조금 복잡한데 역사적 관점에서 세대를 정의하는 것이다. 역사적 관점이란 한 집단이 그 사회의 역사를 바꾸는 어떤 특성을 갖고 있고 그 집단은 나이가 변해도 계속 그 특성을 유지하며 역사를 바꿔간다는 것이다. 예를 들어 386세대는 1960년대에 태어나 1980년대에 대학을 다녔으며 1990년대에 30대가 된 사람들이라는 의미지만 단순히 나이에 따른 세대 개념이 아니다. 그들은 1980년대와 1990년대에 걸쳐 학생운동과 민주화 투쟁에 앞장섰던 사람들로서 그때의 경험과 가치가 그들에게 내재화되어 세월이 지나도 변치 않을 것임을 의미하는 것이다.

이와 같은 세대 개념은 독일의 철학자 딜타이Wilhelm Dilthey로부터 유래되는데 그는 '자아'에 중심을 두고 특히 감수성이 예민한 청소년기에 주목했다. 청소년기에 커다란 사건을 만나면 감수성이 예민한 청소년들이 그것에 큰 영향을 받아 경험과 감성을 키워가게 되며 이후 어른이 되어서도 생각하고 느끼고 생활하는 방식에 공통적인 특성을 가지게 된다는 것이다. 따라서 역사적 세대는 나이가 들어도 변하지 않는다. 그런데 바로 이 점 때문에 역사적 세대 개념은 대단히 까다롭다. 예를 들어 386세대라는 개념은 정말 그 연령대 모두의 공통점이었는가? 혹시 일부의 학생운동 관련 집단만을 대표한 것은 아니었는가? 수십 년이 지나 2010년대에 치러진 선거 결과를 보면 그 386세대의 다수가 보수화된 것을 확인할 수 있다. 그렇다면 386세대라는 정의는 과장되고 부풀려진 감이 없지 않다.

이제 트렌드적 세대연구를 정의하면, 트렌드를 이끄는 주역으로서 세대를 분석하고 평가하는 것이라고 할 수 있다. 연령별 세대와 역사적 세대라는 두 가지 세대 개념을 결합하여 그들이 어떤 변화 속에 있고 앞으로 어떤 트렌드를 이끌지를 탐색하는 것이 트렌드적 세대연구다. 일반적 세대연구와 다른 점은 그 세대의 모든 현상을 개괄하지 않고 오직 변화의 관점에서 살핀다는 것이다. 이 세대는 무엇이 다른가? 그 다름이 미래에 의미하는 시사점은 무엇인가? 생산자, 소비자, 시민으로서 한 세대가 가진 보편적 특성이 변화의 방향을 어떻게 만들어나갈 것인가? 이런 질문들에 대한 대답이 트렌드적 세대연구다.

10대에 대한 트렌드적 세대연구는 비즈니스 관점에서 보면 현재와 미래의 소비자 연구가 된다. 가족의 관점에서 보면 자녀의 특성과 진로와 교육을 위한 고민이 된다. 국가의 관점에서 보면 미래 시민의 정책적 지원 방향에 대한 예측이 될 수 있다.

세계적으로 살펴봐도 10대는 미래 사회의 선도적 세대로서 연구 대상이다. 미국에서는 1990년대부터 이들만을 전문적으로 다루는 트렌드 보고서가 나온다. 프랑스의 노 철학자 미셸 세르Michel

Serres는 《엄지세대 : 두 개의 뇌로 만들 미래》라는 책을 통해 이 새로운 세대의 가능성을 탐색했다. 그러나 한국에서는 주로 청소년기라는 연령적 특징에 초점을 맞춘 연구보고서나 책이 나올 뿐이다. 미디어에서도 스마트폰 중독이나 청소년 범죄, 왕따, 자살, 성적인 일탈 등에 대한 것만 뉴스로 다룬다. 세대로서 연구하고 트렌드의 선도자로서 미래의 가능성을 탐색하는 경우는 매우 드물다.

미래의 정치, 사회, 경제, 문화의 모든 영역에서 모바일에 정통한 10대들의 감각과 능력이 필요해질 것은 분명하다. 당장 한국에서 10대가 있는 가족만 수백만 가구에 달한다. 10대를 소비자로서 상대하는 기업도 결코 적지 않다. 미래 시민으로서 10대를 바라봐야 하는 정부도 이들의 특성에 주목하여 정책적 비전을 그려야 할 것이다. 그러므로 스마트폰 중독이라는 병리적 현상에 대한 우려 정도로 그들을 가둬놓아서는 안 된다. 가치에 비해 주목받지 못하는 사람들이 10대만은 아니지만 세대로서 이들의 긍정적 잠재력을 구석구석 추적하여 미래 가치를 찾아보는 세대연구서가 나올 때가 된 것은 분명하다.

세대연구는 한 개인으로서가 아닌 집단으로서의 특성에 대한 고찰이다. 같은 연령대의 사람들 중 특별한 천재나 이상한 범죄자나 말 잘 듣는 모범생 한 사람 한 사람이 아니라 전체로서의 집단이 세대다. 따라서 보편적 환경과 보편에 가까운 그 연령대 사람들의 특성을 포착하고 그 맥락을 이해할 필요가 있다. 이 책에서 내가 가장 초점을 맞춘 것도 이 부분이다. 특별한 10대들의 이야기를 다루기보다는 10대 일반이 처한 환경과 그들 간의 상호작용, 그리고 거기서 나오는 특성에 주목하고자 했다. 물론 그 중 어떤 특성은 일부의 10대들에게서 유독 강조되지만 그 특성이 개인의 역량보다는 환경의 산물일 수 있는 맥락에 더 주목했던 것이다.

1990년대 이후 자본주의 문명의 중대한 변화는 디지털 테크놀로지를 근간으로 하고 있다. 사회 모든 변화의 한가운데에 디지털이 있다. 그래서 우리는 디지털 문명기에 살고 있다고 말할 수 있다. 첫 번째 20년간(1990년~2010년)은 PC와 인터넷, 휴대폰으로 대표되는 기간이었다. 이 도구들이 이 시기에 청소년기를 보낸 세대의 보편적 환경이 되었다. 그래서 그들을 '넷세대'라고 부른다. 대체로 1980년 이후 출생자들이 여기에 해당한다. 이들을 디지털 네이티브 세대라고도 부른다.

첫 번째 20년이 지난 후에, 즉 2010년을 전후로 디지털 문명은 더욱 진화했는데 그 중심에 모바일 도구 및 테크놀로지가 자라잡고 있다. 스마트폰을 중심으로 클라우드 시스템, 위치기반 서비스, 증강현실, 음성인식, 웨어러블 컴퓨팅 등의 테크놀로지는 모바일 시대를 지원한다. 이것이 모모세대의 보편적 환경이다. 모바일로 대표되는 문명적 변화가 얼마나 오래 지속될지는 아무도 모른다. 그러나 청소년기에 모바일 시대를 제대로 직면한 이 세대는 앞으로도 오랫동안 그들만의 특성을 가지게 될 것이다. 선배인 넷세대처럼 디지털 문명을 키워나가겠지만 더 진화한 모바일 라이프를 키워나갈 것이다. 그것이 역사적 세대로서 지금의 10대들이다.

모모세대라는 표현은 10대의 이 역사적 의미에 부여된 것이다.

마지막으로 덧붙이고 싶은 말은 트렌드적 세대연구와 이해가 세대 갈등의 해소에 기여한다는 것이다. 무지란 언제나 갈등의 가장 중요한 씨앗이다. 서로 다른 세대가 여러 가지 차이에도 불구하고 이해하게 될 때 두 세대 간에는 대결보다 새로운 변화에 힘을 합치는 세대혁신이 가능하다. 트렌드 연구자로서의 오랜 경험을 통해 나는 미래가 필연성의 미래, 우연성(불확실성)의 미래, 가능성의 미래라는 3가지 모습을 띠고 있다는 것을 알게 되었다. 예컨대 모바일 시대가 온다는 것은 필연성의 미래다. 우리 사회는 이미 모든 분야에서 모바일로의 자기조직화가 시작되었다. 그러나 미래의 모바일 시대에 한국이 얼마나 성장할지, 과연 우리가 행복할지는 불확실하다. 이것은 우연성의 미래다. 많은 변수가 작동하기 때문이다. 이 필연성과 우연성의 미래 사이에 가능성의 미래가 있다. 많은 변수들이 작동하겠지만 모바일 시대로의 이행이 분명하므로 그 시대의 감성과 감각과 라이프스타일을 선도하는 10대들을 이해하고 협력하여 세대혁신을 할 수 있다면 결코 작지 않은 가능성에 투자하는 것이 되지 않겠는가. 우리의 선택과 의지가 만들어낼 미래, 그것이 가능성의 미래다.

가능성의 미래를 위해 우리는 모모세대를 '계승자'라는 관점에서 보면 어떨까 하는 생각을 한다. 계승자라는 단어는 꽤 고심 끝에 선택했다. 멘토에겐 멘티, 선배에겐 후배, 부모에겐 자식, 기성세대에겐 젊은 세대, 직장에선 사수와 조수가 있다. 이때 뒤에 따라오는 이들을 무엇이라고 부르면 좋을까? 좋든 싫든 미래엔 나를 대신할 수밖에 없고, 그들의 능력을 가능한 키워서 내보내고 싶은 사람. 그래서 계승자다. 영어로는 석세서successor다. 영어의 석세스success는 단순한 성공이 아니라 앞선 성취자들의 DNA나 장점을 잘 이어받는다는 뜻이 있다. 그래서 계승자는 석세서다.

지금까지 우리는 10대를 아직 어리고 미성숙한 골칫덩어리로만 보아온 것은 아닐까? 계승자에 대해 우리는 더 관심을 갖게 되고 더 사랑하게 되지 않겠는가? 이제 계승자로서 10대를 봐주기를 바란다. 그러면 모모세대를 볼 수 있다. 미성숙한 10대가 아니라 모모세대를 볼 수 있다면 더 창의적인 생산자, 더 똑똑한 소비자로 커가도록 지원할 수 있다. 트렌드적 세대연구의 보람도 여기에 있을 것이다.

이 글은 대부분 10대들의 주요 서식지(?) 가운데 하나인 도서관에서 썼다. 태블릿PC로 소리 내지 않으려 노력하면서, 공부하는 10대들 사이에서 자료를 찾고 원고를 썼다. 내가 다니는 용인 수지도서관에는 사서 출신인 20세기 아르헨티나 소설가 호르헤 루이스 보르헤스의 글귀가 복도에 걸려 있다.

나는 늘 천국이 도서관 같을 거라고 상상해왔다.

I have always imagined that Paradise will be a kind of library.

이 글을 쓰는 동안 나는 상상했다. 모모세대가 몰려오고 나를 포함한 기성세대가 그들을 활짝 안아주는 광경을 상상했다. 공부에 찌든 아이들이 도서관 밖으로만 나서면 활기차게 변하고, 스마트폰만 쥐면 얼굴에 웃음기가 떠오르는 것을 보면서 우리가 그들을 조금 더 이해하고 가능성을 발견해주는 현실을 상상했다. 그러면 그때 그곳이 아이들에겐 천국이겠지.

1장

모모세대와 세대혁신

: 10대를 보는 관점의 변화

모바일 네이티브 세대

모바일 디바이스를 출생과 동시에 공기를 호흡하듯
일상적으로 접하며 능숙하게 다루는 세대

10대가 가장 많이 사용하는 디지털 도구
스마트폰

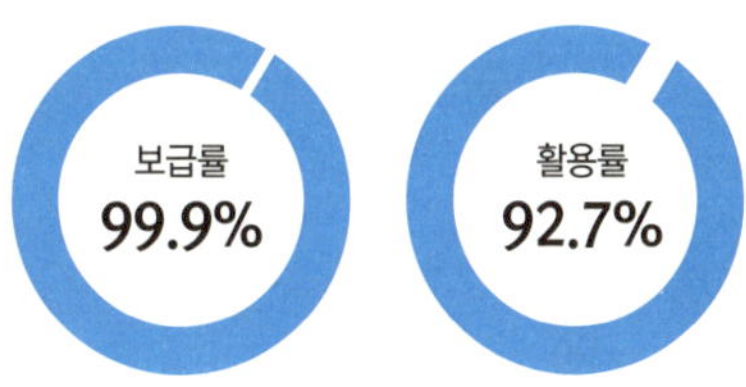

10대에게 스마트폰은 공기와 같은 수준이다
10대는 스마트폰과 사랑에 빠져 있다

"이제부터 모모세대라 불러주세요!"

당신의 10대 자녀가 눈을 동그랗게 뜨고 이렇게 말한다면
당신은 뭐라고 하겠는가?

초고속 인터넷에 이어 스마트폰 이용율이 세계 1위
삼성이나 LG 같은 디지털 기기의 세계적 강자가 있는
우리나라에서 자란 한국의 10대들은

**다음 10년, 또는 그 다음 10년에
세상을 놀라게 할 수 있을까?**

모모세대인 지금 10대가 접할 미래
드림 소사이어티
개인생산자 시대
감각의 시대
친환경 시대
나노의 시대
바이오의 시대
로봇의 시대
포스트 자본주의
22세기
…

그들은 지금과는 완전히 다른 세상에서 살아갈 것이다

**그들은 기성세대와 무엇이 다른가?
그들을 이해하려면 우리는 무엇을 알아야 할까?**

"이제부터 모모세대라 불러주세요."

당신의 10대 자녀가 눈을 동그랗게 뜨고 이렇게 요청하면 뭐라고 하겠는가?

만약 여러분이 10대를 '10대'라고 부르지 않고 '모모세대'라고 부르기 시작하면, 천동설이 지동설로 바뀌었을 때처럼 여러분의 머릿속에서 거대한 인식의 전환이 일어날 것이다. 말썽꾸러기 같던 10대들의 모든 행동에 대한 여러분의 인식에 커다란 변화가 생길 것이다. 만약 모든 부모가 자신의 10대 아이들을 모모세대라고 여긴다면 한국의 미래가 바뀔 것이다.

이것은 대상에 대한 관점의 변화가 일으키는 파문이자 영향력이다. 자기계발서 가운데 최소한 80퍼센트는 관점의 변화가 인생을 행복하게 만든다는 주제를 포함하는 이유가 무엇이던가? 관점이 바뀌면 똑같던 일상이 같지 않게 되고 그로 인해 개인의 관심과 노력과 미래가 바뀐다. 그런데 몇몇 개인이 아닌 집단의 관점이 변하면 또 얼마나 큰 변화가 발생하겠는가? 20세기 경영학의 대부인 피터 드러커는 혁신 가운데 가장 어렵지만 가장 큰 변화를 만들어내는 것이 관점의 변화에서 오는 것이라고 주장했다. 예컨대 1960년대 미국의 백화점들이 쇠퇴했을 때 거대한 혁신이 일어나 새로운 성장을 시작했는데, 그 이유가 노동자들을 스스로 중산층이라고 여기게 만드는 관점의 변화가 일어났기 때문이라고 한다. 자신을 노동자라고 여기던 사람들이 중산층이라고 관점을 변화시키게 되자 안 가던 백화점을 가게 되었던 것이다.

과학계의 사례를 살펴보면 《스키너의 심리상자 열기》라는 책에 이런 내용이 소개되어 있다. 20세기 초반의 과학자들이 '학습 이론'이라고 부르던 것을 에릭 칸델이라는 학자가 '기억'이라고 포장만 바꾸자 뇌를 연구하는 태도와 방법론이 바뀌었다는 것이다. 배우는 과정보다 저장과정에 주목한 에릭 칸델은 뇌의 뉴런들과 그 연결 부위인 시냅스의 작용을 포착하여 기억을 저장하는 물리적 메커니즘을 분석했다. 그래서 에릭 칸델은 기억력을 향상시키는 '학습'이 아니라 '약'을 개발하고 있다고 한다.

관점이 변화하면, 아이들은 변한 것이 없지만 그들의 재능과 능력을 보는 방법이 달라지고 그것을 이끌어내려는 노력이 달라진다. '10대'라는 말은 연령 개념으로서 미성숙한 인간을 의미하지만, 모모세대는 역사적 개념으로서 그들이 미래를 선도할 특성, 혹은 능력을 포장하는 단어다. 그래서 10대라는 말은 뭔가를 가르쳐야 할 불완전함을 대변할 뿐이지만 모모세대라는 말은 기성세대를 능가하는 그들의 가능성을 대변하게 된다. 우리는 그 가능성을 탐지할 의무가 있다. 그들이 살아갈 세상은 기성세대가 만났던 것과 너무나 다르기 때문이다. 그들은 드림 소사이어티와 만날 것이고, 웨어러블wearable 시대와 만날 것이고, 개인생산자 시대와 만날 것이고, 감각의 시대와 만날 것이고, 친환경 시대와 만날 것이고, 나노나 바이오나 로봇의 시대와 만날 것이고, 포스트 자본주의와 만날 것이고, 어쩌면 22세기와 만날 것이다. 그 새로운 시대와 만날 그들의 능력과 길을 누가 열어주어야 하는가.

10대를 보는 관점의 변화, 이것이 이번 장의 주제다. 그 관점의 변화를 왜, 어떻게 준비해야 하는지 살펴보려 한다. 동시에 그 새로운 관점의 대표어로서, 그리고 10대에 대한 관점을 변화시킬 근거로서 모모세대를 소개하려 한다. 모모세대는 10대들의 잠재력을 대변하는 용어다. 말하자면 여러분이 10대들을 말썽꾸러기가 아니라 모모세대로 바라볼 수 있도록 관점의 변화를 시도하는 것이 이번 장의 목표다.

문젯거리가 아니라 가능성이다

10대를 연구하기에 앞서, 기성세대가 더 젊고 어린 세대를 판단하는 관점이 가진 문제를 직시할 필요가 있다. 인간은 누구나 세월에 따른 권력과 나태에서 자유롭지 못하기 때문이다. 그 권력의 남용에 대해, 10대들은 기성세대를 '꼰대'라고 불러왔다. 우리는 정말 꼰대일 수밖에 없을까?

2013년 9월, 충격적인 조사 결과가 한 신문에 보도되었다. 그것은 정직이나 배려, 자기조절과 같은 인성에 대한 중학생 대상의 조사 결과였다. 결론부터 말하자면 '수우미양가'로 따져볼 때 한국 중학생들의 인성이 '미'나 '양'의 수준이라는 것이다. 글자 그대로 '아름답다美'거나 '어질다良'은 뜻은 당연히 아니다. 그 신문의 표현에 의하면 '낮은 수준'이고 '심각한 수준'이라는 의미다. 그들은 정직하지 않고 배려심 적으며 자기조절 능력이 낮다는 것이다. 아쉬운 것이 없어서 소중한 것도 없다는 학부모들의 진술도 실려 있다. 또한 이것은 사람됨의 위기이며 그래서 부족한 품성을 키워주는 교육 프로그램이 시급하다는 것이 전문가들의 조언이었다. 한마디로 낙제점을 받은 것이다.

그러나 정작 시급한 것은 기성세대나 전문가들의 '편협한 시야'들이다. 기사의 객관성을 고려하여 중학생들의 인성이 결국 사회의 세태를 닮았다는 비판과 자기반성을 담은 것까지는 좋았다. 그러나 이 중학생들이 가진 미래 세대로서의 가능성을 찾아내려는 노력은 어디에도 없었다. 도대체 중학생들이 얼마나 '반듯해야' 만족하려 했느냐고 묻고 싶다. 중학생들은 자신들의 인성 수준을 100점 척도에서 69.8점으로 평가했는데, 학부모들은 60.3점을 매겼고 교사들은 더 인색해서 50.7점에 불과했다. 기사를 작성한 기자들은 논조로 봐서 50점 이하로 평가하는 듯했다. 대한민국 중학생들은 다만 '문젯거리'였다. 그 아이들이 갖고 있을 미래 세대로서의 성장 가능성은 '인성' 항목에서부터 낙제점을 받았다. 부정적인 면과 긍정적인 면은 언제나 동전의 양면 같다. 부정적인 요소를 탐구하는 만큼, 아니 그 절반의 노력이라도 긍정적인 요소를 탐색했어야 한다. 이것은 결코 올바른 대접이 아니며 기성세대가 이미 가진 권위나 우쭐거림을 과시하는 것이나 다름없다. 만약 지금 기성세대가 만들어놓은 무한경쟁주의, '하면 된다'라는 성공지상주의, 그리하여 이기적 보신주의가 만연한 사회문화를 근거로 선비정신의 퇴화를 우려하던 조상들이 인성 평가를 했다면 어떤 결과가 나올까? 마이너스 점수? 기성세대가 아랫세대의 평가를 자신들의 고정관념으로 저울질하고 있다는 자기인식조차 없이 그 평가기준이 마치 시대를 초월한 진리인 양 생각하는 것은 나이 먹어서 생긴 권력에 익숙하다는 증거일 뿐이다. 그러나 이런 태도는 우리 사회에 만연해 있다.

– 세상이 어떻게 돌아가는 거야?

– 그러게, 3일 만에 헤어졌다고? 연애를 고작 3일 했다는 거야?

– 그래. 게다가 원래 좋아하던 애는 초등학교도 같이 나온 사인데 걔는 좀 선수인가봐.

– 중2가 무슨…….

– 들어봐. 자기가 뭔 일로 화 나 있는데 '넌 웃는 게 더 예뻐' 그러

면서 위로하더래. 그래서 뽕 갔대.

– 어이없네. 어른 빰치네. 얘네들 무서워서 북한도…….

– 잠깐, 그 말 하지 마. 지겨워.

– 암튼 세상이 어떻게 돌아가는 건지…….

– 그 말도 하지 마.

이런 대화를 10대 청소년이 들었다면 어떤 반응을 보일까? '음, 우리가 뭔가 크게 잘못하고 있나본데 반성해야겠어'라고 할까? 어림도 없다.

'내가 어릴 때는 이랬는데 너희는 뭐냐?', '내가 이렇게 살았으니 너희도 이렇게 살아라'라는 말들도 그렇다. 아마도 10대들은 이것을 꼰대들의 전형적인 훈계로 여길 것이다. 아니, 전형적인 꼰대들의 시각이 맞다. 꼰대란 완고한 기준을 갖고 있고 권위의식에 사로잡혀 있는 늙은이를 뜻한다. 새로운 것을 낡은 것에 맞추려고 하는 사람이 바로 꼰대다. 앞서 소개한 신문의 조사도 결국 꼰대들의 시각을 그대로 반영한 것이다.

많은 꼰대들이 있다. 전문가 꼰대, 기자 꼰대, 교사 꼰대, 저술가 꼰대……. 그냥 부모라는 이름의 꼰대. 지금의 기성세대들은 순전히 개인적인 경험을 새롭게 하는 것이겠지만 인류의 사회적 삶은 똑같은 패턴을 반복해왔던 것이다. '패턴'이란 연속되고 반복되는 것을 말한다. 기성세대가 권위와 권력으로 젊은 세대에게 자신들의 세계를 강요하는 패턴은 인류라는 동물종의 역사적 특징이다. 이것은 예전의 기성세대가 가졌던 관점을 비판하던 이들이 지금 그 비판의 대상이 될 수밖에 없다는 것을 의미한다.

이것은 세대대결이다. 권력을 두고 세대 간에 벌이는 싸움인 것이다. 수천 년간 가정에서 사회에서 권력집단들에서 세대대결이 하루도 빠짐없이 진행되었다. 부모와 자식, 삼촌과 조카, 선생과 학생, 민족 지도자와 차세대 리더, 고참과 신참, 기성세대와 젊은 세대, 임원과 부하직원, 선배와 후배 등 이름과 형태를 달리하면서 밥그릇 싸움이 벌어져왔다. 우리는 이것을 하나의 패턴으로 이해할 필요가 있다. 그래야 그 패턴에서 벗어나는 방법을 모색해볼 수 있다.

이제 21세기 한국도 그 패턴 속에 있다. 만약 지금의 기성세대가 오랫동안 세대대결에서 이겨 자신들의 기준을 다음 세대에게 성공적으로 물려준다면 어떤 일이 벌어질까? 고령화로 인해 수명이 길어진 중장년과 노년을 생각해보면 그럴 가능성은 충분하다. 단언컨대 낡고 시대에 맞지 않는 오래된 전통과 권력의 잔재인 '개뼈다귀'들이 사회 곳곳에 넘쳐날 것이다. 이것은 결코 과언이 아니다. 너무 낡아서 성장이 적체된 사회의 예는 역사적으로 헤아릴 수 없이 많다. 제국주의와 산업자본주의가 세계를 휩쓸고, 망해가는 청나라와 무섭게 성장하는 일본의 대결이 동아시아 권력 질서를 근본적으로 바꾸는 현상임을 제대로 인식하지 못한 19세기 말의 유교국가 한국도 포함된다.

물론 20세기를 돌이켜보면 가끔은 나이 들기 전에 젊은 세대가 세대대결에서 이길 때가 있다. 록에 미친 젊은 것들이 1950~1960년대 미국 대중문화를 세계적인 것으로 이끌었으며 부모들의 기대를 저버린 1970~1980년대 대학생들의 저항에서 한국의 민주주의가 시작된 것이 그 사례들이다. 이렇게 미성숙한 '어린 것'들이 기성세대의 기준을 마침내 뚫어버렸을 때 세대대결 패턴에서도 그 사회는 성장하고 더 진화된 세계가 만들어질 수 있다. 이 경우 기성세대는 타의로 자신들의 권력을 포기하거나 부분적으로 이양하게 된다. 그러나 그 과정은 피비린내 가득한 전쟁터와 같다.

그런데 또 하나의 패턴이 가능하다. 기성세대가 꼰대가 아니라 리더가 되는 것이다.

페이스북 창업자인 마크 주커버그 사례를 살펴보자. 2004년 1월, 하버드대학교에 다니던 마크 주커버그는 한창 페이스북 개발에 몰두하던 중이었다. 그래서 '아우구스투스 시대의 로마 예술사' 수업에 거의 참석하지 못했고 수업 과제도 전혀 읽지 못했다. 그런데 시험이 다가왔다. 그 자신의 표현대로 '벼랑 끝에 몰린' 상황이었다. 그는 기발한 생각을 해냈다. 자신의 컴퓨터 실력을 발휘하기로 한 것이다. 그는 웹사이트를 하나 만들고 예술사 수업에서 다룬 사진들을 올리고 약간의 설명을 실었다. 그러자 그의 수업 동기들이 지원에 나섰다. 24시간 안에 그들은 각자 자기가 가진 사진과 알고 있는 지식을 올리고 보충해 웹사이트를 풍성하게 채워나갔다. 그 결과 마크 주커버그뿐만 아니라 그의 웹사이트에 들른 동기들 모두 혜택을 입었다. 그들은 아주 좋은 점수를 얻었다. 그렇다면 담당교수는 어떻게 반응했을까? 그는 이것을 커닝(속임수)으로 여기지 않았다. 반대로 학생들이 매우 창의적인 방법으로 서로 협력했다며 아주 즐거워했다.

이것을 '세대혁신 패턴'으로 부르고자 한다. 관점의 변화만으로 패턴의 전환이 가능하다. 마크 주커버그의 담당교수처럼 기성세대가 젊은 세대의 미래적 가능성과 잠재력에 대해 열린 시각을 갖는 것이다. 이것은 세대 간 조화와 협력의 패턴의 힘이 된다. 동행이니 공생이니 하는 입에 발린 말을 의미하는 것은 아니다. 혁신을 세대의 힘으로 이끌어내는 패턴이다. "장강의 뒷 물결이 앞 물결을 밀어낸다"라는 중국 속담이 '세대대결' 패턴의 결과를 말하는 것과 달리, 밀어내기 전에 자리를 비워주는 것이 '세대혁신' 패턴이다. 물론 이 관점의 변화는 결코 쉽지 않다. 옛말에 "시어머니가 며느리에게 곳간 열쇠를 넘겨주는 날 대성통곡한다"라는 말이 있다. 집 안의 주요 재산들을 쌓아둔 곳간의 열쇠는 시어머니들의 부와 권력의 상징이었을 것이다. 곳간 열쇠를 내어준다는 것은 그 권력의 자리를 떠난다는 의미다. 그러니 서러움에 시어머니가 펑펑 울고 싶기도 했을 것이다. 그만큼 누리고 있던 권력을 내어놓는다는 것은 어렵다. 세계 역사상 장기 집권한 독재자가 스스로 권력을 내려놓은 사례가 거의 없는 것도 마찬가지 이치다. 그렇다면 이 패턴의 전환이라는 것이 가능한가? 가능하다. 다행히 세대혁신 패턴은 곳간 열쇠를 다 내어줄 필요는 없기 때문이다.

성공적인 세대혁신 패턴은 그리 멀지 않은 곳에 있다. 2000년대의 첫 10년간 실제로 미국에서 일어났다. 지금 우리가 규명하고자 하는 모모세대보다 앞선 세대인 넷세대Internet Generation에 대한 것이다. 넷세대는 디지털 네이티브Digital Natives를 일컫는 말로 미국에서는 1980년 이후에 출생한 사람들을 뜻한다. 구글의 세르게이 브린과 래리 페이지, 페이스북의 마크 주커버그와 크리스 휴즈, 인터넷 결제회사인 페이팔 창업자 맥스 래프친, 유튜브 창업자 스티브 챈과 채드 헐리, 소셜커머스라는 영역을 시작한 그루폰 창업자 앤드류 메이슨 등은 넷세대로서, 2000년대에 20대의 나이로 새로운 변화를 일구었다. 이들은 미국을 소프트웨어와 인터넷의 리더 국가로 만들며 미국의 미래를 부활시킨 사람들이다. 그러나 고작 20대인 그들이 어떻게 성공했을까? 많은 이들이 분석하는 것처럼 네트워크, 자본, 컨설팅 등 그들의 창의력을 받아줄 창업 생태계가 받쳐주었기 때문이다. 더 나아가 가정과 사회에서 도전과 모험을 중시하고 응원하는 미국 문화가 뒷받침되었기 때문이다. 물론 모든 사물의 이면에는 단점이 있는 것처럼 미국 문화가 장점으로만 도배되어 있을 리는 없다. 그러나 최소한 세대혁신 패턴이 21세기 초 미국에서 가능했던 것은 사회 전체, 그리고 기성세대가 새로운 세대를 방해하지 않고 이끌었기 때문이다.

그렇다면 여기서 단답형 OX 문제 하나.

"초고속 인터넷에 이어 스마트폰 이용률이 세계 1위이고, 삼성전자나 LG전자 같은 디지털 기기의 세계적 강자가 있는 한국의 10대들이, 다음 10년 혹은 그 다음 10년 동안에, 21세기 첫 10년간 미국의 20대들이 한 것처럼 세상을 놀라게 할 수 있을까?"

여러분의 마음속에 어떤 대답이 나왔을지 대강 짐작이 간다. 그러나 서문에서 말한 것처럼 미래에는 3가지 종류가 있다. 필연성의 미래, 우연성의 미래, 가능성의 미래다. 필연성의 미래는 이 책에서도 다룰 개념인 트렌드로 살필 수 있는데, 바꿀 수 없는 미래를 의미한다. 우연성의 미래는 수많은 사건과 선택들이 미래에 어떻게 일어날지 알 수 없어서 발생하는 것으로 불확실성이라고도 할 수 있다. 한편 가능성의 미래는 현재, 그리고 미래에 우리가 가진 의지로 바꿀 수 있는 미래다. 온전한 미래는 이 세 가지가 결합되어 나타난다. 따라서 세대대결에서 벗어나 리더로서 세대혁신을 꾀하려는 관점의 변화는 수많은 가능성의 미래를 내포하고 있다. 아직은 대답을 미리 단정하지 말라.

진짜 10대를 이해하기 위한 준비운동

2007년 독일 공영방송 ZDF가 제작한 〈50년 후의 미래〉라는 다큐멘터리는 2057년의 아이들이 옷에 부착된 간단한 버튼을 눌러 홀로그램 돌고래와 노는 장면을 보여준다. 돌고래는 3차원 입체영상으로 튀어나와 붕붕 날아다니며 주인과 대화를 나눈다. 홍미로운 것은 다큐멘터리 속의 엄마가 아이에게 이렇게 말한다는 것이다.

"장난감 돌고래와 노느라 너무 시간낭비 하지 말아라."

우리가 세대대결이 아니라 세대혁신 패턴으로 관점을 변화시킨다고 할 때 가장 어려운 점은 이것이다. 도대체 어디에 가능성이 있다는 건가? 기술이 훨씬 발전한 50년 후의 부모들도 이 점은 마찬가지일까?

사실 10대 딸과 아들을 키워온 나도 지난 몇 년의 시간보다 이번 연구를 하면서 10대에 대해 더 많은 것을 알게 되었다. 이것은 10대에 대한 관점의 변화가 '내 아이'라는 창으로 볼 때는 노이즈noise(불필요한 신호)가 많다는 것을 알려준다. 무조건 귀엽던 아이가 말을 안 듣고, 딴짓하고, 반항하고, 스마트폰만 들여다보기 시작할 때 생긴 감정 같은 것들 말이다.

그렇다면 기성세대의 관점의 변화는 어디서 시작될 수 있을까? 이 대목에서 '모모세대'라는 단어가 필요하다. 다시 한 번 강조하지만 원래 세대에는 연령세대와 역사세대라는 두 가지 분류가 있다. 특정 연령에 도달한 사람들의 집합이 연령세대이고, 특정 연도에 태어난 사람들이 역사세대다. 간단하게 설명하면 10대라는 표현은 연령세대를 의미하고, 그들의 실제 나이를 빌어 '1995년부터 2004년까지 출생자들'이라고 하면 역사세대가 된다. 어느 시점에서 두 표현은 동일한 사람들을 지칭한다. 그런데 시간이 지나면 역사세대는 변하지 않지만 연령세대는 계속 변한다. 10대는

20대, 30대가 된다. 반면 베이비붐 세대(한국의 경우 보통 1955~1963년 출생자)는 어릴 때나 나이 들었을 때나 계속 베이비붐 세대다. 그러므로 현재의 10대는 그냥 연령세대지만 그들을 '모모세대'라고 부르면 그것은 역사세대로서의 의미가 있다. 물론 10년이나 20년 후에도 모모세대로서의 특성을 계속 가질 것이라는 전제가 성립해야 한다.

모모세대는 역사세대의 이름이다. 즉 개인이 아니라 어떤 특성을 공유하는 집단 전체의 이름이다. 우리가 10대를 모모세대라고 부른다면 개개인의 차이와 상관없이 그들 전체를 보는 것이다. 여기서 기성세대가 관점을 변화시킬 기회가 생긴다. 집단으로 보아야만 세대능력에 주목할 수 있다.

세대능력이란 특정 역사세대의 잠재적 가능성을 의미한다. 세대능력은 현재나 미래의 어느 시점에 시대의 변화를 주도할 수 있는 능력으로서, 어린 세대라면 현재는 표면으로 충분히 드러나지 않는다. 그러므로 우리가 역사세대로서 10대의 세대능력을 발견한다면 그들 개개인의 잘못이나 감정을 건드리는 행동들과 별개로 그들의 잠재적 가능성을 인정할 수 있다. 어린 세대에 대한 기성세대의 관점의 변화, 즉 세대대결이 아니라 리더로서 세대혁신 패턴을 이끌어가는 힘은 여기서 나올 수 있다.

그렇다면 역사세대로서 10대의 세대능력은 무엇일까? 골칫덩어리 집단이 아닌 미래 사회의 선도적 세대로서 그들을 재평가할 수 있는 근거는 무엇인가? 답은 이미 제시했다. 모모세대로서의 능력이다. 그런데 도대체 그게 뭐란 말인가?

현실로 들어가보자. 수십만 원이 넘는 '노스페이스'라는 브랜드의 점퍼가 10대들 사이에 유행했던 일을 기억하는가? 비싼 가격 때문에 부모의 등골을 빼먹는다는 의미로 '등골 브레이커'라는 말도 덩달아 유행했다. 충동적이고 부모 걱정이라곤 하지 않는 아이들이 등골 브레이커라는 오명을 뒤집어썼다. 그런데 잠깐의 유행이 아니었다. 뉴스를 검색해보면 '또봇' 시리즈를 비롯한 각종 장난감, 정품 엘사 인형, 애완동물로 범위가 확대되고 노스페이스가 지고 '캐나다구스', '몽클레어' 같은 새 브랜드들이 인기를 끌었다. 등골 브레이커라는 말은 시간이 지나면서 영역을 확대했다.

기성세대라면 누구나 쉽게 이 유행어에 동의할 것이다. 그렇다면 소비자로서 10대들은 왜 등골 브레이커가 되었을까? 아마도 우리의 선입견은 재빨리 답을 만들어낼 것이다. 모방, 동조심리, 소속감, 10대 특유의 무모함…….

이번 연구를 진행하면서 나는 10대들을 대상으로 리서치를 실시했다(한국트렌드연구소, 2014. 4). 그 중 하나는 '소비자로서 유행에 동조하는가'에 대한 것이었다. 여러분은 어떤 결과를 예상하는가? 놀랍게도 4명 중 3명이 '유행과 관계없이 소비한다'라는 대답을 내놓았다. 정확히 말하면 77퍼센트였다. 놀랍지 않은가? 10대들 상당수는 유행에 동조하지 않는다는 것이다.

그렇다면 나머지 23퍼센트들이 등골 브레이커인가? 우리는 유행에 따라 소비를 한다고 응답한 23퍼센트의 10대들에게 왜 유행에 따르는지 이유를 물었다. 그리고 다음 네 가지 보기 중 하나를 선택하도록 했다.

1. 유행하는 아이템 대부분이 예뻐서
2. 친구들과의 소속감 때문에
3. 유행에 뒤처지기 싫어서
4. 유행하는 아이템이 없으면 친구들이 따돌려서

여기서 2, 3, 4번이 우리가 미리 생각하는 정답(?)이다. 소속감, 유행 추종, 소외감. 그런데 실제 응답 결과는 반대였다. 3개의 선택지에 대한 응답자를 모두 합쳐도 36.3퍼센트에 불과했다. 반면 '유행하는 아이템 대부분이 예뻐서'라는 1번 응답이 62.3퍼센트였다. 유행이기도 하지만 자신의 미적 기준에도 부합하기 때문이라는 것이다. 즉 이들은 단순한 유행추종자들이라고 보기 어렵다. 결국 10대의 23퍼센트만이 유행을 따르는데 그 중에서도 36.3퍼센트만이 유행추종자들이라고 볼 수 있는 것이다. 이 유행추종자들이야말로 유행 때문에 부모를 괴롭히는 등골 브레이커일 것이다. 그런데 전체 응답자에서의 비율로 보면 23퍼센트의 36.3퍼센트니까 등골 브레이커는 불과 8.4퍼센트일 뿐이다.

우리는 이 비율이 성인과 비교하면 어떨지 궁금했다. 2012년에 패션에 대한 태도를 조사한 한 연구에서 보면 20~59세의 소비자 가운데 '연예인 패션을 따르는 편이다'라는 주제에 대한 응답

Q. 유행하는 아이템 구매 경향

(단위 : %)

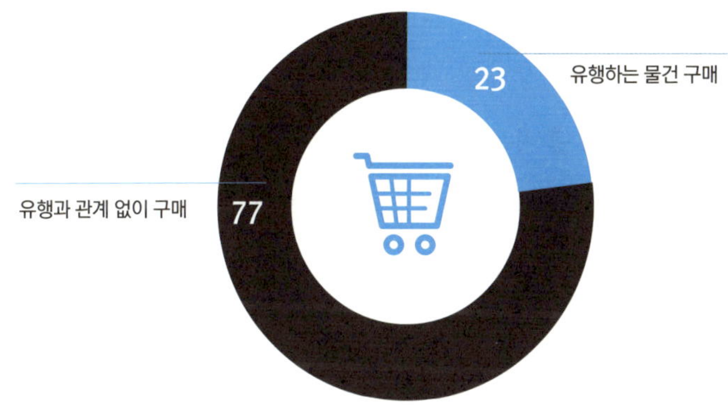

Q. 유행하는 아이템 구매 이유

(단위 : %)

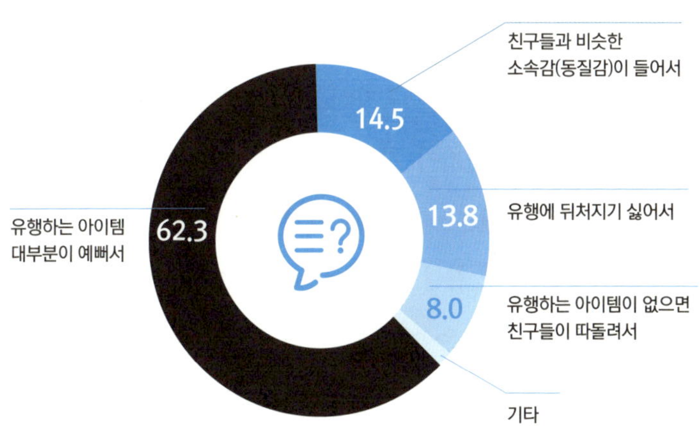

결과가 있다. 연예인의 새로운 패션을 따라하는 것만큼 유행 추수적인 소비도 없을 것이다. 연예인 패션이야말로 최첨단 유행이라고 볼 때 어느 정도 객관적으로 비교가 가능하다. 조사 결과를 보면 도시 별로 차이가 있는데 가장 낮은 비율을 보인 것은 인천으로 9.9퍼센트, 반면 가장 높은 수치를 기록한 대전은 27.3퍼센트였다. 도시 간 비교도 흥미롭지만 세대라는 관점에서만 보자. 유행을 아무 생각 없이 따르는 10대는 8.4퍼센트인 반면 연예인을 따르는 어른은 9.9퍼센트에서 27.3퍼센트에 이른다. 우리의 상식과는 정반대인 것이다. 그렇다면 오히려 부모 세대가 유행 추수자로서 아이들을 부추기는 것은 아닐까? 10대들은 훨씬 영리한 소비를 하고 있는 것은 아닐까?

물론 이 응답에는 이미 동조화가 되어 유행하는 것이 예뻐보인다는 착각이 포함되어 있을 수 있다. 그래서 우리는 '예쁘다'라거나 '멋있다'라고 느끼는 기준이 무엇인지도 물어보았다. 흥미로운 것은 10대들 대부분이 상당히 진일보된 미적 기준을 가지고 있다는 것이다. 그들은 단순히 패션이나 액세서리, 화장 등이 멋있어서가 아니라 '매치match', 즉 자신의 얼굴이나 몸매, 자신이 입은 다른 옷들과 어울리는가가 기준이라고 대답했다. 10대들의 미적 기준은 단순하지 않았다.

상식과는 달리 집단으로서의 10대들이 유행에 덜 민감하다는 결과가 나왔다. 그들은 이제 겨우 10대인데도 비교적 일찍 자신만의 미적 기준을 정립했다. 최소한 이 영역에서 그들은 어른들 못지않았다. 왜 그럴까? 우리는 다른 분야의 다양한 조사를 통해 이런 미적 기준이 범람하는 미디어에 다양하게 노출되면서 얻은 지식, 블로그나 SNS 등의 네트워크를 통한 친구들과의 의견 교환과 평가, 실제 소비를 통해 얻은 경험이 축적된 결과에 의한 것이라고 판단한다. 그렇다면 이 모든 지식과 정보와 경험 축적은 어디에서 비롯되었는가?

스마트폰이다. 한국트렌드연구소의 위 조사에서 가장 중요한 디지털 도구로 무려 92퍼센트가 스마트폰을 쓰고 있었다. 즉 스마트폰은 현재 10대 집단의 보편적인 환경이다. 그들에게는 스마트폰이 있기 때문에 학생이라는 신분에도 불구하고 일방적으로 유행에 함몰되지 않고 미에 대한 안목을 키울 수 있었다. 자연에서 자란 아이가 그만의 미적 기준을 가지게 되듯, 스마트폰 안에서 자란 아이는 자신만의 미적 기준을 가지게 된 것이다. 이것을 모모세대의 특성이라고 부르지 않는다면 뭐라고 불러야 하는가?

환경과 인간의 성장 사이에는 밀접한 관계가 있다. 그리고 특정 환경이 어떤 세대에게 보편적으로 주어진다면 그 세대 구성원의 집단적 성장에 영향을 미칠 것이다. 세대능력은 여기에서 나온다. 모모세대는 지금의 10대가 보편적으로 스마트폰을 끼고 살게 되면서 생긴 특성이다. 그리고 이 특성은 한두 가지 생활 습관 같은 것이 아니라 그들의 감각, 지적 능력, 생산자나 소비자로서의 태도, 문제해결 방식 등 모든 것에 영향을 미친다.

가족심리학자 마이크 리에라Mike Riera는 《교감하는 부모가 아이의 십대를 살린다》라는 저서에서 10대에 대한 기존의 심리학적 접근이 병리적 상태, 이상행동에 초점을 맞췄다고 이야기한다. 그래서 부모들은 아이들을 이해하는 훈련이나 교육을 받지 못했다는 것이다. 이해하기 어렵지만 이해가 불가능한 상대도 아닌데 부모들도 준비가 덜 되었다고 볼 수 있다. 그는 이렇게 주장한다. "아이들이 말하고자 하지만 결코 입 밖으로 내어 말하지 않는 것들을 들어야 한다."

그의 주장에 동감한다. 그러나 심리학적 접근만으로 10대를 이해한다는 것은 부분만 보는 것일 수 있다. 왜냐하면 10대의 진정한 가능성은 개개인의 심리나 두뇌나 의지의 문제가 아니라 역사적 관점에서 한 세대가 가지는 능력에서 나오기 때문이다. 좀 이상하게 들릴 수 있지만 이 능력은 그냥 특정한 시기에 태어나 자랐기 때문에 생긴 것이다. 이 부분을 기억해두자. 지금의 10대들이 1950년대에 태어났다면 지금의 1950년대생과 아무런 차이가 없을 것이다. 그런데 이들은 1990년대 중반 이후 태어났기 때문에 디지털 도구들과 친해졌고 스마트폰과 SNS의 세례를 10대부터 받으며 자란 것일 뿐이다. 그들이 발명한 것도 없고, 제안한 법이나 제도도 없으며, 새로운 상품이나 서비스를 만든 것도 아니다. 다만 그들은 환경을 향유했고 영유하고 있다. 그러자 능력이 생겼다.

지금의 10대는 기성세대와 다른 환경에서 자랐다. 그것은 그들을 얼마나 다르게 만든 것일까?

'세대차이가 아니라 인종차이다.' 기성세대들 사이에서는 심지어 이런 말도 떠돈다. 그러나 핵심은 자라난 환경의 변화다.

기성세대가 스마트폰을 신기한 발명품으로 여기는 동안 지금의 10대는 스마트폰을 초등학생 때부터 가지고 놀았다. 이 차이는 결코 작지 않다. 그들은 애초에 기성세대와는 다른 세계에서 자랐으며 따라서 기성세대와 다른 기준으로 바라보고 있다.

문제는 이것이다. 기성세대는 이 능력을 보지 못하고 있다는 것. 20년 후면 그냥 일상이 되어버릴 텐데 현재는 가능성이고 돌출된 이상행동이고 심각한 중독자들이어서 교육과 훈계의 대상으로 억누르고 있다는 것. 개인의 주관적 경험을 전체에 대한 평가로 연결하는 성급한 일반화의 오류에 빠져서 자신이 본 것이 10대 전체의 진면목이라고 오해하는 것.

또 하나의 현실로 들어가보자. '아이스마트키퍼'라는 앱이 있다. 간단히 설명하면 스마트폰 중독에 빠진 학생들을 통제하기 위해 교사나 학부모가 학생들의 스마트폰 사용을 제어하는 프로그램이다. 이 앱에는 총 6가지 관리 방식이 있다.

- 모두 잠금: 잠금화면 상태에서 안 열린다. 전화도 아니다.
- 비상전화만 허용: 잠금화면 상태에서 비상전화만 가능하다.
- 전화만 허용: 말 그대로다. 스마트폰이 아니다.
- 전화/문자 허용: 말 그대로다. 스마트폰이 아니다.
- 특정 앱 허용: 거꾸로 이해하면 된다. 어떤 종류의 앱이든 사용하지 못하게

할 수 있다.

▸ 모두 허용: 스마트폰이다.

좋은 방법이라고 생각되는가? 그렇게 생각한 서울시 교육청의 도입 의지에 따라 2014년에 11개 학교에서 이 앱이 시범 실시되었다. 그 뒤 어떤 일이 벌어졌을까? '불편하지만 할 수 없지. 내가 뭘 어쩌겠어?' 10대 학생들이 이렇게 받아들였을 것 같은가? 짐작할 수 있듯이 전형적인 세대대결의 패턴이 벌어졌다. 적극적인 일부 학생들은 퇴치 서명운동에 들어갔다. 그리고 인터넷이나 SNS를 쓰는 보통 아이들은 이 앱을 무력화하는 100가지 방법을 논의했고 누군가는 이 앱을 무력화하는 앱을 바로 개발했다. 심지어 어떤 10대는 차라리 자기 학교에서 시행했으면 좋겠다는 익살도 부린다. 보통의 학교에서는 수업에 방해될 수 있다는 이유로 스마트폰을 모두 모아뒀다가 수업이 끝나면 돌려주기 때문에 수업 중에는 아예 쓸 수 없다. 그런데 이 앱을 설치한 뒤 안심한 학교가 스마트폰을 수거하지 않는다면 그것을 무력화시켜 수업 중에도 얼마든지 쓸 수 있으니 더 좋지 않겠냐는 것이다. 이 세대대결에서 이기려면 무력화에 대응하는 새로운 기술을 계속 개발해야 한다. 그러나 어떤 진화된 앱도 10대의 스마트폰 사용을 금지할 수는 없을 것이다. 그들은 모어 모바일 세대니까.

게임을 좋아하고 웹툰에 몰두하고 인터넷이나 스마트폰을 끼고 사는 10대들이 많은 것은 틀림없다. 그것이 그들을 모모세대로 만든다. 그런데 모모세대가 내포하는 것은 상당히 심오하며 많은 변화를 포함한다. 그러나 소비 태도에 대한 사례에서 본 것처럼 기성세대는 그들의 겉만 보고 있는 것은 아닐까? 아이스마트키퍼를 강요할 생각만 하는 어른들이 과연 모모세대의 감성과 행동을 이해할 수 있을까? 이 질문에 대답하려면 진짜 10대의 모습을 찾아볼 필요가 있다.

'진짜 10대'라는 말은 사실 틀린 표현이다. 그들은 원래 '진짜'였으니까. '가짜'는 우리가 만들어낸 선입견이다. 그러니까 관점의 변화가 필요하다. 기성세대들에게 다른 눈이 필요한 것뿐이다. 예컨대 앞서 인용한 중학생 리포트에서도 충분히 출발점을 찾을 수 있다. 기사를 살펴보면 어른들의 평가보다 상대적으로 높게 중학생들이 자기평가한 것들이 있었다. 그들은 더 정의로웠으며(81.3점), 공감(76.4점)과 소통(75점)을 잘하고, 책임감(74.5점)이 더 높았다. 나쁜 사람이 더 성공한다는 잘못된 원칙이 횡행하는 한국 사회에서 중학생들은 어떻게 용케 정의감에 더 투철할 수 있었을까? 끼리끼리 정신에다 배려심이라곤 없는 그들이 공감이나 소통능력이 뛰어나다는 평가를 할 수 있는 이유는 무엇인가? 이것도 모모세대로서 그들이 가진 어떤 잠재적 가능성과 연결되어 있는 것은 아닐까? 여러분의 생각은 어떤가?

트렌드에서 미리 읽는 10대의 잠재력

모모세대에 대한 관점 변화의 마지막 항목은 그들이 미래를 선도할 주역이라는 점을 알아채는 것이다. 단, 기성세대가 그들의 잠재적 가능성을 알아보고 긍정적이고 발전적인 방향으로 길을 인도할 때 그렇다. 왜냐하면 그들은 아직 10대이기 때문이다. 그러나 한국에서 그들의 가능성을 열지 않는다고 해도 세계적으로 이 세대가 미래를 이끌 것은 분명하다. 왜냐하면 모바일을 중심으로 하는 디지털화는 글로벌 트렌드이기 때문이다.

모모세대의 진정한 잠재적 가능성은 트렌드에서 나온다. 트렌드는 십여 년, 때로는 수십 년에 걸친 '방향이 있는 변화의 물결'이다. 경제학에서는 트렌드를 중장기적 변화로 정의한다. 어떤 시기에 새로운 트렌드가 등장하면 미래로 흘러가는 강처럼 우리의 삶을 바꿔나간다. 그러므로 우리는 트렌드를 통해 10년 후, 20년 후 살아갈 세상을 어느 정도 미리 짐작할 수 있다. 트렌드를 통해 우리는 미래의 관점에서 현재를 평가할 수 있다. 그러므로 모모세대를 바라볼 때도 트렌드의 관점에서 미래적 가치를 발견해야 한다.

트렌드는 일종의 필연성이다. 개인이 보기에 대기업, 정부, 국가는 대단히 큰 단위고 막강한 권력을 가진 것으로 보이지만, 트렌드는 그보다 강력하다. 1990년대 이후 디지털 시대가 열렸을 때 여기에 대항한 기업이나 정부가 있는가? 트렌드는 선도하거나 공존할 수 있을 뿐 반대의 길을 갈 수 없는 강력한 흐름이기 때문에 필연성을 갖는다.

앞서 언급했던 것처럼 미래는 필연성, 우연성, 가능성으로 만들어진다. 우연성은 예측하기 어려워서 미리 대비하기 어렵다. 우리가 대비할 수 있는 것은 필연성뿐이다. 그리고 필연성을 제대로 대비했을 때 가능성은 극대화된다. 만약 여러분이 흑백TV에 적용될 신기술을 꿈꾸고 있다면 어떨까? 지나친 비유일 수는 있지만 필연성 없는 시대착오적인 노력은 아무리 애를 써도 가능성이 없다.

필연성으로서 트렌드를 읽고 미래의 가능성을 개척한 좋은 사례들이 많다. 그 중에 하나는 듀폰Dupont이라는 기업이다. 세계적인 기업인 듀폰은 트렌드를 통해 새로운 미래를 열었다. 나일론, PET병 등의 발명기업이자 200여 년의 역사를 가진 글로벌 섬유·화학기업으로서 세계적인 명성을 자랑했다. 그러나 변화가 감지되었다. 무엇보다 매출이 줄었다. 2001년 듀폰은 전년 대비 35억 달러의 매출 감소라는 위기를 맞이했다. 14만 명의 직원을 6만 명으로 줄이는 뼈를 깎는 구조조정을 했다. 그러나 충분치 않았다. 나일론 등의 섬유 분야 시장의 성장 여력이 줄어들었기 때문이다.

새로운 기회는 메가트렌드에서 왔다. '메가트렌드'란 전 세계적인 변화로 앞으로 수십 년간 진행될 변화의 방향을 의미한다. 듀폰이 선정한 4대 메가트렌드는 인구 증가, 화석연료 대체, 인간 및 환경보호, 신흥시장 성장이었다. 그리고 이 메가트렌드와 방향을 같이 하는 산업은 친환경 에너지, 바이오, 농업 등이었다. 듀폰은 메가트렌드에 맞춰 과감하게 변신했다. 2003년에는 매출의 1/4를 차지하던 섬유사업부를 매각했다. 그들은 섬유를 버린 대신 인구 증가에 대비한 종자와 식품, 화석연료 대체 및 인간과 환경보호에 대비한 바이오 연료 등을 제품화하면서 신흥시장을 공략했다. 그 결과는 놀라웠다. 2013년 말 듀폰의 전체 매출액 357억 달러 가운데 약 43퍼센트가 바이오 기반에서 나온다. 듀폰은 더 이상 나일론 회사가 아니다. 그들은 트렌드를 통해 미래 가능성을 읽고 새로운 목표를 세웠다. 1802년에 세워진 200년 넘은 기업은 누구보다도 젊은 기업이 되었다.

세대 이해를 위해 우리가 발견해야 할 10대의 가능성, 진정한 잠재력은 트렌드의 맨 앞줄에 그들이 서 있다는 사실에서 나온다. 10대는 미래 세대다. 미래를 선도하는 세대라는 의미다. 그들은 태생적인 트렌드 리더다. 그들은 늦게 태어났기 때문에 트렌드 리더가 되었다. 그들 뒤에는 또다른 트렌드 리더들이 대기하고 있다.

정보문명의 혁신가이자 마이크로소프트의 창업자 빌 게이츠는 저서《생각의 속도》에서 '생각의 속도로 움직이는 비즈니스'를 이야기하는데, 10대는 본질적으로 생각의 속도보다 몸의 속도가 빠른 세대다. 그의 진단대로 어른들이 생각의 속도로 움직이고 있고 그것조차 너무 빠르다고 몸서리를 치지만 10대는 그보다 빠른 몸의 속도를 가지고 있다. 왜? 어른들이 만든 생각의 속도, 즉 속도 문명이 그들에게는 공기와 같은 환경이기 때문이다. 그들의 몸은 어른들이 만든 시속 100킬로미터 문명의 기차 안에서 뛰어논다. 어른들이 기차의 속도에 빠져 있는 동안 그들은 그 기차 안에서의 삶과 놀이에 빠진다. 그래서 10대는 언제나 어른보다 한발 빨리 새로운 트렌드를 시작한다.

21세기 직업문화를 변화시키는 트렌드 가운데 하나인 '잡 노마드'에 대해 살펴보자. 스웨덴의 저널리스트 군둘라 엥리슈Gundula Englisch는 《잡 노마드 사회》에서 평생 한 직장, 한 직업, 한 지역에 매달리지 않는 유랑자, 유목민들을 잡 노마드라고 부르며 미래는 잡 노마드 시대가 된다고 예측했다. 이 책에는 세 명의 잡 노마드 이야기가 나온다. 사진작가 알렉산더 슈텐첼은 1년에 몇 번씩이나 세계를 여행하며 풍경과 사람들을 담는다. 하이데마리 슈베르머는 전직 교사였지만 재산을 처분한 후 일과 잠자리만 있으면 어느 곳이든 간다. 갈산 치낙은 몽고족의 후예인데 유럽 각국에 유목민 문화를 전파한다. 모든 잡 노마드가 이 세 사람처럼 자유의지로 자신의 꿈을 실현하는 것은 아니겠지만 국경이 무너지고 문화 간 유대나 전파가 늘어나면서 생존이든 꿈을 찾아서든 평생을 유목민처럼 살아가는 사람들이 늘어나는 것은 분명하다. 실제로 한국의 경우 19~39세 창업·취업 준비자들에게 설문조사를 해보았더니 10명 중 7명이 해외로 나갈 의사를 가지고 있었다(2014, 대통령직속 청년위원회). 정부도 실업난을 해소하기 위해 "자, 오스트리아는 실업률이 최저이고 외국의 고급 인력을 유치중이니 취업하시오"라는 식의 정보를 제공하고 지원한다. 일찌감치 자녀를 해외 유학길에 보낸 가족이 50만 명을 헤아리는 것도 이 추세 속에서 살펴볼 수 있다.

그런데 어른들이 이런저런 뉴스를 접하며 잡 노마드 트렌드를 시속 200킬로미터 기차로 여길 때 이미 10대는 그 안에서 더 빨리 움직이고 있다.

제가 올해로 고1 98년생 여자거든요. 근데 평소부터 봉사하는 것을 너무 좋아해서 RCY이기도한데요, 방학이나 이때쯤 해외봉사를 나가고 싶은데 거의 다 20살 이상이더라구요. 올해 청소년 해외봉사 가는 곳이나 이런데 구하는 곳 아시면 알려주세요ㅠㅠ!

안녕하세요. 저도 고등학생입니다. ^—^

여러 종교단체, 기업 등에서 청소년해외봉사단이 운영되고 있는데요. 정부에서 해외에 파견하는 청소년자원봉사단을 소개하고자 합니다. 여성가족부에서는 2002년 월드컵 청소년홍보단을 시작으로 10여 년간 대한민국청소년자원봉사단Korea Youth Volunteer Programme을 운영하고 있습니다. 전국에서 시/도별 15명을 모집하여 아세안ASEAN 5개국 20개 지역(캄보디아, 라오스, 베트남, 필리핀, 인도네시아)에 9박 10일간 파견하고 있습니다. 2012년까지는 5월에 모집하여 10월에 파견하였고 작년에는 3월에 모집, 8월에 해당국에 파견을 하였습니다. 올해는 어떻게 될지는 모르겠는데 각 시/도 청소년활동진흥센터가 주관하여 업무를 담당하고 있으니 문의하시면 되구요. 저도 작년 8월 대한민국청소년자원봉사단으로 베트남에 9박 10일 동안 다녀왔는데 첫 해외봉사활동이었던 만큼 정말 의미 있었고 많은 것을 배울 수 있었습니다.

출처 : 네이버 지식인, 2014.3.27

이처럼 해외활동에 대한 10대의 관심도 인터넷을 통한 정보교환으로 일찌감치 시작된다. 더구나 지금 10대는 모모세대다. 한국트렌드연구소의 조사에 따르면 SNS로 외국인들과 한두 번 대화를 나눈 10대는 39.3퍼센트나 되고 자주 소통하는 사람도 14퍼센트에 이른다. 배낭여행이라도 가야 해외를 경험하고 친구를 사귀었던 세대와는 달리, 지금의 10대는 앉아서 외국인 친구들과 일상을 공유한다.

10대는 이전 세대와 달리 '해외'와 '낯선 것'을 동일시하지 않을 것이다. 외국인과의 협업도 훨씬 잘해낼 것이다. 일찌감치 네트워킹을 통한 소통의 경험을 쌓고 있기 때문이다. 일찌감치 소통의 경험들을 가지고 있기 때문이다. 따라서 모모세대들이 실제 사회에서의 통로만 잘 확보된다면 미래 한국의 잡 노마드 문화를 선도할 가능성은 충분하다. 그것은 한국의 새로운 미래로 연결될 것이다.

기성세대가 틀에 박힌 고정관념으로 '인성이 부족하다'라고 평가하는 10대가, 사실은 이와 같이 모모세대로서의 특성을 한껏 키워가며 미래로 가는 트렌드의 선두에 서 있다. 물론 단서가 붙는다. 아직 공부하는 학생들이 대부분이므로 '잠재적 가능성'을 가지고 있을 뿐이다. 사실 이 부분도 우리가 고민할 대목이다. 세계적으로 디지털 문화가 확산된 나라들(미국, 영국, 북유럽 국가들, 이스라엘, 인도 등)에서 10대 창업, 그리고 청년 창업은 붐을 일으키고 있다. 이 나라들에서는 디지털 네이티브에 이어서 모모세대가 도전과 모험정신을 바탕으로 손쉽게 누구나 생산자가 될 수 있는 환경이 만들어지고 있고 기성세대가 이를 적극적으로 지원하고 있다. 그러나 초고속 인터넷과 스마트폰의 보급률이 최상위인 한국은 조용하다. 아직은 우리 사회가 이들의 잠재력을 현실화하는 방향에 빨간 신호등을 켜놓고 있다는 것을 증명한다. 한국의 지배적 흐름은 아직은 세대대결이다.

새로운 세대는 그 이전 세대가 놀라워한 기술에 놀라워하는 대신 그것을 일상적으로 사용하면서 자란다. 기술만이 아니라 새로운 제도, 새로운 문화, 새로운 정치, 새로운 가치로 여겨져서 기성세대에 의해 사회적으로 수용된 모든 것들이 그들에게는 이미 주어진 환경일 뿐이다. 그들은 기성세대가 놀라워한 것들을 발판으로 다시 새로운 것을 추구할 수밖에 없다. 그러므로 새로운 세대는 트렌드의 첨단에 나서며 현재에 있는 미래의 씨앗이며 우리가 정말 꿈꿔야 할 미래의 초석이 된다.

새로운 세대에게서 미래 가능성을 찾는 것은 세대혁신의 자연스러운 패턴이다. 우리는 이제 지금 여기의 새로운 10대에 주목하고 모모세대로서 그들의 잠재적 가능성을 찾아야 한다. 그것을 알면 우리는 그들을 더 사랑하게 될 것이다. 개인이 아니라 세대를 사랑하는 법을 알게 되고 그때서야 세대혁신의 길이 열릴 것이다. 앞서도 말했지만 그들은 자본주의 문명 너머에까지 갈 수도 있다. 지난 60여 년간 한국이 농업 국가에서 선진 자본주의 문턱에 이르렀던 과정에서 겪은 변화보다 더 많은 것들이 앞으로 변할 수 있다. 그러니 그들에게서 미래를 배우는 것을 주저할 필요가 없다. 10대가 아니라 미래를 이끌 세대로서 그들을 더 알고 더 사랑하고 이끄는 것은 기성세대의 성스러운 임무다.

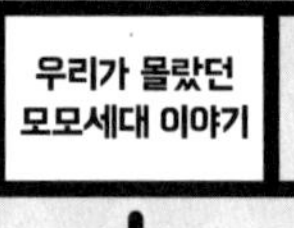

영화 같은 현실, 현실 같은 영화
: 어른을 돕는 아이들

10살 소년 퍼시는 아빠가 안타깝다. 레스토랑에서 일하는 요리사인 아빠는 한 평론가가 쓴 악평이 트위터에 널리 퍼진 것을 보고 화가 나서 아들에게 트윗하는 법을 배웠다. 그래서 평론가의 트위터에 '당신은 좋은 음식을 발라줘도 모를 인간이야'라는 비난 트윗을 남겼다. 아빠는 이렇게 트윗을 남기면 많은 사람에게 공개된다는 것도 몰랐던 것이다. 평론가는 이 트윗을 123,845명의 팔로워에게 리트윗했다. 레스토랑 사장은 아빠 때문에 장사를 망친다며 화를 내고, 결국 아빠는 실업자가 되고 만다. 2014년 개봉한 영화 〈셰프Chef〉의 줄거리다.

마헤쉬 물루무디 박사는 심장전문의였다. 그는 식탁에서 자주 아들과 자신의 의학 분야에 대한 이야기를 하곤 했는데 가령 심장의 작은 이상을 어떻게 소리로 알 수 있는가 따위의 것이었다. 일반적인 청진기로 구분하지 못할 때는 심장 초음파기기를 사용해야 했는데 그러면 치료비가 너무 비싸지는 것이 마헤쉬 박사의 고민이었다. 그래서 15살짜리 아들 수만 물루무디는 아버지의 고민을 덜어주고 싶다는 바람을 가지게 되었다. 이것은 영화가 아니고 실제 이야기다.

퍼시의 부모는 이혼 상태였다. 퍼시는 엄마와 살고 있었지만 아빠와 같이 있고 싶어했다. 10살짜리 아이니까. 실업자가 된 아빠는 처음 셰프가 되려고 마음먹었던 초심을 되찾기로 한다. 아빠는 낡은 트럭을 빌려서 거리에서 푸드 트럭을 시작하고 아이는 방학을 이용해 동행한다. 흥미로운 것은 여기서부터다. 마이애미에서 출발해 미국 남부를 거쳐 캘리포니아까지 오는 동안 퍼시는 아빠의 푸드 트럭이 갈 곳을 미리 트위터로 홍보하고, 손님들이 즐겁게 먹는 장면을 찍어 유튜브에 올렸다. 소셜마케팅을 실현한 것이다. 그리고 푸드 트럭은 가는 곳마다 그야말로 '대박'이 났다. 그리고 해피엔딩. 자세한 건 영화를 직접 보시라.

현실 속의 아들 수만 물루무디도 문제를 해결했다. 아버지의 고민을 해결하고자 했던 그는 스마트폰을 이용해 청진기보다 나으면서도 값싼 심장 진단 프로그램과 기기를 만들어냈다. 그는 불과 15세에 스트라토 사이언티픽StratoScientific이란 회사의 CEO가 되었다. 이 회사의 CTO(최고기술책임자)는 박사학위가 있는 기술자다. 그의 아버지는 새로운 고민이 생겼다. 아들이 다른 10대들처럼 학교를 다니며 10대 시절을 즐길 수 없을지도 모른다는 것.

자, 이 두 이야기 가운데 어느 것이 영화인지, 어느 것이 현실에서 일어난 것인가? 둘 모두 모바일 문명으로의 전환기에 사는 새로운 세대 이야기다. 그들은 어른들보다 나은 해결책을 가지고 있다. 어른들은 아이들의 도움을 기꺼이 받아들였다. 세대 간에는 대결이 아니라 협력이 이루어졌고 그것은 좋은 결과를 낳았다.

2장

모모세대의 지적 능력

: 두 개의 뇌로 살아가는 아이들

스마트폰

10대가 손에 들고 있는 '두 번째 뇌'

그 두 번째 뇌로
궁금증을 풀고
신문기사를 읽고
일기를 쓰고
친구들과 수다를 떨고
좋아하는 물건을 사고
사진을 찍고
일상을 공유하고 기록하고 저장한다

세상 온갖 정보에 접속할 수 있는 '두 번째 뇌'
스마트폰으로 많은 일을 할 수 있게 되었으니

머릿속에 든 '진짜 뇌'는 이제 다른 일을 해야 한다

frankc

bsitweed

bertogonzalez

dsoroker

tag_lab

"요즘 애들은 이미지만 좋아하고 글을 안 읽어.
그러니 단편적인 사고밖에 못 하지……."

그러나 그들은 책 몇 권 분량의 정보를
한 장의 그림으로 요약해낸다
통찰을 기반으로 직관적으로 사고하는 능력
'시각적 문해력Visual Literacy'

모모세대의 '진짜 뇌'가 해내는 일은 새로운 지적 능력이다

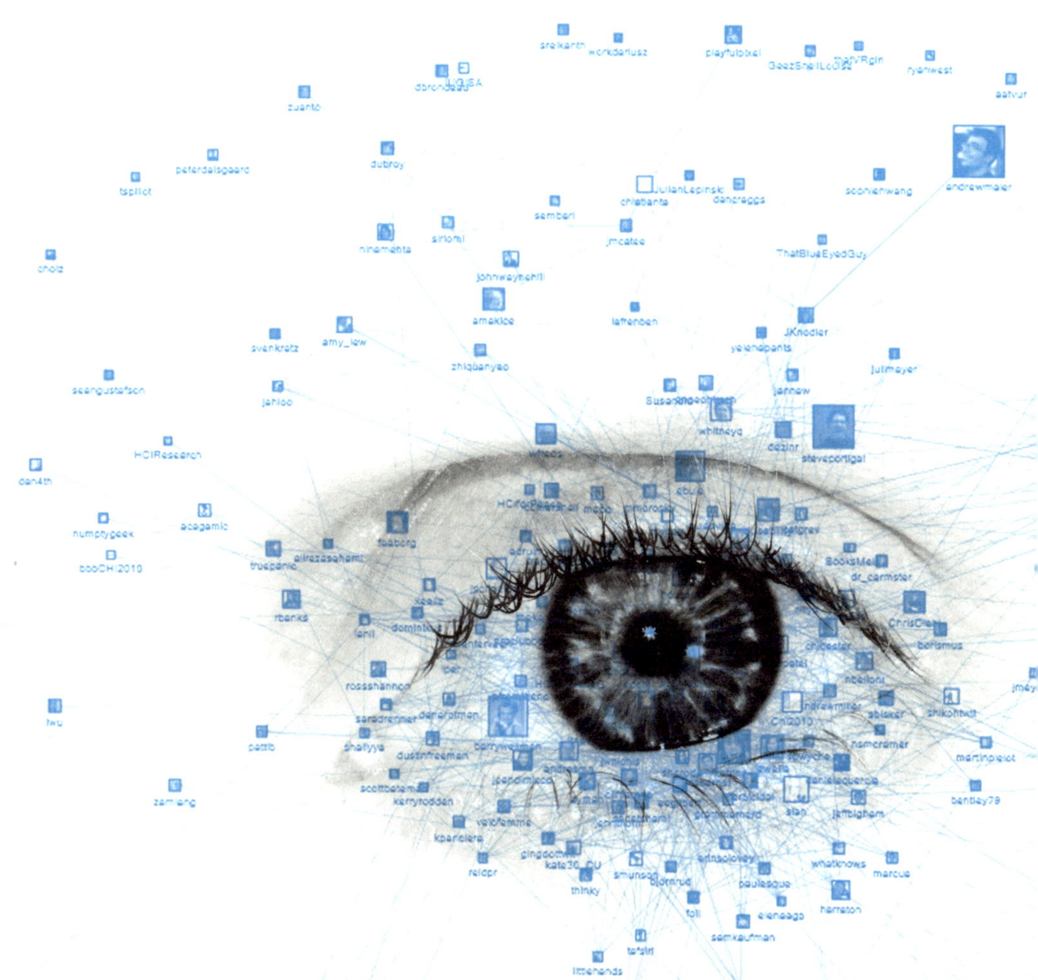

10대들이 더 똑똑하다는 명백한 사실을 부정하는 사람들이 내 주변에 많다는 것은 정말로 이상한 일이다. 대개 그렇게 말하는 사람들은 자기가 알고 있는 것을 그들이 모른다는 의미로 말하거나, 자기가 중요하게 여기는 가치나 능력을 그들이 가지고 있지 못하다는 의미로 말한다. 그런데 그들이 살 세상에서 진짜 똑똑함의 기준이 기성세대의 그것과 다르다면 어떨까? 말하자면 마라톤 선수가 100미터 달리기 선수에게 가서 왜 그리 빨리 달려서 쉽게 지치냐고 타박하는 것과 마찬가지라면 말이다.

기억과 학습이 인터넷과 모바일 세상에서 다 이루어질 수 있다면 우리 뇌는 좀더 창의적인 일을 할 수 있을 것이다. 전화번호를 굳이 외우고 다닐 필요가 없다면 기억력이 떨어지니 머리가 나빠지니 할 것이 아니라 그 대신 어떤 창의적인 일을 뇌에게 하도록 해야 하는지를 고민해야 할 것이다.

프랑스 철학자 미셸 쉐르Michel Serres는 80대의 나이에 《엄지세대, 두 개의 뇌로 만들 미래》를 썼는데 엄지세대란 '가축들과 함께 살지 않으며, 심지어 땅에 발을 딛지 않고 허공에 떠서 산다'고 한다. 쉽게 말하면 디지털 문명에서 자란 세대들 이야기다. 그리고 그들은 두 개의 뇌가 있다는 것이다. 그들은 '열두 살이 될 때쯤이면 어른들에 의해 이미 2만 번이 넘는 살인 사건의 이미지에 노출'되는 미디어와 가상환경에서 자라며 "아주 자연스럽게 두 눈 앞에 혹은 두 손 안에 자기 머리를 들고 다닌다"는 것이다. 인터넷과 스마트폰 이야기다. 그 머리에는 엄청난 양의 정보, 구조화된 지식, 인식 기능이 있고 기억과 기억, 상상, 합리적 사고능력이 갖춰져 있다. 그리고 목 위에는 우리의 진짜 머리가 있다. 미쉘 쉐르는 두 개의 뇌를 이야기하면서 우리의 진짜 머리가 이제 다른 일을 해야 할 때라고 말한다. 가짜 뇌가 많은 일을 할 수 있게 되었으니 그보다 더 창의적이고 구조적인 두뇌활동을 해야 한다는 것이다.

사실 이런 발상을 처음 볼 수 있었던 것은 1995년에 나온 일본 애니메이션 〈공각기동대〉다. 2030년 근미래 일본을 배경으로 하는 이 영화에서 '전뇌電腦'라는 개념이 등장한다. 전뇌는 인간의 뇌각을 기계로 대치하여 외부의 일부 인터페이스를 거치지 않고 바로 방대한 네트워크에 접속한다. 개인은 전뇌를 통해 네트워크와 병렬적으로 연결되는데 즉 가상네트워크의 한 지점이 된다. 이것은 두 개의 뇌보다 훨씬 더 진전된 것으로 윤리적 문제까지 겹쳐 있다. 먼 미래의 일이 될 수도 있지만 흥미로운 미래 예측인 것은 분명하다.

▶ 〈공각기동대〉의 '전뇌'

다시 두 개의 뇌로 돌아오면 여기에는 몇 가지 논란이 있을 수 있다. 모모세대인 10대들도 틀림없이 미셸 쉐르가 말하는 두 개의 뇌를 가지고 있어야 한다는 점에서 그렇다. 이번 장에서 우리는 10대들의 뇌가 가지고 있는 특성과 잠재적 가능성을 탐구할 것이다. 이 가능성의 핵심에 두 개의 뇌 논란이 있다.

우선 똑똑함에 대해 알아보자.

이솝우화에도 나오는 전 세계 공통의 구전설화에 '시골쥐와 서울쥐' 이야기가 있다. 누가 더 행복한가? 이 이야기의 교훈에 따르면 행복한 쪽은 당연히 시골쥐다. 그렇다면 질문을 바꿔보자. 누가 더 '똑똑한가?' 더 행복한 삶을 선택한 시골쥐가 더 똑똑할까? 아니면 위험도 많고 경쟁도 심한 서울에서 사는 서울쥐가 똑똑할까?

지능지수I.Q만으로 볼 때는 서울쥐가 더 똑똑할 것이다. 지능지수는 주로 추상적 사고 능력, 논리적 사고 능력 등을 많이 평가하는데 도시에 살면 자주 문제적 상황에 맞닥뜨리기 때문에 이런 능력이 높아진다. 그것은 인간의 아이들도 마찬가지다. 일반적인 지능검사에서 도시와 농촌 아이들의 점수를 비교해보면 도시 쪽이 더 높게 나온다. 더 복잡한 세상, 더 다양한 미디어를 접하면서 살기 때문에 생기는 차이일 것이다.

또한 정치학자 제임스 플린James Flynn이 100년간의 IQ검사 점수를 통해 발견한 플린 효과에 따르면, 지능지수는 세대를 거듭하면서 높아진다. 울릭 나이서Ulric Neisser라는 또 다른 심리학자의 연구에 따르면 1930년대의 IQ 100과 오늘날의 IQ 80이 비슷한 수준이라고 한다.

지능이 세대가 지날수록 높아진다고 하지만 수천 년간 계속 높아진 것은 아니다. 만약 그런 일이 벌어졌다면 로마시대 사람들은 바보였을 것이 아닌가? 학자들의 연구에 따르면 지능지수의 증가는 20세기적 현상이라고 할 수 있다. 플린 효과는 지능의 여러 요소 중 특히 비언어적 부분과 추론 영역에서 두드러진다고 한다. 예컨대 TV의 등장은 시각적 정보를 처리하는 능력을 키우는 데 커다란 기여를 했다고 볼 수 있다. 경쟁의 정도, 추론 능력의 필요성, 정보 유형 및 양의 문제가 뇌에 영향을 미쳐 그것이 지능지수로 이어졌다고 볼 수 있다.

그렇다면 모모세대인 21세기 10대의 뇌가 최소한 지능지수라는 면에서 더 똑똑하다는 것은 의문의 여지가 없다. 정보량은 더 많아졌고 처리해야 할 선택지는 더 다양해졌기 때문이다. 그러나 우리가 할 이야기는 이것이 아니다.

해결해야 할 문제가 다르다

모모세대들의 뇌는 그들이 해결해야 할 문제에 따라 발달 방향이 정해질 것이다. 기성세대의 뇌도 마찬가지 방향에서 발달해 왔다. 산수 문제를 꼭 풀어야 하는 아이와 사냥을 꼭 해야 하는 아이의 뇌 발달 방향이 다른 것과 마찬가지다. 뇌의 상태는 문제의 출발점이 아니고 결과다. 그들의 뇌가 얼마나 똑똑한지, 어떻게 작동하는지 알려면 그들이 풀어야 할 문제가 무엇인지 알아야 한다.

사실은 모모세대들의 뇌가 안고 있는 문제는 30여 년전 10대들이 안고 있던 문제와 정확히 반대 방향이다. 즉 30년전 10대는 부족한 정보를 얻는 것과 기억하는 것이 중요한 화두였다. 반면에 지금의 10대는 너무 많은 정보를 어떻게 구조화해서 처리하느냐가 더 중요해졌다. 앨빈 토플러Alvin Toffler는 2006년 작《부의 미래》에서 현대의 이런 문제를 '쓰레기 지식'이라는 의미로 '압솔로지' obsoledge(obsolete+knowledge)라고 표현하기도 했다. 손 안에 쥔 스마트폰만 바라봐도 세상의 온갖 정보에 접속할 수 있는 일을 당연히 여기며 커온 10대의 두뇌는 정보 부족으로 허덕이지 않는다. 그들의 두뇌는 이 산더미 같은 정보들 사이를 어떻게 헤쳐나갈 것인지, 어떻게 빠르게 필터링filtering(원하지 않는 정보를 걸러내는 일)을 해서 두뇌 활동의 노고를 줄일 것인지 탐구한다. 이 원리가 뇌의 발달 방향을 결정한다. 바로 이 지점에서 모모세대의 뇌가 부모들과 다르다.

예를 들어보자. 10대들이 많이 쓰는 용어 가운데 '생정'이라는 것이 있다. 생정은 '생활정보'의 줄임말이다. '훈녀생정'은 '훈훈한 여자를 위한 생활정보'라는 뜻이고 '유용생정'은 '일상에서 쓸모가 많은 생활정보'라는 뜻이다. 윗세대인 디지털 네이티브들이 시작했고 모모세대인 10대들이 더 발전시키고 있다. 이 생정을 다룬 블로그를 보면 다음과 같은 것들이 있다.

집에 와서 교복 갈아입을 때마다 찝찝해서 죽을 것 같네요(부들부들)

에어컨도 자주 안 틀어주고.... 부채질만 하고 있으니

여름 코디 올렸을 때 반응이 좋아서 또 올려요. 사진이랑 비슷한 옷 골라서 코디하길 바래요!

이것은 하나의 지식 또는 정보다. 만든 이의 미적 감각, 고민의 결과다. 그리고 이런 형태의 지식, 정보, 감각, 창의력의 결과가 가상세계에는 널려 있다. 모모세대는 스스로 생산자이기도 하지만 이런 세계에 언제든 접근 가능하며 그것에 익숙하다. 가상세계의 저장물들이 기억능력을 대신할 뿐만 아니라 이미 어떤 상상력을 대신하고 창의력과 미적 감각마저 대신한다. 원래는 뇌가 해야 할 일이 여기에서 이미 하고 있다. 그러니 미쉘 쉐르의 말대로 눈 앞에, 손 안에 뇌를 들고 다니는 것이 맞다. 한국의 모모세대들도 두 개의 뇌를 갖고 있다. 원래의 뇌가 한 일을 두 번째 뇌가 저장하고

IOWA
ⓒ콩쥐포스
올드미키<헬맷나시>
소녀나라<재키재키>
햇맷나시
재키재키
개인적으로 나시는 좋아하지 않음...
겨땀때문에ㅁㅁ더이상의 설명은 생략한다
그래도 여름은 노출으1 계절이잖아요!!!

▸ 훈녀생정 블로그 blog.naver.com/wlgh8527?Redirect=Log&logNo=220070563387

공유하기 때문에 원래의 뇌는 또 다른 일을 찾아야 한다. 혹은 그런 정보와 지식의 산물이 너무 많으니 자신이 필요할 때 바로 꺼내 쓸 수 있도록 구조화해야 한다.

미쉘 쉐르는 엄지세대가 처한 문제를 다음과 같이 묘사한다.

> 휴대폰을 통해 모든 사람들과 접속할 수 있고, GPS를 통해 어디든 갈 수 있는 것과 마찬가지로 이제 지식은 누구에게나 개방되어 있다. 어떤 의미에서 보자면 지식은 항상, 도처에서 이미 전수되고 있다.
>
> 지식은 물체화되었을 뿐 아니라 거기서 한 걸음 더 나아가 활발하게 유통되고 있다. 다시 말해 어느 한 곳에 집중되어 있지 않다. 나는 앞에서 우리가 미터법의 공간, 즉 구심점이 되는 곳, 집중이 이루어

> **지는 곳에서 살아왔다고 말했다. 학교, 교실, 캠퍼스, 대강당, 이런 곳들이 바로 교수와 학생들이 모이는 곳, 집중이 이루어지는 곳이었다. 도서관에는 책이 집중되어 있고, 실험실에는 온갖 실험도구들이 집중되어 있었다. 그런데 이런 지식, 이런 사전이며 참고도서들은 이제 도처-각종 사회현상을 관찰하는 연구소들도 물론 여기에 포함된다!-로 유통되고 있다. 여러 독자들 각자의 집도 예외는 아니다. 아니, 여러분이 어디를 가든 가는 곳마다 이것들을 접할 수 있다.(중략) 그러니 도대체 무엇 때문에 정해진 공간에 모여 있어야 한단 말인가?**

재미있는 것은 이 80대 노학자도 발견할 수 있는 문제를 그보다 훨씬 젊은 한국의 기성세대들이 제대로 보고 있지 못하다는 것이다. 예컨대 한국에서 출간된 번역서의 독자 서평 중에는 '미셸 쉐르가 학교의 지식전수 역할이 끝났다고 말하는데 학교나 선생은 그보다 더 중요한 일을 한다. 지식의 활용과 응용 방식들을 전수하고 지식을 응용할 수 있는 능력을 가르친다. 원래 이걸 해야 할 학교가 이 역할을 더 잘할 수 있도록 해야 하지 않겠는가'라는 취지의 글이 있다.

'지식은 개방되어 있고 어디서나 전수될 수 있다'라는 것이 미셸 쉐르가 발견한 우리 시대의 문제다. 따라서 과거의 해결책으로서 학교가 역할을 다했다는 것이다. 그렇다고 학교와 선생이 없어져야 한다고 주장하는 것이 아니다. 그것이 정해진 공간이고 정해진 사람이어야 하는가라는 문제 제기다. 책이 전자책ebook이 되었다고 책이 아닌 것이 아니듯 학교가 정해진 공간에 있지 않다고 학교가 아닌 것은 아니다. 그러나 우리는 낡은 해결책을 끼고 그것에서 벗어나지 못하고 있다. 그것이 문제다.

모모세대의 뇌는 기성세대와는 전혀 다른 문제에 직면해 있다. 이것이 정말 문제다. 우리는 이 점을 이해해야 한다. 아직 배울 것이 많은 그들에게 학교를 넘어서 존재하는 두 번째 뇌와 목 위에 있는 첫 번째 뇌의 관계를 형성하는 것이 두뇌 발달의 방향인 것이다. 그 결과를 알 수 없지만 그들에게 필요한 똑똑함이 그 문제와 방향에 대한 것임은 분명하다.

속도를 압도하는 멀티태스킹 능력

역사세대로서 모모세대의 잠재적 가능성인 '두 개의 뇌'(이것은 그 윗세대인 디지털 네이티브들과도 일정하게 공유한다)는 지적 능력에서 속도와 시간을 중요한 것으로 만든다. 주마간산하듯 대충 보면서 빠른 시간 내에 필요한 지식을 꺼내 쓸 수 있어야 한다. 그래서 멀티태스킹에 능해진다. 멀티태스킹이란 한 번에 여러 가지 일을 하는 것을 의미한다. 예를 들면 정보를 수집하고, 지식을 산출하고,

▸ blog.naver.com/hinoquwa?Redirect=Log&logNo=110172501166

또 다른 정보를 수집하고, 음악을 듣고, 콘텐츠를 만드는 일을 동시에 하는 것이다.

위 그림은 한 10대가 '학교 수행 평가'와 '공모전 콘텐츠 작성'을 동시에 하는 일상을 블로그에 올린 화면이다. 이 소녀는 한 화면에서 동시작업을 하면서도 잽싸게 해당 화면을 캡처한 뒤 자신의 블로그에 올려 해당 내용을 친구들과 공유한다. 이 게시물에 대한 댓글에는 "더블잡이네요. 마우스를 움직이며 키보드도 같이"라는 친구들의 실시간 반응이 올라온다

이 아이가 자기도 모르게 하는 작업은 '미디어 멀티태스킹'이다. 여러 개의 미디어 매체를 통해 동시에 작업하는 것이 미디어 멀티태스킹인데 10대들은 이런 기술을 따로 익힐 필요가 없다. 그들은 두 개의 눈만으로도 TV, PC, 스마트폰, 태블릿 등 다양한 미

디어 매체를 동시에 조종하는 세대가 될 것이다. 이러한 모습은 꼭 외환딜러들이 여러 개의 창을 띄우고 수치화된 언어를 통해 시장 상황을 재빠르게 모니터링하는 모습과 닮았다.

멀티태스킹을 디지털 시대 청소년의 특징이라고 주장한 미국 교육학자 마크 프렌스키Marc Prensky는 2001년 논문 〈Digital Native, Digital Immigrants〉를 통해 처음 디지털 네이티브의 개념을 소개했다. 그가 소개한 디지털 네이티브는 1980년대 개인용 컴퓨터의 대중화, 1990년대 휴대전화와 인터넷의 확산에 따른 디지털 혁명기 한복판에서 성장기를 보낸 30세 미만의 세대를 지칭한다.

그는 청소년들이 어릴 때부터 디지털 도구를 접하며 성장하여 다양한 디지털 콘텐츠를 생산했고 이런 환경에서 자란 아이들의 두뇌 구조는 기성세대와 차이가 있을 수밖에 없다고 말한다. 디지털 시대의 10대들은 큰 주의력 없이도 동시에 다양한 정보를 얻는 방법을 자연스럽게 터득하며 살아갈 수 있다는 것이다. 대부분의 세대연구가들도 새로운 세대가 여러 대상에 대해 전략적으로 주의를 분산해 처리할 수 있는 능력이 더 뛰어나다는 부분에 대해 동의하고 있다. 융합이나 통섭형 인재에 대한 사회적 요구는 멀티태스커Multitasker(한 번에 여러 가지 일을 하는 사람)로서 10대를 바라보는 기대감을 한층 더 고조시키고 있다.

그러나 반론도 만만치 않다. 최근의 뇌과학자들은 멀티태스킹 교육에 반대하며 '효율적으로 일을 하고 싶다면 한 가지에 집중'

하라고 충고한다. 뇌과학자들은 우리의 뇌는 멀티태스킹을 하도록 구조화되어 있지 않으며 멀티태스킹을 자주 하는 학생일수록 한 번에 한 가지 일만 하는 학생에 비해 집중력과 학업 성적이 떨어진다고 지적한다. 여러 가지 일을 동시에 해내는 사람의 경우 멀티태스킹을 하는 것처럼 보여도 실제 뇌는 빠른 속도로 작업을 전환하며 순차적으로 작업serial tasking을 하는 것에 불과하다는 것이다. 《멀티태스킹은 없다》의 저자 데이비드 크렌쇼는 멀티태스킹은 없고 스위치 태스킹switch tasking(하나씩 변환하면서 일을 한다는 의미)을 하고 있고 오히려 비효율적이라고 주장했다. 다시 말해서 진정한 의미의 '동시작업'이 아니며 효과적이지도 않다는 것이다. 그러나 연령대가 더 어릴수록, 즉 모바일 네이티브 속성이 강하면 강할수록 비록 순차적으로 뇌가 처리한다고 할지라도 멀티태스킹에 가까운 활동이 계속 늘고 있다.

2014년 영국의 미디어 멀티태스킹에 대한 조사에 따르면 멀티태스킹은 16~34세 사이의 비교적 낮은 연령대를 중심으로 다양한 미디어를 구매할 수 있는 안정된 경제력을 가진 이용자 사이에 더 일반적인 형태로 나타난다. 심지어 연령대가 낮아질수록 TV를 볼 때도 스마트폰을 손에서 놓지 않고 태블릿 PC까지 함께 사용하는 미디어 멀티태스커들이 늘고 있다고 한다. 따라서 뇌과학자들의 부정적 의견과 별개로 10대들은 멀티태스킹 습관을 갖고 있고 특히 이 습관은 미디어 사용에서 더 두드러진다. 물론 고도로 집중화되는 몰입이 필요한 일에서는 멀티태스킹이 어렵지만, TV

를 보며 스마트폰으로 관련 내용을 검색하거나 친구들끼리 즉각적인 대화를 나누는 행위는 얼마든지 가능할 정도로 능숙해지고 있다.

진정한 의미의 동시작업은 아니지만 모모세대의 첫 번째 뇌는 속도에 따른 지적 분산능력을 훈련하고 있다. 많은 매체와 정보에 대응하는 그들의 지적 발달 방향은 짧은 시간 안에 여러 정보와 작업을 처리하는 능력의 향상이다. 사실 책을 보면서 음악 듣기 같은 멀티태스킹은 얼마든지 가능하다. 시각과 청각이라는 다른 감각기관이 작용하기 때문에 감각기관의 간섭이 없으며 뇌과학자들도 이런 종류의 멀태태스킹은 어느 정도 가능하다고 보고 있다. 스위치태스킹은 TV를 보면서 스마트폰을 확인하는 행위처럼 신체의 한계상 동일한 감각기관을 분주히 움직여야 하기 때문에 뇌가 두 매체에 완전히 동시 집중할 수 없는 행위들에 대한 것이다. 따라서 모모세대는 빠른 스위치 능력을 향상시키고 있는 셈이다. 프로게이머가 화면 안의 여러 정보를 빠르게 판단하고 선택하고 행동하거나 영화 〈본 아이덴티티〉에서 주인공인 특수요원 제임스 본처럼 체계적인 훈련을 통해 위험 요소를 극단의 짧은 시간에 보고 듣고 기억하는 것과 같은 일이 10대들에게 일어나고 있다. 이것이 어떤 미래적 가치를 가지게 될지는 조금 더 지켜봐야 할 듯하다.

직관적 정보로 재구성하다

뇌과학자들의 지적처럼 10대들이 진정한 의미에서 멀티태스킹을 할 수 없다면 그들은 자신들의 습관을 이어나가기 위한 다양한 기술적 해법들을 요구하게 될 것이다. 모모세대의 특징을 만들기 시작하는 것이다. 이것은 정보를 인지하고 구성하려는 태도와 직결되는데, 현재 이를 가장 잘 보여주는 영역이 바로 '비주얼을 통한 즉각적인 공유문화'이다. 10대들이 공유하는 메시지는 일관적인 속성이 있는데 바로 빠르고 즉각적이며 쉽게 통용되어야 한다는 것이다.

정보를 빠르게 이해하기 위한 해결책은 사실 10대들이 가장 잘 풀어가고 있다. 2013년 야후가 3,000만 달러(약 330억 원)에 해당하는 금액으로 인수한 모바일 앱 '섬리Summly'가 대표적이다. 섬리 서비스의 핵심은 '정보의 요약'이다. 이 서비스를 만든 주인공은 17세 고등학생 닉 달로시오Nick D'Aloisio인데 그는 시험 준비를 위해 구글 검색을 이용하다 그것조차 불편하다는 생각이 들었다고 한다. 10대들을 위한 새로운 정보 정리 방식이 필요하다고 생각한 이 소년은 뉴스 편집 알고리즘을 개발해 긴 뉴스기사를 400자 분량으로 자동 요약할 수 있는 서비스를 출시했다. 예를 들어 섬리는 2014년 발생한 한국 금융사의 개인정보 유출 문제를 다음과 같이 요약한다.

Home
About
Watch the Summly video
Summ·ly | səmlē | noun
Summarized version of a news article optimised for iPhone
Nick D'Aloisio launched Summly in December 2011 as a tech summarization prototype that garnered significant interest worldwide. With backing from Horizons Ventures, and help from many natural language processing and artificial intelligence experts around the world, Nick and the Summly team have been able to further develop summarization technology, the first result being the new Summly mobile news app.
Angel Investors and Advisors include; Ashton Kutcher, Betaworks, Brian Chesky, Hosain Rahman, Jessica Powell, Joanna Shields, Josh Kushner, Mark Pincus, Matt Mullenweg, Shakil Khan, Spencer Hyman, Stephen Fry, Troy Carter, Vivi Nevo, Yoko Ono and many more. We are also working closely with News Corporation on the summarization of their content.

▸ 섬리 summly.com/index.html

한국에서 신용카드 고객정보가 털렸다. 국민 절반이 당했다.

신용정보를 관리하는 외주업체의 직원이 데이터를 훔쳤다.

그 직원이 체포되고 나서야 피해 규모가 명확해졌다.

또 BBC는 2014년 초부터 미국 10대들이 많이 사용하는 이미지 공유 사이트 인스타그램에 짧은 동영상 뉴스 서비스를 실험하고 있다. 인스타팩스Instafax라고 불리는 이 서비스에는 현재 시범적으로 매일 15초짜리 동영상 3개가 올라오고 있다. 15초짜리 뉴스? BBC는 모바일을 많이 사용하는 젊은 세대에게 이런 서비스에 대한 더 큰 니즈가 있을 것으로 예상한다.

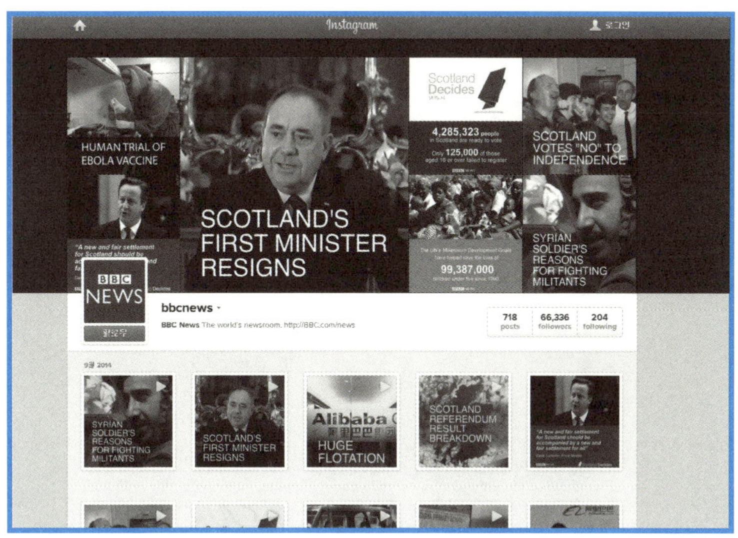

▸ 인스타팩스 instagram.com/p/jZ04fLOj5Y

한국의 10대에게 유용한 기술적 해법이 있다면 '윔즈Whims'라는 앱 서비스일 것이다. 이 앱은 글자에 효과를 주어 마치 전달력이 강한 이미지처럼 보이도록 만들어주는 서비스다. 이 앱의 레이아웃은 인스타그램의 '사진 필터' 기능처럼 단어, 컬러, 폰트 등을 조절해 자신의 감정을 표현할 수 있도록 도와준다.

어린 시절부터 검색에 익숙한 아이들은 더 이상 검색 결과에 만족하지 않고 검색된 정보를 다시 변형하려 할 것이다. 구글 CEO 에릭 슈미츠는 "앞으로 72시간마다 데이터 양은 2배씩 폭주할 것"이라고 말한 바 있는데 10대들에게 정보는 이미 넘쳐나는 것이기 때문에 기성세대처럼 정보에 대한 갈증 자체는 느끼지는 않는다. 반면 핵심 정보에 대한 갈증은 더해져서 인터넷 상에 있는 정보를

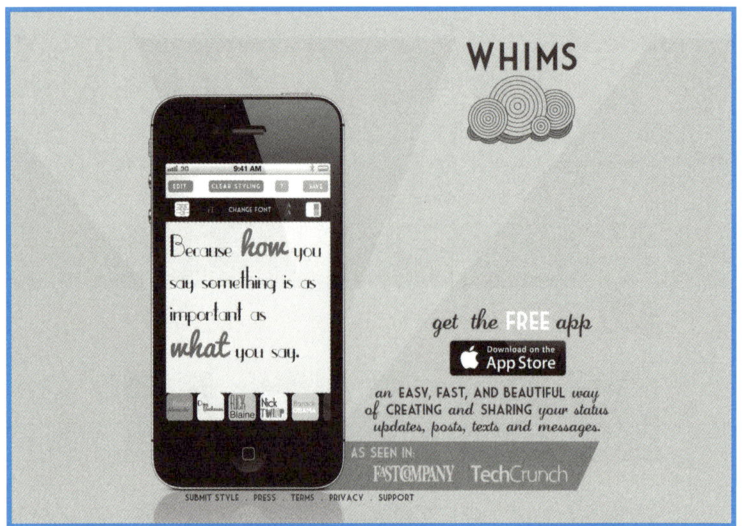

▸ 윔즈 whims.me

중요도 순으로 모으거나 이미지나 짧은 스토리로 재구성한 정보에 대한 관심이 쏠릴 수밖에 없다. 따라서 10대들이 살아갈 세상에서는 검색엔진보다 검색 결과를 3초 안에 이해할 수 있도록 해주는 정보 번역 시장이 더 중요해질 것이다.

이미 학생들을 대상으로 한 교육에서 이러한 시도들은 오래전부터 있었다. 마인드맵을 통해 생각을 정리하는 방법이 국내에서는 학교 교육에 먼저 쓰였다는 점을 떠올려보자. 2017년부터 국사가 수능 필수과목으로 지정되면서 외울 것이 많고 고루한 국사를 재미있게 학습하기 위한 다양한 시도들이 나오고 있는데 한 고등학교는 학생들이 직접 교사가 되어 아이들을 가르치는 프레젠테이션 연습을 시킨다. 프레젠테이션을 구성하기 위해 아이들은 인터넷 검색을 통해 널려 있는 역사 지식을 사극이나 영화 등 아이들이 쉽게 이해할 수 있는 다양한 비유 소재들을 찾아 정보를 결합해 새롭게 지식을 전달한다. 지식과 정답은 어디서든 쉽게 구할 수 있기 때문에 예전처럼 공부 잘하는 아이의 노트를 빌려보기 위해 애쓰기보다 학생 스스로 정보를 구성해 간결하고 핵심적인 정보가 무엇인지 다시금 추려내는 과정을 거치는 것이다.

이렇게 재구성된 정보가 전체적인 흐름과 맥락을 한꺼번에 파악할 수 있는 인사이트까지 담겨 있다면 그야말로 일거양득이다. 이러한 가능성을 보여주는 사례가 있다. TED로 유명세를 얻은 스웨덴의 한스 롤링Hans Rosling 교수는 각종 시계열 통계를 모션 차트를 활용해 강연하는 것으로 유명하다. 모션 차트는 공개된 데이터를 그래픽화하는 갭마인더Gapminder 재단의 소프트웨어의 일종이다. 그는 데이터를 근거로 한 통계와 그래프를 통해 사실에 근거하지 않은 편견들이 초래할 수 있는 결과에 대해 지적한다. 그는 이를 '데이터 저널리즘'이라 부르는데, 잘 조직된 데이터 정보라 할지라도 모든 사람이 같은 것을 공유할 수 있는 의미를 전달하기 매우 어려우며 이때 정보의 시각화가 이런 어려움을 해소할 수 있는 효과적인 도구라고 말한다. 그에 따르면 아무리 좋은 데이터를 보유하고 있더라도 어떻게 정보를 조직화해서 전달할 것인가에 따라 그 가치는 완전히 달라진다.

이러한 맥락에서 국내 출판사들도 작지만 비슷한 시도를 하는 것이 눈에 띈다. 학생들이 어려워하는 지루한 한국통사를 화려

한 인포그래픽Infographic(정보, 자료, 지식의 시각적 표현)을 통해 되살리려는 것이다. 출판사들은 "5,000년이라는 긴 시간을 담아내는 통사의 경우 독자들이 지루하게 읽기 십상인데 사건, 인물, 정보 간의 연관성을 부각하는 인포그래픽이라는 비주얼 요소를 사용하면 역사를 입체적이고 더 깊이 있게 보여줄 수 있다"라고 이야기한다. 이러한 시도들은 학생들이 더 능동적으로 정보를 받아들이게 하고 전체적 맥락 속에서 역사를 바라볼 수 있는 시각을 형성하게 한다고 믿고 있다. 실제로 인포그래픽에 대한 연구 결과에 따르면 뇌로 전달되는 정보 중 90퍼센트 이상이 시각으로 전달되었을 때 가치가 높아지고 비주얼 콘텐츠는 일반 텍스트보다 6만 배 이상 뇌에서 빠르게 인식된다고 한다. 인포그래픽의 경우 현재 타 콘텐츠보다 소셜 네트워크 공간에서 40배 이상의 공유 효과를 보인다.

직관적 정보를 원하는 아이들이 미래 어떠한 환경에서 일을 하게 될지 상상하게 만드는 기업이 있다면 구글일 것이다. 구글은 2013년 구글 맵스 엔진 프로Maps Engine Pro서비스를 출시했다. 클라우드 기반의 데이터 시각화 매핑툴인 이 서비스는 위치기반 맵에 다양한 데이터를 표시해 직원끼리 공유하도록 만든다. 표시 가능한 데이터는 다양한데 선박 경로나 창고 위치, 판매 지역 등 기업의 특성에 따라 얼마든지 달라질 수 있다. 일반 스프레드시트나 데이터베이스 작업으로는 결코 할 수 없는 일이다. 구글은 더 많은 회사에서 더 많은 직원들이 데이터 시각화 지도를 사용하는 것을 궁극적인 목표로 하고 있다. 또한 회사 데이터가 지도 위에 시각화

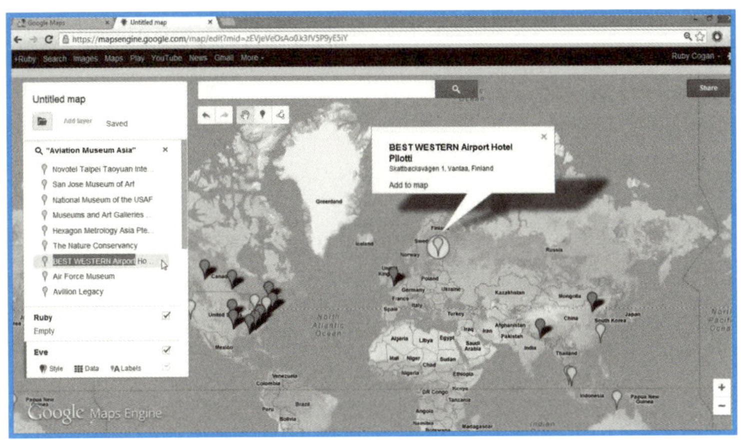

▸ 구글 맵스 엔진 프로 http://www.google.com/enterprise/mapsearth/products/mapsengine.html

를 통해 나타나면 다수 직원들의 합의하에 결정을 내리기 훨씬 더 쉬워질 것이라 보고 있다.

모모세대는 자신들도 모르게 무수한 비정형 데이터를 손쉽게 이해할 수 있는 정보나 플랫폼을 요구하고 있다. 그 형태는 썸리처럼 짧은 요약 서비스일 수도 있고 비주얼 형식의 콘텐츠일 수도 있으며 구글의 빅데이터 플랫폼일 수도 있다. 형태는 다양할 수 있지만 여기서 핵심은 10대들이 다양한 작업을 짧은 시간 내에 효과적으로 처리할 수 있도록 직관적으로 구성된 정보를 원한다는 것이다. 속도에 대한 대응의 하나가 분산처리 능력으로서 멀티태스킹(혹은 스위치태스킹)을 훈련하는 것이라면 그 두 번째는 직관적 정보 구축인 셈이다. 모모세대의 이런 능력은 인포그래픽이나 이미지 커뮤니케이션 등의 트렌드와 일치한다. 그러므로 정보나 지식의 재구축과 콘텐츠화, 커뮤니케이션에서의 활용과 같은 분야의 미래 변화는 모모세대의 감각 속에서 발전할 것이 틀림없다.

모모세대의 지능은 이미지적 통찰력

'오늘날 10대는 이미지 정보만 추구하고 단편적 사고밖에 못한다'라는 견해는 전형적인 세대대결 패턴의 사고다. 그들의 정보 환경과 정보습득 메커니즘에 대한 이해 부족을 고정관념에 편승해 무시해버리는 것이다. 다시 한 번 관점의 변화가 필요하다는 말을 강조할 필요가 있다. 모모세대로 보면 새로운 가능성이 열린다. 텍스트로 전달할 수 없는 것도 전달하고 수백 페이지에 달하는 텍스트를 한 장의 그림으로 전달하는 것이다.

이것을 '시각적 문해력Visual Literacy'이라고 한다. 시각적 문해력이란 정보를 이미지 형태로 이해하고 의미를 만들 줄 알고 공유할 수 있는 능력이다. 문자가 없던 시대의 고대인은 동굴 벽에 그린 그림으로 커뮤니케이션을 할 수 있었다. 디지털 시대가 수만 년 전으로 되돌아가서 인간의 옛 능력을 일깨우고 있는 셈이다. 모모세대들은 이미지 자체를 읽으려고 한다. 또한 정보를 이미지 형태로 재구성하려 한다. 한 장의 그림으로 요약된 책 한 권을 상상해보라. 원래의 텍스트 안에는 독자를 설득하기 위한 수많은 추상어로 가득 채워져 있을 것이다. 그러나 이것을 압축적인 그림으로 표현하려면 명확한 사실 데이터를 결합해 현재의 위치를 드러낼 수 있는 통찰력 있는 이미지상을 구현해야 한다. 이것은 텍스트적인 사고 구조가 상상할 수 없는 또 다른 방식의 고도의 통찰적 사고가 필요한 것이다. 목 위에 있는 원래 머리가 이런 작업을 할 수 있다면 두 번째 뇌야 어찌됐든 첫 번째 뇌의 존재 의미를 계속 지키게 될 것이다.

우리는 이번 장에서 모모세대로서의 10대가 가진 지적 능력, 두뇌의 특징에 대해 살펴보았다. 과학으로 재단하기에는 아직 이르지만 10대는 두 개의 뇌를 형성하는 과정에 있다. 인터넷과 모바일 세상에서 두 번째 뇌가 정보와 지식의 기억, 사고능력, 상상력과 창의력과 같은 두뇌의 역할을 빠르게 대체해가는 트렌드에 대한 대응이라고 평가할 수 있을 것이다.

그들은 허둥대고 주의력이 없고 집중력이 떨어져 보이지만 사실은 속도에 대한 지적 분산능력인 멀티태스킹에 도전중이다. 그들은 책을 읽지 않고 텍스트를 싫어하고 논리적 사고에 익숙하지 못한 것 같지만 사실은 통찰을 기반으로 직관적으로 이해할 수 있는 정보 재구축에 더 많은 비중을 두고 있다. 이것들은 아직 미숙하지만 계속 진화할 것이다.

결론적으로 모모세대들은 두 번째 뇌가 진짜 뇌보다 더 고도의 효율성을 가진 존재로 진화하는 세상에서 첫 번째 두뇌에 새로운 지적 능력을 장착해야 한다는 것을 본능적으로 알고 있다. 이 새로운 지적 능력을 잠재적으로 정의하면 '정보·지식·감각·경험을 재빨리 구조화하는 이미지적 통찰력과 판단력'이라고 말할 수 있다. 아니, 더 말만 어려워진 것 같다. '어마어마해지는 두 번째 뇌를 구조적으로 이해하고 생산적으로 활용하는 능력'은 어떤가.

이것이 역사세대로서 모모세대인 10대가 지닌 잠재적 가능성, 혹은 트렌드적 가능성이라고 할 수 있을 것이다. 두 번째 뇌가 인간 활동의 대부분을 대체하는 세상에서 우리의 첫 번째 뇌는 무엇을 하며 존재 의의를 찾게 될까? 이것이 10대들이 당면한 진짜 문제다. 두 개의 뇌는 그 해답의 일단이다.

이제 세대혁신의 관점에서 생각해보자. 무식하고 산만한 10대라는 선입견에서 벗어나 세대혁신의 방향에서 관점을 변화시킬 필요가 있다. 미래는, 미래의 사회와 기업은 어떤 사람들을 인재라고 부를까? 두 개의 뇌에 대응하는 교육은 무엇일까?

우리가 몰랐던
모모세대 이야기

어른들이 신경 안 쓰면 우리끼리 알아서 하지 뭐

: 10대 게임개발자 커뮤니티 아덴

게임에 푹 빠지는 건 전 세계 10대들의 공통적인 현상이다. 그 중 모바일 게임 시장은 해마다 237퍼센트 성장하여 2016년엔 239억 달러에 도달할 것으로 예측되고 있다(앱리프트AppLift, 뉴주Newzoo 발표, 2014년). 이중 아시아 태평양 지역이 전 세계 매출의 1/2이나 되는 가장 큰 시장이다. 이 폭발적인 성장 시장에서 한국의 10대는 게임 유저로만 남아야 하는가?

청소년 커뮤니티 아덴(cafe.naver.com/adenteam)을 아는가? 2007년 10대들이 게임 개발자를 꿈꾸며 만든 커뮤니티다. 어른들이 무심한 동안 게임 개발을 꿈꾸는 10대들이 직접 만들었다. 3,000명이 넘는 회원들이 활동하고 있으며 세계의 게임 관련 기사를 번역해서 올리고, 국내 게임업계의 동향을 소개하고, 대학 진학이나 게임 관련 직업 등을 소개한다.

"저는 비록 초등학생이지만 아덴팀의 멤버입니다. 팀장님은 현재 천년백작님이시고 저는 일반 멤버입니다~ 저는 프로그래밍을 맡았고 저 또한 저번에 G스타 2007도 갔다오고 C프로그래밍 공부도 하고 있습니다. 메인 프로그래머가 되기 위해 ^^α"

2007년에 아덴팀의 카페에 올라온 한 초등학생 멤버의 자기소개다. 열의가 넘치지 않는가. 이 팀 공지사항 첫 글은 이렇다. "아덴팀의 궁극적인 목표는, 미래 게임산업에서의 인맥 확보 및 각종 대회에 참가하여 이름을 알리고, 면접 같은 걸 볼 때 가산점 획득을 위한 길, 대학교에 가서 우리만의 게임을 제작하여 회사에 취직 시 가산점 +'라고 올려져 있다. 소박하고 솔직하다.

몇 년이 지났고 회원도 3,000명이나 되지만 세상의 무관심은 여전하다. 한 신문사가 아덴팀의 운영자들을 만나 인터뷰를 했는데 '게임 관련 정보가 부족한 편인가'라는 질문에 이렇게 대답한다.

> "꿈꾸는 학생에 대한 지원이나 정보가 전혀 없다고 보면 된다. 다른 분야에선 정부 관련 공모전이 많아 수상하면 진학에도 유리한데, 게임 관련 공모전은 정부가 주최하는 건 거의 없다. 게임 제작사들이 여는 공모전이 몇몇 있을 뿐이다. 워낙 정보가 없으니 10대뿐 아니라 20대도 아덴에 가입해 활동한다."
>
> 〈중앙일보〉 2014. 5. 29

이 인터뷰에서 고등학교 3학년인 오새찬 군은 일주일에 4시간 정도 자유시간이 있다고 말한다. 게임에 신경 쓸 수 있는 시간이 일주일에 4시간인 셈이다. 그가 전문적인 10대 게임개발자가 될 수 없는 이유가 여기 있는 것 같다.

그러나 게임공학과 진학이 목표라는 그는 게임개발의 적성에 대해 “이 세계를 알아갈수록 사회성이 가장 필요한 덕목인 것 같다. 협업하고 많은 사람을 만나야 하니까”라고 대답할 정도로 어른스럽다.

10대의 창의적 재능 이야기가 세계적으로 화제가 되고 있지만 유독 인터넷과 모바일 강국인 한국이 조용한 것에는 이유가 있다. 경험을 쌓을 여건과 시간이 부족한 것이다. 그래서 아덴 멤버들을 응원하고 싶어진다.

3장

모모세대의 생산자 감성

: 일상을 기록하고 기획하고 생산한다

"오늘 학교에서 어땠니?"
"내 블로그에 가면 다 알 수 있어요, 아빠."

10대는 기억을 머릿속에 '집어넣지' 않는다.
블로그나 SNS에 기록하고 공유한다

10대에게 중요한 것은
정보를 외우는 것이 아니라
정보를 꺼내서 활용하는 것

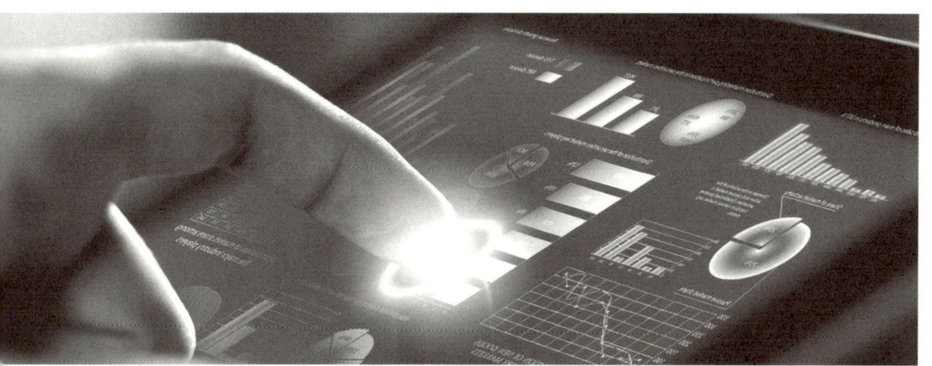

기억은 기록이 되고 기록은 콘텐츠가 된다

스마트폰을 끼고 사는 10대는 타고난 콘텐츠 생산자가 될 수밖에 없다

모모세대의 생산자 감성에 주목해야 하는 이유는
그들이 이런 활동을 일상에서 해내기 때문이다

점점 더 커지고 마침내 현실 세계마저 아우를 디지털 가상세계의 진정한 유목민들이 누구인지 아는가? 바로 모모세대들이다. 그들은 거침없고 새로운 영토를 계속 정복해나가고 문화를 만들고 상품을 생산하고 사회를 일군다. 그들은 말뿐이 아닌 진정한 창조경제의 주역이 될 것이며 두 개의 뇌를 다 활용하는 자들로서 레오나르도 다빈치보다 뛰어난 상상력의 주인공이 될 것이다.

물론 변화는 일상의 작은 수군거림에서 시작된다. 10대들의 소소한 행동을 관찰하는데서 모모세대로서의 생산자적 가능성을 탐색하는 여행을 시작해보자.

모처럼의 휴일, 중학생 딸이 스마트폰에 빠져 있다. '또 스마트폰이냐!'라고 먼저 한소리 나갈 뻔 했지만 참는다. 무조건 혼내는 부모가 되면 안 되겠다는 생각이 들었던 것이다. 슬그머니 옆에 앉아서 자애로운 표정으로 궁금하다는 듯 스마트폰 화면을 들여다본다. 게임을 하는 중이다. 여전사가 괴수를 상대로 커다란 칼을 휘두르고 있다.

"무슨 게임이니?"

아이는 이것도 모르냐는 투로 "아바벨 온라인이에요"라고 말하고는 다시 입을 다문다. 아는 게 없으니 더 말도 못 붙이고 그냥 돌아나온다.

PC를 켜고 공부를 좀 했다. '아바벨 온라인'은 여자 아이들도 꽤 하는 MMORPG 게임이다. 여러 사람이 같은 공간에서 자기 역할을 수행하는 방식의 게임으로 몇 년째 10대들의 사랑을 듬뿍 받고 있다. 한두 시간 인터넷을 뒤지니 인기 게임 목록이나 게임 방식에 대해 조금은 알게 되었다. 다시 딸아이의 방으로 갔다.

"MMORPG 게임 중에 네가 젤 좋아하는 건 뭐야?"

말을 붙여봤다. 딸은 무응답. 얼굴이 일그러졌지만 한 번 더 참고 스마트폰 화면을 봤다. 당근, 사과, 딸기 같은 농작물들이 격자 형태로 떠 있다. 이건 또 뭔가?

"다른 게임이니?"

"팜 히어로 사가예요. 새로 나왔어요."

새로 나왔다고?

"아까 하던 건? 이것도 MMORPG니?"

"아뇨. 퍼즐 겜이에요."

대화는 여기서 끝. 다시 PC로 돌아가서 '팜 히어로 사가'인지 뭔지를 검색해봐야겠다.

많은 부모들이 이런 경험을 해봤을 것이다. 이 인내력 시험을 통과하기는 쉽지 않다. 그런데 한 가지 의문이 든다. 중학생 딸은 언제 새 게임을 내려받고 사용법을 익힌 것일까? 알다시피 게임이란 여러 가지 규칙이 있어서 그걸 잘 모르면 헤매기만 하는 것이 아닌가?

직접 딸에게 물어보면 알게 되겠지만 여기에 기성세대와 10대의 큰 차이가 있다. 기성세대는 새로운 것을 배우고 익힐 때는 먼저 잘 정리된 가이드나 사용법을 읽는다. 전체를 대충이라도 머릿속에 넣어두어야 새로운 것을 해볼 용기가 생긴다. 그러나 10대들은 전혀 다르다. 어떤 게임인지 3줄짜리 설명만 읽고 난 다음 그냥 게임을 시작한다. 준비 절차나 사전 지식 같은 것을 익히지 않는다. 그래서 그들은 짧은 시간에 많은 게임을 섭렵할 수 있다. 이것도 해보고 저것도 해본다. 이것은 한국적인 상황인가?

"아이들은 비디오게임을 하기 시작할 때 일단 뛰어들어 게임을 시작하고 본다. 그런 다음 이해 못 하는 게 생기면 설명서를 읽는다. 반면 어른들은 반대로 한다."

《디지털 네이티브》의 저자 돈 탭스콧이 인터뷰를 통해 소개하는 미국의 상황이다. 그는 "넷세대는 처음부터 시작하지 않는다"라고 말한다. 그는 또 워싱턴대학교 학습센터의 윌리엄 윈 소장의 말을 소개한다. "아이들은 우리들과 다르게 생각한다. 그들은 하이퍼텍스트적 사고를 한다. 그들은 여기저기를 뛰어다닌다. 그들의 인지 구조는 순차적이 아니라 수평적인 것처럼 보인다."

순차적 사고는 서론, 본론, 결론의 순서나 인과의 차례를 밟아나가는 것이다. 하이퍼텍스트Hypertext는 '컴퓨터를 통하여 저장된 정보를 학습자가 자신의 필요와 관심 및 인지 스타일에 따라 자유롭게 검색하도록 도와주는 비순차적 텍스트의 전개 원리'라고 정의되어 있다. 즉 쌍방향으로 왔다 갔다 하는 것이다. 인터넷 문서를 읽다보면 특정 단어에 밑줄이 쳐 있거나 색깔이 다르게 표시된 부분이 있는데 이것을 클릭하면 다른 문서로 휙 이동하는 것이 일종의 하이퍼텍스트다. 이미 넷세대(디지털 네이티브)만 해도 이런 식의 정보 접근에 익숙하다.

그런데 10대는 넷세대보다 더 재빠르게 행동한다. 왜냐하면 그들은 언제나 스마트폰을 가지고 다니기 때문이다. 넷세대만 해도 PC나 노트북 의존도가 높아서 일정한 제약이 있었다. '언제 어디서나'는 아니었던 것이다. 그러나 모모세대인 10대는 다르다. 그들은 손에 알라딘의 램프를 들고 있다. 그래서 넷세대들조차 모모세대에게서 세대차이를 느낀다. '쟤들은 정말 막가파야'라고 여긴다. 10대들은 거꾸로 어른들의 '순서'를 정말로 이해하지 못할 것 같다. '왜 꼭 답답하게 순서대로 해야 하지? 하다가 막히면 언제든 문제를 해결하러 튈 수 있는데 말이야. 사용설명서를 읽어야 게임을 할 수 있다니 말이나 돼?'

사용설명서를 읽고 게임을 시작하느냐, 게임부터 해보고 모르겠으면 사용서를 읽느냐 하는 것은 문제를 바라보는 방식, 문제를 해결하는 방식의 차이를 보여준다. 이것은 10대들이 특별한 뇌를 가지고 태어나서가 아니라 스마트폰이라는 주어진 환경 때문에 생긴 일이다.

이렇게 물어보자. 뭐든지 할 수 있는 알라딘의 마술램프가 손안에 있는데, 그것도 동화에서처럼 세 번만 사용할 수 있는 것이 아니라 언제든 무한하게 사용할 수 있는데, 그걸 안 쓴다는 것이 말이 되는가? 설령 그 결과가 아빠 엄마의 뇌와 다르게 만든다고 할지라도 말이다.

세계 최고의 스마트폰 친밀도가 의미하는 것들

먼저 10대들에게 스마트폰이 얼마나 가까이 붙어 있는지 살펴보자.

2013년 한국인터넷진흥원에 따르면 우리나라 10대 인터넷 이용률은 99.9퍼센트로, 10대의 99.7퍼센트가 하루 1회 이상 인터넷을 이용한다. 미국만 해도 청소년들의 스마트폰 보급률에서는 한국의 청소년들의 절반 수준에 불과하다. 12~17살 미국 청소년의 78퍼센트가 휴대전화를 갖고 있고, 이 중 거의 절반인 47퍼센트만이 스마트폰을 사용한다(2014 퓨처리서치).

10대들도 PC나 노트북을 사용한다. 그러나 스마트폰만큼은 아니다. 한국트렌드연구소가 조사한 바에 따르면 10대들이 가장 많이 사용하는 디지털 도구는 스마트폰이며 그 수치는 92.7퍼센트

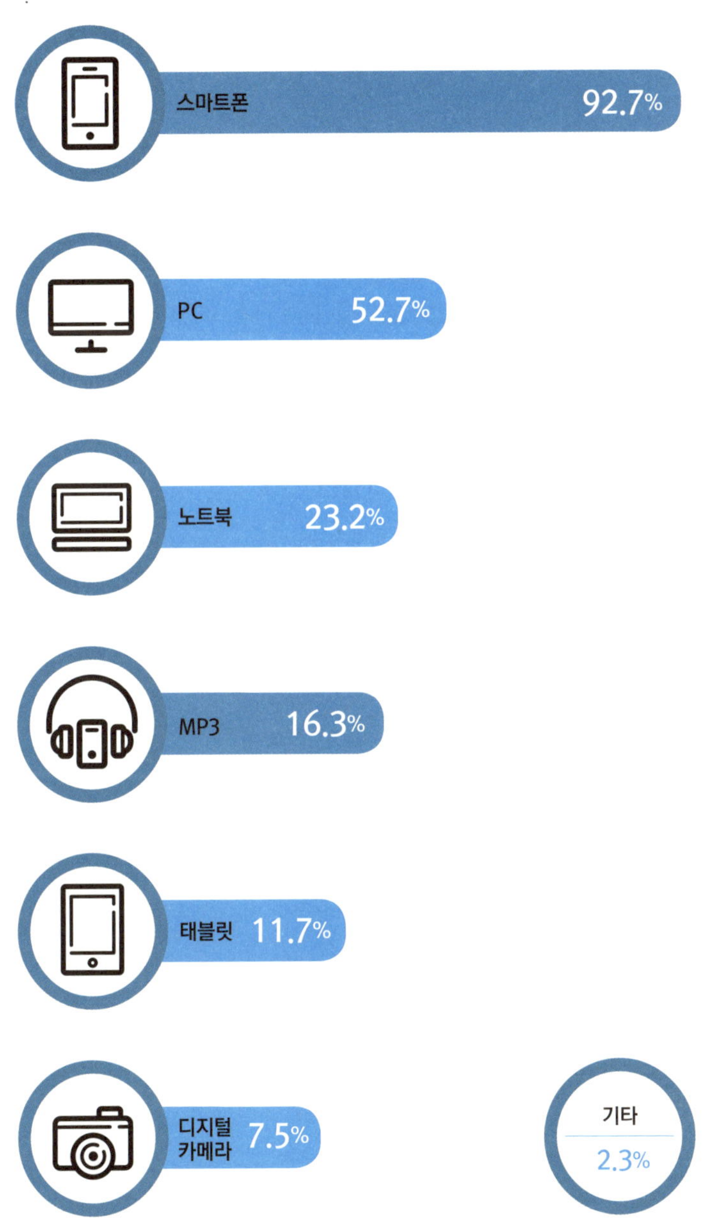
Q. 현재 가장 많이 사용하고 있는 디지털 도구 (복수응답)
스마트폰 92.7%
PC 52.7%
노트북 23.2%
MP3 16.3%
태블릿 11.7%
디지털 카메라 7.5%
기타 2.3%

에 달한다. 그냥 가지고만 있는 것(보급률)이 아니고 실제로 활용하는 비율이 92.7퍼센트다.

이런 경향에 대한 한 재미있는 사례가 있다.

"한 편의점에서 알바를 한 10대에게 주인이 일을 할 때 시급을 올려줄 테니 제발 스마트폰을 보지 말아달라는 부탁을 했다. 그러나 일언지하에 거절당했다. 시급보다 스마트폰이 더 중요하다고 생각하는 것이다."

좀 심한 경우일 수 있다. 그러나 보급률 99.9퍼센트에 활용률 92.7퍼센트다. 10대들에게 스마트폰은 거의 공기와 같은 수준이다. 그들의 뇌와 감각은 스마트폰과 사랑에 빠져 있다.

물론 기성세대의 눈에는 언제나 부족하고 모자라고 어리석은 면모가 먼저 눈에 띄기 마련이다. 미래창조과학부는 '인터넷 중독 실태조사'를 통해 만 10~19세 청소년 가운데 25.52퍼센트가 중독자라고 발표했다. 또 이른바 '몸사' 같은 경우도 대표적인 부정적 사례일 것이다.

요즘 10대들 연애하면서 막 누드 사진(일명 몸사) 요구하고 주고받고 하는데, 그러다가 헤어지면 막 유출시키고 몸사 수집도 하고 문화상품권이나 게임 아이템이랑 교환도 한다는 충격적인 내용이에요.

요즘 애들 워낙 빨라서 우리 때와 비교하면 안되겠지만, 그래두 막상 우리 아이가 커서 저럴 수 있다고 생각하면 정말 말세인가, 이런 심란한 마음도 드네요.

한 엄마들이 카페에서 엿본 엄마들의 걱정이 이렇다. 모모세대인 10대들은 손쉽게 이미지를 생산하고 커뮤니케이션으로 주고받는다. 그것은 이처럼 부정적인 방향으로 나아가기도 한다. 그러나 그것이 전부는 아니다. 다른 모든 세대들도 10대엔 우려의 대상이었고 미숙함의 표본이지 않았는가? 그러므로 우리는 표면적인 것 너머를 볼 수 있어야 한다.

OO이한테 디게 고마움 ㅠㅠ
수학 독학하느라 어렵다 물어볼사람이 없어서 그렇다고 했더니
냉큼 카톡이라도 물어볼래? 라고 ...해줘서 ㅠㅠ
카톡으로 오늘 몇개 좀 물어볼수 있었어여 ㅠㅠㅠㅠ
진짜 고마워 ㅠㅠ

한 공부 블로그에서 퍼온 글이다. 공부는 해야 하고 시간은 없는 한국 10대들의 일상은 모모세대가 되었다고 해서 크게 달라지지 않는다. 그러나 스마트폰이 있다.

이 정도로 밀착된 만능 도구를 그 이전 세대는, 심지어 세대 전체가 보유해본 적이 없다. 만약 당신이 30대라면 한번 상상해보라. 20년 전부터 스마트폰을 쓰고 있었다면 무엇이 달라졌을지를 말이다. 20년 전 PC통신을 막 접했던 세대라면 떠올려보자. 지난

20년간 얼마나 많은 것들이 변했는지를! 게다가 이 세대는 곧 웨어러블 디바이스나 사물인터넷Internet of Things을 접할 세대다.

10대에 경험하는 이 제한 없는 알라딘의 램프 덕분에 10대들은 남다른 생산자로 성장할 가능성이 높다. 예컨대 프로슈머다. 미국의 미래학자 앨빈 토플러는 1979년에 발간한《제3의 물결》에서 생산자Producer와 소비자Consumer를 합성해 '프로슈머Prosumer'란 신조어를 만들었다. 이 합성어는 생산자인 동시에 소비자를 의미한다. 즉, 정보화 사회로 인해 소비자의 사용능력이 커지면서 소비자가 소비는 물론 제품개발, 유통과정에까지 직접 참여하는 '생산적 소비자'로 거듭나고 있다는 것이다.

그런데 여기서 그칠 것 같지 않다.《롱테일 경제학》으로 유명한 크리스 앤더슨은《메이커스》에서 21세기는 아이디어만으로 세상을 바꾸는 발명자 시대, 생산자 시대가 될 것이라고 전망한다. 아이디어와 컴퓨터만 있으면 누구나 기업을 창업할 수 있고 콘텐츠를 만들거나 제품을 생산할 수 있다. 공장이나 기존 기업을 찾아갈 필요도 없다. 개인이 모두 생산자와 발명가와 기업가가 될 수 있는 시대라고 그는 주장한다. 정말 그럴까? 10대들의 일상을 좀 더 들여다보자.

기억을 콘텐츠로, 1인 미디어 생산자들

예술가 빌 포터Bill Porter는 2007년 자신의 블로그에 '세대차이'라는 카툰을 게시했는데 이 카툰은 디지털 세대들과 기성세대들의 세대 간 격차를 아주 단순명료하게 보여준다. 아빠가 귀여운 딸에게 "오늘 학교생활이 어땠는지" 물어보자 딸이 대답하길 "내 블로그에 가면 볼 수 있다"라고 간단히 대답한다.

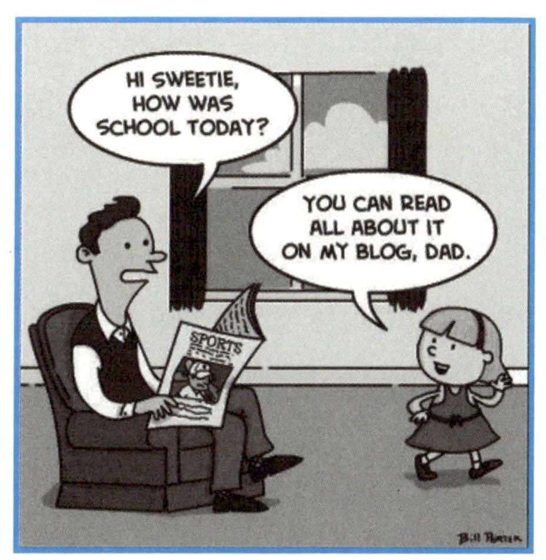

▸ billaporter.com/generation-gap/

딸의 대답 속에는 많은 의미가 내포되어 있다. 아이들이 자신의 머릿속에 기억을 집어넣기보다 블로그나 페이스북에 일상을 기록해 공유하는 데 더 익숙하다는 것이다. 그런데 이 카툰은

2007년 작품이다. 스마트폰을 가진 10대들은 굳이 노트북이나 PC를 찾지 않는다. 스마트폰으로 바로 기록할 수 있다. 저 카툰을 요즘 버전으로 바꾸면 "스마트폰으로 제 블로그를 찾아보세요"라고 할 것 같다. 그럼 또 우리들은 이렇게 응대할 것이다. "그 작은 화면으로 뭘 보라는 거야?"

모모세대에게 항상 검색만 하면 바로 찾아볼 수 있는 지식을 긴 시간을 들여 신체적 두뇌 속에 집어넣는 것은 대단히 비효율적 활동이다. 앞 장에서 살펴본 것처럼 두 번째 뇌의 활용법에 대해 그들은 기성세대보다 훨씬 진화된 방법을 추구한다.

대학에서 오픈북 시험을 치러본 사람들은 알 수 있을 것이다. 책을 볼 수 있으니 훨씬 쉬울 것이라는 학생을 기대와 달리 정보에 접근할 수 있을 때 시험은 더 어려워진다. 왜냐하면 오픈북 시험은 지식과 정보에 대한 암기 여부보다 그 정보를 연결해서 해석할 수 있는 능력을 검증하려는 것이기 때문이다. 따라서 오픈북 시험의 교훈처럼 10대들이 기성세대와 같이 전통적 사고과정을 겪지 않는다고 해서 아이들의 미래에 대해 너무 우려할 필요는 없다. 두 번째 뇌를 가진 10대들은 '정보를 외우는 것'보다 '정보를 꺼내서 활용하는 것'에 더 중점을 둘 것이기 때문이다. 즉 생산자로서의 능력이 필요해지는 것이다. 여기가 알라딘의 램프에서 생산자 감성이 나오는 시점이다. 스마트폰을 켜고 필요한 정보를 캐러 가는 순간, 10대들에게는 그들 고유의 생산자 감성이 발현된다. 10대가 강력한 모험심의 소유자라는 것을 잊지 말자. 그들은 먼저 뛰

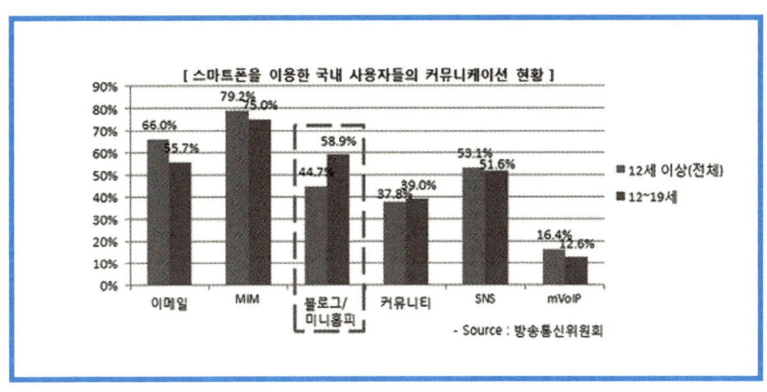

▸ www.mobizen.pe.kr/1270

어들고 본다. 외우지 않고 활용하는 법에 대한 공부 따위는 하지 않는다. 먼저 뛰어들고 헤매다 보면 자연스럽게 방법을 찾아간다.

2012년 국내 청소년들의 커뮤니케이션 현황을 조사한 방통위의 자료에 따르면 전체 조사자와 비교해 10대들이 훨씬 더 블로그나 미니홈피 등에 대한 높은 충성도를 보인다는 조사 결과를 보였다. 방통위는 이러한 현상을 일컬어 10대들이 '라이프로그life log'를 통해 친구들과 커뮤니케이션하는 것에 상당히 익숙해져 있다고 해석한다. 라이프로그란 사람들의 사생활을 기록하는 행위로 사람들이 남긴 SNS상의 글, 자신의 위치 정보, 소비 패턴 등 온라인 상에 남는 다양한 데이터 모두를 아우른다.

최근에는 온라인에 기록하는 습관을 일상적으로 갖고 있는 10대들의 욕망을 자극하는 새로운 기기들마저 출현하고 있다. 2013년 스웨덴의 스타트업 기업 메멘토는 30초마다 자동으로 사진을 찍어 일상을 기록하는 소형 카메라 '메모토'를 개발했다. 이 제품

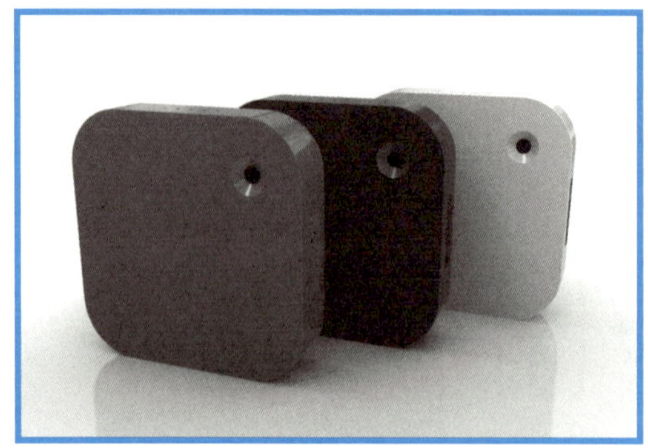

▸ 메모토 getnarrative.com

은 미국 클라우드 펀딩 서비스 킥스타터를 통해 55만 달러의 투자금을 모아 화제가 된 제품이다. 메모토의 컨셉은 'Remember Every Moment'인데 특별한 순간을 바로 기록하지 않으면 기억 속에서 희미하게 사라질 것이라는 의미를 담고 있다. 이런 순간을 빠짐없이 기록하는 이 카메라는 1회 충전으로 약 이틀간 사용이 가능하며 4,000장에 달하는 사진을 찍을 수 있다.

또 플라바Flava라는 기록 어플리케이션(이하 앱)도 있다. 스마트폰에서 작동하는 이 앱은 일상에 대한 기록을 남길 때 다양한 아이콘과 태그를 통해 내용을 작성할 수 있다. 나중에 자신이 남긴 기록을 보고 싶을 때 이 태그를 통해 일상의 히스토리를 한눈에 볼 수 있는 것이 특징이다. 이를테면 패션에 관심 있는 사람이라면 자신이 입은 옷들을 매일 사진으로 찍어 남길 수 있고 '패션'이라는 태그를 통해 자신의 히스토리 정보를 한꺼번에 모아 확인할 수 있다.

▸플라바 takeflava.com

스마트폰은 외부 기억장치로 가는 통로다. 그런데 이 외부기억장치가 인간에게 줄 수 있는 또 다른 가치에 주목한 놀라운 실험도 있다. 2013년 〈MIT 테크놀로지 리뷰〉는 리 호프먼Lee Hoffman이라는 사람의 흥미로운 이야기를 게재했다. 그는 지난 5년간 자신의 기분이나 생각, 다양한 활동을 추적하고 싶은 강박관념을 실제로 수행해봤다고 한다. 그는 자신의 기록들을 살펴보면서 놀랄 만한 사실을 발견했는데 바로 '자신의 삶을 반추하는 것만으로도 다른 사람의 삶을 관찰하거나 생각하는 것과 비슷한 효과를 얻을 수 있다'라는 것이다. 두 번째 뇌를 풍부하게 만들면서 첫 번째 뇌가 얻은 생산자적 효과인 셈이다.

리 호프먼의 주장에 설득력을 더하는 개념은 바로 '자기 정량화Quantified Self'라는 개념이다. 자기정량화는 사람들이 디지털 기록으로 남긴 정보를 통해 객관적으로 들여다보는 효과를 주며 이러한 데이터들은 자신을 발전시킬 수 있는 지식 동력으로 활용될 수 있다는 것이다.

그런데 놀랍게도 이런 모습들은 우리의 10대들에게도 발견된다. 학생들 사이에서 대단히 인기 있는 블로그인 '공부 블로그'는 학생들이 기록을 통해 자신을 일상을 어떻게 객관화하고 있는지를 잘 보여준다. 이 블로그에는 자신이 푼 문제집에 대한 사진 인증, 문제를 틀린 개수, 공부에 집중한 시간, 노트필기 한 내용, 오늘 공부할 스케줄표, 시험기간 중 조금이라도 더 공부하기 위해 마시는 커피, 공부하면서 느꼈던 생각 등 온갖 사소한 것들이 모두 담겨진다. 운영자는 공부하는 전 과정을 시간대별로 기록하며 공부에 매진할 수 있도록 스스로 통제한다. 반면 이 블로그를 방문하는 사람에게는 다양한 공부 노하우를 얻을 수 있는 정보처로 작용할 뿐만 아니라 공부 블로그 운영자처럼 열심히 공부해야겠다는 자극을 받고 돌아간다. 공부하는 과정을 기록하는 것만으로도 운영자와 방문자 모두에게 공부를 독려하는 효과를 나타내는 것이다.

10대들은 이런 도구들을 통해 기억을 저장하고 일상을 더 체계적으로 관리한다.

또 다른 사례를 보자. 국내 학생들이 운영하는 블로그에 많이 소개된 앱 중 하나인 'aTimeLogger'은 학생들의 라이프스타일을 측정해 일과표를 그래프로 나타내준다. 공부나 인터넷 등 어떤 일을 시작할 때 그 영역을 선택한 뒤 시작을 누르면 시간이 측정된다. 걷기, 포스팅, 생각, SNS 등 자신의 라이프스타일에 따라 다양한 카테고리 설정이 가능하다. 특히 하루의 일상을 다른 요일과 비

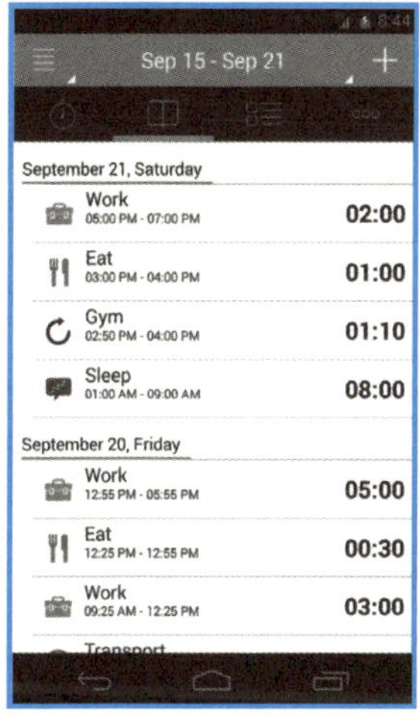

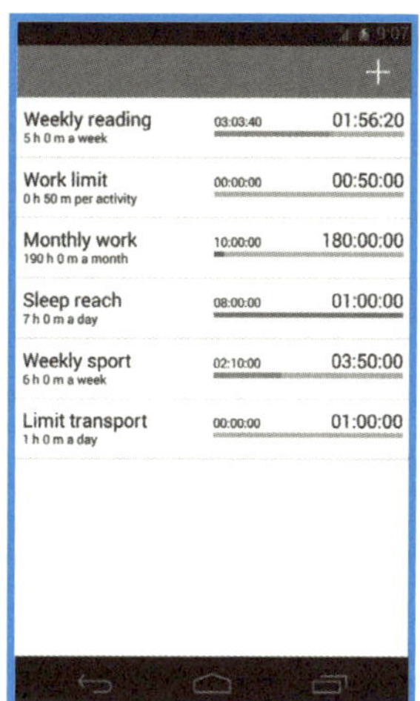

▸ play.google.com/store/apps/details?id=com.aloggers.atimeloggerapp

교해서 검토할 수 있기 때문에 자신의 라이프스타일을 객관적으로 검토하고 더 나은 삶의 방향을 위해 스스로 계획하게 만들어 준다.

아침에 일어나 밥을 먹고 특정 행동을 하고 수면을 취하는 모든 과정을 기록하다보면 건강하기 위해 살기 위한 솔루션이나 자신의 하루 중 가장 생산성이 높은 시간대가 언제인지, 심지어 어떤 곳에서 근무할 때 생산성이 높은지 등 우리가 생각지도 못했던 다양한 사실들을 발견할 수 있다. 이러한 외부기억 장치에 반응하는 두뇌는 점점 더 스스로를 객관적으로 평가하게 될 것이다. 그리고 이런 기록들이 삶의 매순간 작동할 수 있는 것은 항상 들고다니는 스마트폰 때문이다.

기억은 기록이 되고 기록은 콘텐츠가 된다. 그러므로 스마트폰을 끼고 사는 10대들은 타고난 콘텐츠 생산자들이 될 수밖에 없다. 그들은 자연스럽게 자기정량화를 체험한다. 10대들 가운데 이런 체험을 즐기는 친구들은 이제 기성세대처럼 자기개발서를 구입해 성공담을 읽지 않을 것 같다. 그들은 이미 자신을 개발하는 방법을 알기 때문이다.

10대들의 생산자 감성이 본격화되기에는 너무 제약이 많다는 사실을 염두에 두자. 그들은 하루 중 대부분을 학교와 공부에 쏟는 학생들이다. 그러나 1인 미디어 시장에는 제한적이기는 하지만 자신들의 감각을 콘텐츠화하여 직접 생산자로 나서는 10대들이 있다. 모모세대 감성이 더 충실한 10대들은 지금 1인 미디어 콘텐츠 시장에서 강력한 주자로 부상하고 있다.

인터넷에서 개인방송 서비스를 하는 방송자키BJ들 가운데 10대들의 인기가 눈에 띈다. 하루에 보통 2~3시간 방송하는 BJ의 주 수입은 별풍선이다. 시청자가 BJ에게 선물하는 스폰서 개념의 아이템이다. 별풍선은 1개당 100원에 판매된다. BJ는 별풍선을 현금으로 바꿔 수입을 올린다.

유튜브에서는 1만 명, 2만 명이 애청하는 10대들의 동영상들이 있다. 금전적 보상이 없더라도 그들에게는 생산자 본능이 작동하는 것 같다. 특별한 콘텐츠들은 아니다. 초등학교 5학년 아이가 자신만의 화장법을 소개한다거나 '제 친구인데 평가 좀 해주세요' 라면서 춤을 올린다던지, 자작 랩rap이나 비트박스, 연필 돌리기 실력, 게임 실력 등 그들 수준에서 할 수 있는 재능들을 타인에게 보카페 (222건) 검색옵션을 이용하면 주제, 지역 또는 나이에 맞는 카페를 쉽게 찾으실 수 있습니다. 상세검색 ›

엑소(EXO)굿즈카페 : Seller
네이버 최강 엑소(EXO) 굿즈 카페 : Seller
랭킹: 씨앗5단계 · 회원수: 2,070 · 새글/전체글: 41/4,527 · 매니저: 까칠소녀 · 카페 프로필 ›
주제 친목/모임 > 친목/모임일반 http://cafe.naver.com/ori3

엑굿샵♥ :: 엑소 굿즈 전문 카페
EXO 굿즈만을 전문적으로 제작&판매하는 굿즈카페입니다! 굿즈 판매는 스탭만 가능합니다.
랭킹: 가지3단계 · 회원수: 3,127 · 새글/전체글: 0/3,073 · 매니저: M 유비아 · 카페 프로필 ›
주제 방송/연예 > 연예정보 http://cafe.naver.com/beesmgoods

엑소 굿즈
엑소 굿즈만들기
랭킹: 씨앗1단계 · 회원수: 2 · 새글/전체글: 0/4 · 매니저: 안알라줌 · 카페 프로필 ›
주제 팬카페 > 국내가수 지역 경상북도 > 문경시, 상주시 · http://cafe.naver.com/kissandhug

엑소 굿즈♥♥
2014.02.27에 개설된 엑소 굿즈♥♥ 카페 입니다.
랭킹: 씨앗1단계 · 회원수: 2 · 새글/전체글: 0/4 · 매니저: L love · 카페 프로필 ›
주제 친목/모임 > 모바일 http://cafe.naver.com/skybluetylqz

엑소굿즈♥
2014.01.29에 개설된 엑소굿즈♥ 카페 입니다.
랭킹: 씨앗1단계 · 회원수: 1 · 새글/전체글: 0/3 · 매니저: 세인빠알이라우 · 카페 프로필 ›
주제 방송/연예 > 방송/연예일반 http://cafe.naver.com/exo6312

▸ 네이버 '엑소 굿즈' 카페 현황

여주기 위한 제작을 실험하고 있다. 그것들을 보다 보면 어느 별에서 왔냐고 묻고 싶다. 10대 초반부터 아이들은 동영상의 구성, 카메라 각도, 콘텐츠 아이템, 주변의 평가와 반응 체크 같은 일들을 한다.

아이돌을 향한 10대 청소년들의 우상화 현상에서도 예외는 아니다. 아이돌 '굿즈goods'(연예인 관련 상품의 일본식 표현으로 한국에서도 통용됨)라는 시장이 있다. 아이돌 굿즈 시장은 넷세대가 시작한 것이다. 아니, 그 이전 세대에 이미 특정 드라마 팬들을 중심으로 관련 상품시장이 형성되었다. 드라마 〈다모〉는 아직도 그리워하는 팬들이 많다. 그들은 '하오체'를 생산했고, 〈다모일보〉를 발행했다. 가수 팬들, 즉 서태지와 아이들을 시작으로 H.O.T, S.E.S, 젝스키스, 핑클 등 10대를 타깃으로 철저하게 기획된 아이돌과 함께 두껍게 형성된 팬들은 기획사가 제공하는 상품을 넘어서 팬심을 콘텐츠로 생산했다.

요즘에는 아예 아이돌 굿즈 가운데 비공식 굿즈 시장이 아예 자리를 잡았다. 비공식 굿즈는 기획사가 소비자에게 제공하는 상품이 아닌 팬들이 직접 만들어 파는 형식의 상품을 말한다.

비공식 굿즈 시장에는 나름의 질서가 있다. 기본적으로 포토샵을 활용하여 아이돌 그룹의 이미지를 수정하거나 다양한 캐릭터를 디자인하여 도안을 만드는 '도아너'와 공장에 직접 의뢰하여 물건을 제작하고 판매하는 '판매계'로 구성되어 있다. 도안을 비롯하여 상품의 종류는 스티커, 메모지, 캘린더, 명함, 포장지 등 다양하다.

개인 생산자 시대, 모모세대의 가능성

우리가 이런 활동들에 주목하는 것은 이렇게 기록, 기억, 1인 미디어, 팬 활동 등의 10대들의 일상에서 만들어지는 생산자 감성의 미래 가치 때문이다.

미래는 개인 생산자 시대다. 자본주의 초기부터 20세기 말까지의 산업자본주의는 공장과 사무실, 대규모 자본과 조직으로서의 기업 활동에 근거를 두었다. 그러나 디지털과 컴퓨터, 스마트폰,

3D프린터가 지배하는 후기 자본주의는 다시 개인에게 생산에 필요한 모든 도구를 돌려주는 패러다임으로 가고 있다. 이 패러다임에서 미래에는 개인이 디자이너이자 발명가이고 기업가이면서 동시에 노동자다. 디지털 도구들이 이것을 가능하게 해주고 네트워크가 모든 것을 연결해준다. 이 시대의 개인들은 기업과 함께 파트너로 일하고, 다른 개인들과 거래하고 협력하고 머리를 마주 댄다. 《메이커스》라는 책에서 크리스 앤더슨은 이것이 먼 미래가 아니라고 말한다.

PC 혁명 초창기에 사람들이 픽셀pixel, 바이트byte, 램RAM 같은 생소한 용어들을 접해 얼마나 당혹스러웠는지 생각해보라. 기술이 대중화되면 전문가가 아닌 사람도 쉽게 이용할 수 있게 된다. (중략) 잉크젯 프린터가 그랬듯이 데스크톱 제작도구들도 곧 어느 가정에서나 쉽게 쓸 수 있는 도구가 될 것이다. 지난 역사를 상기한다면, 데스크톱 제작도구들은 한 세대 전 마이크로프로세서가 세상을 바꾼 것보다 훨씬 빠른 속도로 세상을 바꿀 것이다. 이제 우리는 모두 디자이너다. 디자인하는 일에 익숙해져야 할 때다.

데스크톱 제작도구란 3D프린터를 의미한다. 그는 사람들이 스스로 디자인하고 네트워크에서 좋은 설계도를 다운받아서 자신의 창의성을 가미해 가정용품들을 직접 생산하는 시대가 곧 도래한다고 말한다.

현재의 세계가 결국 개인 생산자 사회로 가고 있다는 것은 3D 프린터 외의 기술적 발전에서도 확인된다. 어떤 사람은 아이디어가 있고 어떤 사람은 돈이 있고 또 다른 누군가는 공장을 가지고 있는데 그들은 서로 협력한다. 생산설비를 보유하고 있으면서 의뢰를 받으면 무엇이든 생산해주는 공장만 전 세계에 이미 1,000개가 넘는다. 수공예품 전문 인터넷 쇼핑몰인 에치Etsy에서는 100만 명이 넘는 생산자가 활동하고 있다. 개인생산자 사회로의 변화는 다음 시대로 가는 거대한 트렌드다.

바로 그 미래에 필요한 생산자 본능을 지금 10대들에게서 발견할 수 있다. 이것은 모모세대인 10대의 세대능력 가운데 생산자적 가능성에 해당한다. 그들은 일상의 많은 영역에서 단순한 소비자로 남는 법이 없다. 그들은 저돌적이며 행동을 우선하고 타인의 평가를 두려워하지 않는다. 디지털 도구를 공깃돌처럼 다루고 네트워크를 손쉽게 형성하며 스스로 기획자가 되어 콘텐츠를 생산한다. 물론 10대들 사이에서도 개인 차가 있다. 그러나 집단적인 소양들이 만들어지고 있다. 따라서 부족한 것은 다만 이런 집단적 능력치를 발굴하지 못하는 사회적 지원뿐이다.

이제 직접 생산자로 데뷔하는 사례들을 살펴보자.

16세 소년 메이슨 와일드Mason Wilde의 친한 친구가 사고를 당해 한쪽 손가락을 잃어버렸다. 메이슨은 실의에 빠진 친구를 위해 도울 수 있는 방법을 고민하던 중 싱기버스Thingiverse라는 온라인 커뮤니티를 발견하게 된다.

싱기버스는 글로벌 3D프린터 제조사 메이커봇MakerBot Industries, LLC이 전 세계 3D프린팅 유저들을 위해 만든 3D모델링 공유 온라인 커뮤니티 서비스다. 이곳에서는 매일 수천 건의 다양한 컨셉의 제품 설계도가 업데이트되고 있으며 제품 제작 초보자들은 스스로 원하는 제품을 더 손쉽게 만들 수 있도록 이를 활용할 수 있다. 메이슨은 이곳에서 인공 손가락을 만들 수 있는 설계도를 다운로드했고, 동네 도서관에 설치된 3D프린터를 활용하여 친구의 잃어버린 손가락을 대신할 인공 손 보철을 만들어냈다. 영국을 비롯한 선진국에서 3D프린팅을 초등학교 정규과목으로 이미 채택하고 있는 상황이 이런 사례를 만들어냈다. 10대들에게 부족한 것은 시간일 뿐인지도 모른다.

한국으로 돌아와보면 경기도 과천에 있는 과천중앙고의 동아리인 'APPAdvanced Programming Project'은 15개의 애플리케이션을 직접 제작했다. 두더지 잡기, 미니골프, 가위바위보 등 미니게임에서부터 주차한 차량을 쉽게 찾을 수 있는 '웨어 이즈 마이카Where is my car', 일반 브라우저보다 검색 속도가 1.7배 빠른 웹 검색용 앱 '웹뷰어App Viewr', 학교 약도, 학급 시간표, 급식 메뉴, 공지사항, 학사 일정 등 자신들이 다니는 학교에 대한 전반적인 정보를 편리하게 확인할 수 있는 앱 '과천중앙고등학교' 등 다양하다. 인터뷰에서 APP 동아리 기장을 맡고 있는 박상현 군은 "프로그래밍을 하면서 새롭게 세상을 알아간다는 즐거움이 생겼고 무의미하게 컴퓨터를 사용하던 시간들이 창조적이고 생산적인 활동시간으로 변했다"

(〈머니투데이〉, 2013. 6. 14)라고 말했다.

'Job談(잡담)'이라는 어플리케이션은 울산 화봉고의 STEAM PROJECT(스팀 프로젝트)라는 동아리의 작품이다. 그들은 울산과학기술대학교 학생들과 공동으로 학생의 적성을 검사하고 이에 맞는 정보를 제공하는 진로 설계를 위해 이것을 개발했다. 사용자들은 자신이 선택한 계열에 관련된 적성(52개 문항)과 흥미(52개 문항)를 묻는 문항의 답을 작성하면 사용자에게 적합한 직업군을 추천해주고 해당 직업군의 정보 제공과 함께 관련 인터넷 사이트를 안내해주는 방식으로 진행된다.

10대들이 앱 개발을 통해 직접 생산자 경험을 하는 이런 사례는 점점 더 확산되고 있다. 플랫폼 전문기업 SK플래닛과 중소기업청이 실시하는 '스마틴 앱 챌린지Smarteen App challenge'의 2013년 참가팀은 126개교 385개팀(1,242명)이다. 이 중 45개의 앱이 서비스 상용화에 성공했으며 6개 팀은 창업에 나섰다.

선린인터넷고등학교 예비창업팀 '리얼 베리'는 일반적인 고등학생 수준이라고 믿기지 않는 홍체 인식 펌웨어 기술을 개발하고 있다. 이들을 위해 투입된 멘토 김창규씨는 HP코리아, 대우건설을 거쳐 택산아이앤씨를 창업해 연매출 1,000억 원을 기록하고 코스닥에 상장시킨 인물로 미래창조과학부 멘토링 센터의 멘토로 활약하고 있다. 그는 하드웨어 기술부터 사업계획서, 재무제표, 프레젠테이션 방법까지 리얼베리의 고등학생들과 자유롭게 소통하며 그들을 지원한다. 리얼베리는 불과 1년 만에 급성장하여 홍체 인식 기술의 정확도를 크게 높였으며 향후 빠른 시일 안에 법인까지 설립할 계획이라고 한다.

KAIST IP 영재기업교육원에 재학중인 학생들로 이루어진 예비창업회사 '맨딩'은 중학생들의 팀이다. 이름도 재미있다. 자신들의 재능을 무기로 '맨땅에 헤딩해보겠다'는 의지가 담긴 이름이다. 그들은 기부와 나눔을 실천하는 과정에서 이윤을 창출하는 독특한 수익구조를 내는 새로운 개념의 회사를 만들었다. 교육과 관련된 재능기부 봉사활동을 하며 수업에 활용하는 교육용품을 제공하는 업체로부터 자발적인 기부금을 받아 수익을 창출해낸다. 그간 수익은 1,000만 원이 넘었는데, 재미있는 것은 수익금 전액을 KAIST 영재기업인 교육원 장학금으로 내놓았다는 것이다.

한국의 사례들은 해외 선진국들의 모모세대가 보여주고 있는 활약상에 비추면 미미하기 이를 데 없다. 그러나 앞서도 살펴본 것처럼 일상 속에서 보여주는 생산자적 본능은 대단하다. 개인 생산자 시대라는 트렌드에 비추어볼 때 이것은 이 세대의 중요한 미래 가치다.

생산자 본능을 극대화하는 전략

잠재적 가능성과 현실 사이에 너무나 큰 간극이 있다면 그만큼 커다란 장애가 있다는 것을 증명하는 것은 아닐까 싶다. 모모세대로서의 생산자적 능력과 가능성에 비해 한국에서 생산자로 직접 나서고 있거나 나선 사례가 많지 않다는 것은 여러 면에서 걱정스럽다. 기성세대가 제공한 생태계적 환경이 그들에게 너무 큰 짐이 되고 있는 것일지도 모른다.

한 세대가 시대적 환경에 짓눌리면 어떻게 될까? '사토리'란 일본어로 '득도'를 뜻하는데 1980년대 중·후반에 태어난 일본의 젊은이들이 '사토리 세대'라고 불린다. 젊은 나이에 이미 득도한 것은 장기불황과 같은 거대한 환경에 짓눌렸기 때문이다.

"국내에서도 외국 요리를 먹을 수 있고 인터넷으로 해외 풍경을 볼 수 있기 때문에 해외여행을 가지 않는다. 운전면허학원에 다니던 중 면허를 따야 할 필요를 느끼지 못해 중도에 관뒀다. 나의 레벨에 맞춰 살 생각이며 대단한 일을 할 생각이 없다"

한 인터뷰에서 인용한 이 글을 보면 의욕이라곤 보이지 않는다. 물론 사토리 세대라는 표현은 이들 연령세대의 일부 특징을 과장한 것이라고 나는 생각한다. 이것이 역사세대적 개념으로서 특정 연령대 전체를 지배하는 특징이라고 생각하지는 않는다.

그러나 우리가 이들에게서 배워야 할 것은 분명하다. 어떤 목표를 가져도 좋은 결과를 기대할 수 없다는 인식이 팽배해지면 아무리 젊은이라도 도전하지 않게 된다. 이럴 경우 모모세대가 가질 수 있는 부정적 영향력이 극대화될 수 있다. 모든 것을 인터넷으로 해결할 수 있으니 비활동성이 더욱 강화되는 것이다.

이것은 결국 국가 전체의 사회적 발전에 부정적으로 피드백된다. 당장 일본 내수시장의 고민이 커졌다고 한다. 젊은 세대를 위해서 마케팅을 해봤자 물건이 팔리지 않기 때문이다. 예컨대 도요타는 젊은이들이 면허를 취득하는 데 관심이 없자 도라에몽 캐릭터를 등장시켜서 '제발 면허를 땁시다'라는 광고 캠페인까지 벌이고 있다고 한다. 그래서 기업들은 고령화된 일본사회에서 그나마 소비력이 있는 중장년층이나 노년층을 위한 마케팅에 집중한다. 기업문화도 노동현장에서 책임자로 승진해봐야 힘든 일과 책임만 많아지기 때문에 승진조차 꺼리는 사토리 세대들이 패기 없고 소극적인 일본을 만들어가고 있다는 탄식이 등장하고 있다.

너무 우울한 이야기인가? 그러나 모모세대로서의 타고난 생산자적 가능성이 계속 빨간 신호등에 걸리게 해서는 안 된다. 세대혁신은커녕 한국판 사토리 세대가 등장할 수도 있다.

정리해보자. 온라인 생산물들이 중요해지는 트렌드적 방향에 비추어볼 때 모모세대인 10대들이 가진 하이퍼텍스트적 콘텐츠를 만드는 생산자 본능은 대단한 가치가 있다. 일단 저질러보고 평가를 받고 수정하고 원리를 깨쳐 나가는 방법은 무모하고 무식해보이지만 디지털 세상에선 훨씬 효과적이다. 또한 수백만 명의 모모세대 생산자들이 상시적으로 접근하는 환경이 한국에 펼쳐져 있다는 것은 대단한 잠재력이다. 중독을 너무 걱정할 필요는 없어보인다. 중독은 소비 영역에 속한 것이지 생산 영역에 있는 것이 아니기 때문이다. 마약상은 마약을 하지 않으며 알코올 중독자는 알코올을 만들지 않고 쇼핑중독자는 돈을 쓰는 사람이다. 10대가 스마트폰으로 어떤 방식이든지 생산에 참여하는 것이라면 더 장려해야지, 타박할 일이 아니다. 앞에서 본 것처럼 단지 기록하고 자신의 활동을 계량하는 것만으로도 10대는 모모세대적 생산자가 되고 있다. 그들은 누구의 도움 없이도 1인 미디어를 생산할 수 있고 나아가 3D 프린터로 친구의 잘린 손가락을 만들 수 있다. 이러한 가능성은 10대 누구나 가지고 있다.

기성세대가 그들을 알아봐주고 더 사랑해주고 지원해준다면 미국의 20대들이 21세기 초에 펼친 '역대급' 활약을 한국에서 볼 수도 있을 것이다. 갑자기 이들이 펼칠 미래가 더 궁금해진다.

우리가 몰랐던
모모세대 이야기

날 수 있는 공간을 주면 진짜 난다
: 10대 창업자들

서울에서 열린 '헤럴드 디자인 위크 2013'에서 어린 연사에게 환호와 박수갈채가 쏟아졌다. 인도에서 온 두 명의 소년, 쉬라반 쿠마란Shravan Kumaran(13)과 산자이 쿠마란Sanjay Kumaran(12)이 주인공이었다. 두 형제는 '고 디멘션Go Dimension'이라는 기업을 2011년에 세웠다. '세계에서 가장 어린 CEO'들 가운데 두 사람이다. 게다가 '멘탈도 갑'이다.

> "우리의 목표는 번 돈의 15퍼센트를 전 세계 어린이들을 위해 기부하는 거예요. 더 좋은 세상을 만드는 데에 힘이 될 수 있으니까요."
>
> 〈헤럴드경제〉 2013.10.10

세계 각국에서 10대들의 창업 이야기가 심심찮게 들려온다. 인도의 신두자 라자라만은 14세 소녀로 2013년 애니메이션 회사 세판Seppan의 CEO에 취임했다. 그녀는 국가에서 제공하는 교육을 이수한 후 최연소 애니메이터가 되었고 세판의 CEO가 된 후 애니메이션 광고, 건축설계, 게임 모듈 등을 만드는 플랫폼 제공을 주요 사업 아이템으로 삼고 있다. 영국의 루크 토마스는 13살 때부터 레스토랑에서 요리를 한 경험을 발판 삼아 2009년에 '퓨처 셰프' 요리대회에서 우승하고 2012년 18세에 레스토랑을 오픈했다. 이처럼 널리 알려져 뉴스로 다뤄진 성공 사례 이면에도 무수한 도전들이 있을 것이다.

이것을 일부 뛰어난 소년, 소녀들의 성공기로만 보아야 할까? 디지털에 이어 모바일 시대로 전환되면서 10대들의 사회 진출은 점점 더 빨라지고 다양해지고 있다. 이것은 결코 우연이 아니고 몇몇의 이야기가 아니다. 그렇다면 모모세대의 창의적 생산자 감성은 어디에서 나올까?

〈월스트리트 저널〉의 제프리 파울러가 11~17세 미국 청소년들을 인터뷰한 내용이 흥미롭다.

> 사용설명서는 던져버리고 그냥 내 마음대로 이것저것 시도해본다. (캡 싱어, 14세)
>
> 이메일은 대학 입학지원서를 보낼 때나 쓰는 것 아닌가요? (라이언 오브흐, 17세)
>
> 사람들이 올린 글 50개를, 인스타그램에 올라온 사진 50개 만큼 빨리 훑어볼 수는 없을 것이다. (캡 싱어, 14세)
>
> 우리만의 가상세계에서는 우리가 원하는 것을 뭐든 만들 수 있다. (트레일러 스미스-월리스, 11세)
>
> 〈월스트리트 저널〉 2014. 6. 11일자

제프리 파울러는 이렇게 결론을 내린다.

"여기서 배울 수 있는 교훈은? 실험은 매뉴얼만큼 중요하다는 사실이다. 새로운 기기나 기술에 바로 익숙해지지 않는다고 좌절하지 말자. 친구들에게 도움을 받아라. 이것저것 다 시도했는데도 안 되면 백기를 들고 10대들에게 도움을 요청하라. 그들의 지식에 깜짝 놀라게 될 것이다."

도전적이고 실험적이며 일단 부딪쳐보는 10대라는 연령적 특징이 디지털과 모바일 기기를 만나 날개를 달고 있다. 그러므로 날 수 있는 공간을 주면 그들은 진짜로 난다. 앞서 보여준 몇몇 사례는 시작에 불과하다.

4장

모모세대의 소비문화

: 안목 높은 평판 전문가

10대는 현명한 소비자인가,

아니면 가장 충동전인 소비자인가?

아직 소비자로서 그들을 평가하기엔 이른가?

대답은 모두

"아니오"

태생적인 '모바일 쇼퍼'

역사상 가장 어린 나이에 눈 뜬 소비자

기업에게 10대는 이미 중요한 소비자 그룹이다

10대 소비자는 산업의 흥망을 좌우할 영향력을 행사한다

무나(무료 나눔)
교신(교환 신청)
생정(생활정보)
중고거래

모모세대는 그들만의 감성과 문화를 통해
다양한 소비 경험을 창출하는
똑똑하고 합리적인 소비자다

2013년 7월 정부는 평판관리전문가를 미래의 유망한 100대 직종의 하나로 선정하고 적극 지원하기로 결정했다. 정식 자격증이나 직업은 아직 없지만 인재를 뽑는 기업을 대상으로 학력이나 경력을 조회하고 평판을 분석해주고 부정적인 게시물은 삭제해주는 등의 '엔터웨이피플체크', '디펜드마이네임', '커리어체크' 같은 기업들은 이미 국내외에서 활약중이다. 발없는 말이 천 리가 아니라 만 리도 넘게 가는 세상에서 평판은 스펙보다 더 중요한 자원이 될 것이다. 평판 사회는 미래의 트렌드다.

이번 장에서는 '소비자'와 '평판'이라는 키워드로, 모모세대로서 10대의 소비자적 재능을 살펴보고 그들의 재능이 평판에 대한 능력에서 온다는 사실을 추적할 것이다. 10대들은 누구보다 평판에 민감하고 평판을 생산하고 평판에 울고 웃는다. 소비자로서도 마찬가지다. 10대는 평판 전문가들이다.

한 기업이 자사의 10대 소비자 전용 블로그에 향수 샴푸 추천 포스트를 올렸다. 아래는 이 포스트에 대한 10대 소비자들의 댓글이다.

– 케라시스 퍼퓸 샴푸 짱이에요. 로맨틱 첫사랑? 사용중인데 향이 달달 ~'

– 와 좋네요. 몇 개는 슈퍼에서 본 것 같은데...'

– 역시 엘라스틴도 나왔네요^^ 저도 리엔 쓰고 있는데 백단향? 샴푸는 있는지도 몰랐네요ㅎㅎ 정말 유용한 정보에용 다음에 샴푸 살때 이걸로 사야겠어요^^ 스크랩해갈께용'

보이는 것처럼 10대들도 일반 소비자들이 반응하는 것과 차이를 느낄 수 없을 정도로 숙련된 소비자들이다. 그런데 이게 다가 아니다. 부지런한 '훈녀생정' 블로거들의 평가를 마쳐야 한다.

13세 소녀라는 블로거는 자신의 2번째 포스트라면서 다음과 같은 글을 남겼다.

샴푸, 샴푸를 쓰는 고얌. 머리가 꼬질꼬질하면 좋은 향기도 사라질걸? 그러니까 샴푸! 나도 이거 쓰고 있어! 맨 오른쪽에 있는 거! 이건 케라시스 퍼퓸 샴푸얌! 향도 진짜 좋고 향도 쫌 오래가! 퍼퓸이라서 그런가봐! 케라시스도 좋은 샴푸브랜드야 케라시스 제품 좋으니까 한번 사용해보는 것도 좋을걸? 향은 뭔가? 꽃향기랄까? 암튼 좋은 향기!

이 사례는 특정 제품을 홍보하려는 것이 아니다. LG생활건강의 엘라스틴, 아모레퍼시픽의 미장센, 애경산업의 케라시스 등 균형을 위해서 덧붙이자면 특정 브랜드만이 아니라 국내외 거의 모든 화장품, 생활용품 브랜드들이 이와 같은 10대들의 평가를 받는다. 그리고 포착하기 어려운 그들만의 네트워크와 커뮤니티를 통해 빠르게 전파된다.

10대들도 엄연한 소비자다. 그것도 대단한 소비자 그룹이다. 기성세대가 10대였을 때와는 비교가 안 된다. 단언컨대 한국의 럭셔리 브랜드는 이 소비자들의 눈높이에 맞추면 세계에서도 통할 것이다.

우리는 여러 가지 질문을 던질 수 있다. 10대는 현명한 소비자인가? 아니면 많은 전문가들의 지적처럼 여전히 연령적 속성이 반영되어 가장 충동적인 소비자들인가? 혹은 아직 소비자로서 그들을 평가하기엔 이른 것일까? 그러나 이 모든 질문에 대한 대답은 '아니오'다.

기성세대 중 많은 사람들이 아직 어리고 충동적인 그들을 사회적 역할을 하는 일원으로 보지 않는다. 정신과의사, 심리상담사, 대안학교 교사, 청소년 문제 전문가들이 10대들에 대한 책을 도맡아 쓰는 이유가 무엇이겠는가? 따라서 소비자로서의 10대를 연구하는 사람은 거의 없다. 그러나 기업들은 이미 10대를 중요한 소비자그룹으로 보기 시작했다. 어쩌면 가장 열심히 10대를 연구하는 사람들이 마케팅 전문가들인지도 모른다. 단지 10대일 뿐이지만 모모세대의 소비자로서 가지는 존재감은 역사상 최고이기 때문이다. 대중문화, 화장품, 패션, IT, 게임 등의 분야는 물론이고 가족 내 발언권이 강화되어 생활 전반에 걸쳐 의사결정에 깊숙이 관여한다. 이제 10대 소비자는 산업의 흥망을 좌우할 정도의 절대적 영향력을 행사한다.

또한 그들은 당당한 소비의 주체다. 부모 곁에 서 있던 응석받이들은 사라졌다. 필요한 쇼핑 정보를 누구보다 빠르게 얻는 방법을 알고 있는 '빠꼼이'들이 되어 '호갱님('호구+고객님'이란 의미의 속어)'들과는 거리가 멀다. 스마트폰으로 작성하는 10대들의 쇼핑 블로그는 온통 은어와 약어투성이라 기성세대에겐 암호문에 가깝지만 알아먹을 수 있는 또래들에겐 그만한 쇼핑 가이드가 없다. 넷세대에서 시작된 10대 소비자의 영향력은 모모세대에 이르러 태풍이 되었다. 모바일 쇼핑 시장은 2014년 7조 원대에 육박하며 폭발적으로 성장하고 있는데 10대들은 태생적으로 '모바일 쇼퍼'들이다.

10대들은 특별하다. 연령세대 관점에서 특별히 주목받지 못하던 10대는 사라지고 그 어느 때보다 큰 소비자 그룹으로 부상하고 있는 동시에 역사세대라는 관점에서 모바일 네티이브들인 그들은 새로운 시장 성장과 소비자 문화의 선도적 역할을 하고 있다. 그들은 역사상 가장 어린 나이에 소비에 눈을 뜬 소비자들이다. 알다시피 10대의 기억과 습관은 평생을 지배한다. 20대나 30대에 생긴 기억과 습관보다 더 본질적이고 좀처럼 바뀌지 않는 흔적이 된다.

기성세대가 소비의 기억을 20대가 넘어서 아로새긴 것과 달리 모모세대는 초등학교 때부터 소비자로서의 감각을 키우고 있다.

그렇다면 소비자로서의 10대를 기성세대와 구별하는 특성은 무엇일까? 다시 말해 소비 영역에서 모모세대로서의 세대능력은 무엇일까? 앞에 소개한 사례에 답이 있다. 그러나 섣불리 규정하기 전에 소비자로서의 그들을 특별하게 만드는 다양한 현장으로 들어가보자.

창의적인 소비 경로, 무나 소비

먼저 10대들의 '무나 소비'에 카메라 렌즈를 가져가 보자. '무나'란 '무료 나눔'의 줄임말이다. '무나해요'라는 글이 블로그에 올라오면 방앗간에 들리는 참새처럼 사람들이 몰려온다. 무나는 소비문화의 하나지만 일종의 공감놀이다. 소비를 커뮤니케이션을 통한 놀이와 즐거움의 장으로 변화시킨다.

무나에도 역사가 있다. 2000년대 블로그가 출발점이니까 넷세대들이 시작했다. 이웃들과의 교류를 중시하던 블로거들은 취미나 기호를 같이 하는 이웃들에게 가끔씩 무료 이벤트를 벌이곤 했다. 당시엔 10대들의 놀이가 아니었다. 예컨대 햄스터를 키우다 보면 이것저것 많이 사게 되는데 사료, 놀이도구, 기타용품 등 자신에게는 별 필요 없는 물품들이 생기게 마련이다. 그러면 이벤트를 열어서 취미가 같은 블로그 이웃들에게 나눠주곤 했다.

'무나'라는 말은 2010년 경부터 등장했다. 블로그 이웃들을 상대로 하는 무료 이벤트가 널리 퍼지면서 용어로 정착된 것이다. 이러던 것이 10대 소비자들이 스마트폰을 무기로 뛰어들면서 서서히 10대들의 무나놀이가 생겨났다.

10대들이 보여주는 무나의 특징은 또래들의 관심을 자연스럽게 연결한다는 것이다. 다음과 같은 징후가 대표적이다.

> 음.. 안녕하세요! 저는 나름 중딩 뷰티블로거이구요.
>
> 블로그 한 지는 한달 반 정도밖에 되지 않았지만 한창 투데이 수가 오르고 찾아주시는 분들도 참 많아서 흐뭇해하고 있는 깜장냥이라고 합니다!
>
> 제가 학생이기에 많은 상품을 준비하지는 못했구요... 딱 한 가지만! 준비했지만 저에게는 매우매우 큰 아이이니 후덜덜덜하면서 ㅋㅋ 첫번째 이벤트를 열어요//ㅁ//

이 중학생 블로거는 화장품 무나 이벤트를 하면서 조심스럽게, 그러나 꽤 야무지게도 30~40명이 응모하지 않으면 자동불발이라는 조건까지 내걸었다. 서투르지만 그렇다고 어리숙하지는 않다. 글의 내용으로 보아 여성인데 '뷰티 블로거'라고 자신을 밝히고 있다. 무료나눔 이벤트가 블로그 이웃들을 많이 만들 수 있는 좋은 방법이라는 것도 잘 알고 있는 듯하다. 그리고 댓글들을 보면 그녀가 의도했던 바를 충분히 거둔 것 같다. 다음은 댓글의 일부다.

- 안녕하세요? 저는 아기짱구 입니다. 저는 훈녀 생정 블로그를 하구잇구요^^... 16살이구요!! 잘부탁드립니닿ㅎㅎㅎ 화장품이 제가 지금 파운데이션을 사려고 햇는뎅;;ㅠㅠ 깜짝냥이님께서 이렇게 좋은 이벤트를 여시네요^^
- 제가 이제부터 화장품에 관심이 증폭중인뎁.. 엄마나 아빠에게 말을 하면 쓸데없는 소리라며..ㅠㅠㅠㅠ 제돈으로 사자니.. 돈은 없고..흑흐 그래서 이벤트 신청해봐요..ㅠ
- 올해 14세 인 지OO이라고합니다. 또저는 투피엠을 좋아하는 핫티스트입니다!>_</저도 화장품이나 뷰티에 관심이 많아지고 있어서 이렇게 이벤트에 신청하게 되었습니다

아직까지 화장품을 용돈으로 사기엔 부담스러운 나이, 부모들도 선뜻 화장품을 사주지는 않는 10대들의 고민이 자연스럽게 무료 나눔으로 이어지고 있음을 잘 볼 수 있다. 또 그런 사정을 잘 아는 이벤트 주최자는 행사를 통해 이웃들과의 소통을 늘려나간다.

학습에 많은 시간을 써야 하는 10대들이므로 학습지 등도 무나 이벤트의 대상이 되는 것도 흥미로운 현상이다.

숨니님 너무 감사드려요. 기쁜 마음에 지금 교복 입은 채로 포장 뜯고 이거 올리는 중이에욧 *^*

열어보니! 아 넘 좋아욧ㅠㅜ 국수영 골고루 *^*

이 학습지 무나 이벤트를 연 사람은 고등학교 1학년을 마치고 2학년에 올라가는 여학생이며, 1학년 때 쓰던 문제집을 나눈 것이다. 그러나 블로그 활동은 7년차 베테랑이다. 본인을 패션 블로거라고 소개하고 있다. 12세에 블로그를 시작해 세계적인 패션 블로거가 된 미국의 태비 개빈슨의 이야기도 유명하지만 한국에는 그 못지않은 감각을 키우는 10대들이 정말 많다.

무료 나눔이라고 해서 10대들이 무조건 퍼주기를 하는 것은 아니다. 이벤트를 하는 사람이나 신청하는 사람 모두 각자의 필요들이 있다. 그 필요들은 가지각색이다. 그러나 생활에 필요한 물건이 나눠지는 과정은 기존의 '소비자' 관점에서 보면 혁신적이다. 화폐를 매개로 교환가치로 성립하는 구매라는 형식의 소비 행위가 이런저런 이유로 사용가치를 가진 사람들끼리의 무료 나눔이라는 형식의 재소비로 이어지고 있다. 넷세대가 시작한 무료 나눔은 모모세대의 삶 속으로 파고들며 아주 이른 나이에 소비에 대한 관점을 새롭게 부여하는 것이다. 그 과정에서 이웃을 만들고 소통을 하며 관심사를 나눈다. 이 재소비 과정은 또래집단들에게 하나의 이벤트이자 놀이가 되고 커뮤니케이션 수단이며 소비자로서 감각과 안목을 키우는 장이 된다. 10대들은 자신도 모르게 자본주의적 소비를 포스트 자본주의로 끌고 가는 것 같다.

또 하나, 무료 나눔에 관한 글들을 살펴보면 많은 글이 모바일로 작성됨을 알 수 있다. 블로그를 모바일로 작성한다는 것은 기성세대에게는 무척 어려운 일이지만 늘 시간이 모자라는 10대들에게는 더할 나위 없는 방법이다. 스마트폰 덕분에 여러 가지 경험을 아주 작은 틈새 시간으로도 나눌 수 있게 된 것이다. 또 그 때문에 약어와 은어, 이모티콘을 사용하여 짧으면서도 감성을 직접적으로 표현하며 충분히 소통하는 능력을 키운다.

무나 소비를 통해 우리는 10대들의 모모세대로서의 창의성을 읽을 수 있다. 그들은 저 이른 나이에 소비의 새로운 지평을 연다. 기성세대들에게 소비자로서의 의식은 주어진 환경을 어떻게 잘 이용하는가에 초점이 맞춰져 있었다. 백화점에서 할인점, 체인점, 인터넷 쇼핑몰 등 새로운 소비 경로가 생길 때마다 그것이 가진 장점을 수용하면서 배워나갔다. 그래서 기성세대는 자신의 필요와 주어진 소비 경로를 잘 연결하고 활용하는 법에 익숙해졌다. 우리는 소비자로서 자신의 필요를 충족시켜주는 상품과 서비스를 잘 선택하는 것이 좋은 소비 감각이라고 생각해왔다.

그러나 모모세대인 10대들은 다르다. 그들은 좀더 창조적이다. 스마트폰과 인터넷을 어떻게 활용해야 할지 선천적으로 알고 태어난 것 같다. 아직 본격적인 소비자가 아님에도 불구하고 그들은 소비를 새로운 놀이와 결합하고, 친구들을 사귀고 협상을 하고 이벤트를 통해 자신의 인기를 확장하는 데에도 쓰고 있다. 주어진 소비 환경을 수용하기보다 창조적으로 변형하는 데 더 놀라운 감각을 가졌다. 모모세대는 기존의 소비 방식을 그대로 받아들이는 법이 없다.

중고거래와 교신으로 안목을 키우다

10대 소비자들의 면모를 살펴볼 또 하나의 영역은 중고거래다. 신상품, 유행상품만 좋아할 것이라는 기성세대의 편견과는 아주 다르다. 값싸고 좋은 상품을 살 수 있다는 실용적인 사고가 바탕이 되어 중고거래 시장에서도 10대들은 큰손이 되고 있다.

한국트렌드연구소의 조사에 따르면 10대 소비자들 가운데 중고거래를 해본 사람은 66퍼센트에 달한다. 3명 중 2명은 중고거래를 해본 셈이다. 이 어린 친구들은 아주 실용적인 소비자들이다. 중고거래를 하는 이유를 물어보니 '저렴한 가격과 질 좋은 상품 구매'(77%)가 가장 많고, '틈새시간을 활용해서 모바일로 쇼핑하기 편리해서'(27%)라고 응답한 경우도 많다. 그 밖에 '다양한 이벤트가 있어서'(20%)와 '친구들이 많이 이용해서'(11%)라는 대답들도 있었다.

그러다보니 일반적인 중고거래 사이트에도 10대들로 북적거린다. 중고거래 1위이자, 가입자 수 1,200만 명을 자랑하는 네이버 카페 '중고나라'에는 10대들이 자신들이 입던 교복을 파는 코너가 별도로 있다. 아예 '교복중고나라'나 '교복사복중고나라' 같은 사이트들도 성황중이다.

중고거래 사이트의 상위 랭킹에는 이름부터 10대들이 즐겨찾을 것이 분명한 곳들이 자리 잡고 있다. 카페 이름도 '훈남훈녀카페', '쭉빵카페', '사춘기 소녀나라' 등이다.

훈남훈녀카페는 2003년에 개설했는데, 주로 10대와 20대들이 친구를 사귀거나 중고물품을 거래한다. 여기서 '훈녀'는 '훈훈한 여자', '훈남'은 '훈훈한 남자'라는 의미다. 쭉빵카페의 '쭉빵'은 '쭉쭉빵빵'의 줄임말이다. 여성 전용처럼 보이지만 활동하는 남자들도 많다. 특별히 연령제한은 없지만 10대, 20대가 주로 활동한다. 포털사이트 다음에서는 2003년부터, 네이버는 2009년에 세워졌다. 친목과 정보 교환을 내세우고 있는 카페들이지만 중고거래가 아주 활발하다.

우리는 그동안 편견에 사로잡혀 있었던 것 같다. 즉 10대들을 너무 쉽게 등골 브레이커라고 낙인을 찍거나 유행을 쉽게 추종하고 비싸고 새 물건만 좋아할 것이라고 여겼던 것은 아닐까? 그런 사람들은 어느 세대에나 있다. 오히려 더 많은 10대들은 중고거래를 통해 돈을 많이 들이지 않고도 원하는 물건을 구매할 수 있는 방안을 적극적으로 활용하고 있다.

그런데 10대들은 중고거래를 단순히 가격 면에서만 선호하는

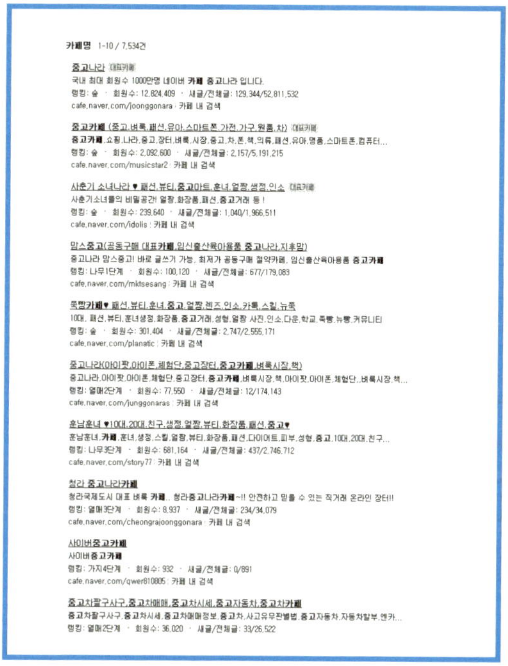

카페명 1-10 / 7,534건

중고나라 대표카페
국내 최대 회원수 1000만명 네이버 **카페 중고**나라 입니다.
랭킹: 숲 · 회원수: 12,824,409 · 새글/전체글: 129,344/52,811,532
cafe.naver.com/joonggonara : 카페 내 검색

중고카페 (중고,벼룩,패션,유아,스마트폰,가전,가구,원룸,차) 대표카페
중고카페,쇼핑,나라,중고,장터,벼룩,시장,중고,차,폰,책,의류,패션,유아,명품,스마트폰,컴퓨터...
랭킹: 숲 · 회원수: 2,092,600 · 새글/전체글: 2,157/5,191,215
cafe.naver.com/musicstar2 : 카페 내 검색

사춘기 소녀나라 ♥ 패션,뷰티,**중고**마트,훈녀,얼짱,생정,인소 대표카페
사춘기소녀들의 비밀공간! 얼짱,화장품,패션,**중고**거래 등 !
랭킹: 숲 · 회원수: 239,640 · 새글/전체글: 1,040/1,966,511
cafe.naver.com/idolis : 카페 내 검색

맘스**중고**(공동구매 대표**카페**,임신출산육아용품 **중고**나라,지후맘)
중고나라 맘스중고! 바로 글쓰기 가능, 최저가 공동구매 절약카페, 임신출산육아용품 **중고카페**
랭킹: 나무1단계 · 회원수: 100,120 · 새글/전체글: 677/179,083
cafe.naver.com/mktsesang : 카페 내 검색

쭉빵**카페**♥ 패션,뷰티,훈녀,**중고**,얼짱,렌즈,인소,카톡,스킬,뉴쭉
10대, 패션,뷰티,훈녀생정,화장품,**중고**거래,성형,얼짱 사진,인소,다운,학교,쭉빵,뉴빵,커뮤니티
랭킹: 숲 · 회원수: 301,404 · 새글/전체글: 2,747/2,555,171
cafe.naver.com/planatic : 카페 내 검색

중고나라(아이팟,아이폰,체험단,중고장터,**중고카페**,벼룩시장,책)
중고나라,아이팟,아이폰,체험단,중고장터,**중고카페**,벼룩시장,책,아이팟,아이폰,체험단,,벼룩시장,책...
랭킹: 열매2단계 · 회원수: 77,550 · 새글/전체글: 12/174,143
cafe.naver.com/junggonaras : 카페 내 검색

훈남훈녀 ♥10대,20대,친구,생정,얼짱,뷰티,화장품,패션,**중고**♥
훈남훈녀,**카페**,훈녀,생정,스킬,얼짱,뷰티,화장품,패션,다이어트,피부,성형,**중고**,10대,20대,친구...
랭킹: 나무3단계 · 회원수: 681,164 · 새글/전체글: 437/2,746,712
cafe.naver.com/story77 : 카페 내 검색

청라 **중고**나라**카페**
청라국제도시 대표 벼룩 **카페**.. 청라**중고**나라**카페**~!! 안전하고 믿을 수 있는 직거래 온라인 장터!!
랭킹: 열매3단계 · 회원수: 8,937 · 새글/전체글: 234/34,079
cafe.naver.com/cheongrajoonggonara : 카페 내 검색

사이버**중고카페**
사이버**중고카페**
랭킹: 가지4단계 · 회원수: 932 · 새글/전체글: 0/891
cafe.naver.com/qwer810805 : 카페 내 검색

중고차팔구사구,**중고**차매매,**중고**차시세,**중고**자동차,**중고**차**카페**
중고차팔구사구,**중고**차시세,**중고**차매매정보,**중고**차,사고유무판별법,**중고**자동차,자동차할부,엔카...
랭킹: 열매2단계 · 회원수: 36,020 · 새글/전체글: 33/26,522

▶중고거래 카페 현황

것이 아니다. 용돈이 적은 아이들보다는 오히려 어느 정도 용돈을 가진 아이들이 중고거래에 더 적극적이었다. 만약 가격이 가장 중요한 요건이라면 용돈이 적을수록 중고거래에 더 적극적이라고 가정할 수도 있을 것이다. 그러나 표에서 보는 것처럼 오히려 비교적 용돈을 많이 받는 아이들이 중고거래를 이용한 경험이 더 많았다. 용돈이 얼마나 많은지 여부보다 중고거래 자체가 일상적인 거래 방식의 하나로 자리 잡고 있음을 알려주는 대목이다.

10대들의 중고거래에서 볼 수 있는 또 하나의 문화는 '교신'이다. 교신은 '교환 신청'의 줄임말로 쉽게 말해서 물물교환이다. 당

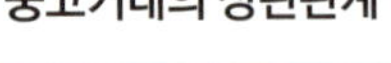

한국트렌드연구소 10대 소비자 조사, 2014

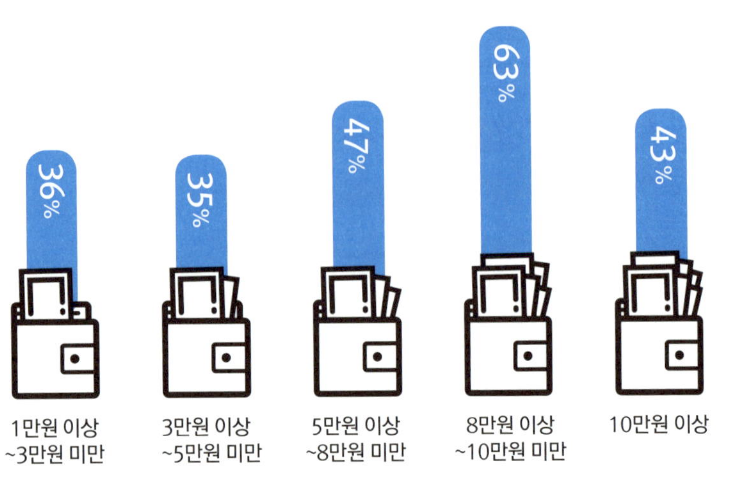

연히 중고물품의 거래지만 화폐가 매개되지 않는 것이다. 누군가 자기가 쓰던 물건을 교신란에 올리면 그 물건에 마음이 있는 다른 소비자가 자신이 갖고 있는 물건과 교환하는 식으로 거래가 성사된다. 위에서 소개한 카페들만이 아니라 10대들이 즐겨찾는 많은 카페에서 교신이 일어난다.

갖고 싶은 물건을 돈 들이지 않고 얻을 수 있어서 친구들도 그렇고 10대 아이들이 교신을 엄청 한다. 친구한테 옷을 팔면 제가 입던 옷

을 친구가 다시 입게 돼서 좀 껄끄러운 점이 있기 때문에 아예 모르는 사람한테 파는 것.

<노컷뉴스> 2014.03.06

이 과정에서 소비자로서의 훈련을 톡톡하게 하기도 한다. 무조건 믿으면 안 된다는 것이다.

제가 제꺼 화장품이랑 그 사람 립밤이랑 교신을 햇는데 그 사람은 우편으로 보내겟다 하고 저는 택배로 햇어요 여차저차 가격 맞춰서 근데 다음 날 보냇다 하고 영수증을 안 주는 거에요 제가 달라고 안햇다고 진짜 보냇다 그래서 저도 우선 살짝 의심 반으로 보냇는데 괜히 보냇나봐여ㅜㅜ일주일 되도 안와요ㅜㅜ 이거 신고되여? 신고해도 그사람이 보냇다 하면 할말이 없는데..

물론 나쁜 사람만 있는 것은 아니다. 그러므로 신뢰를 배우기도 한다.

제 네오프렌 자켓과 우아악님의 새!상!품! 빅포켓크롭남방+유니티지진청하웨를 교신하게 됫어요! 제가 교신전 한번 입엇던 것도 잇고 제가 살펴보앗을 때 하자가 없엇던 점 때문에 1:2임에도 우아악님이 쿨하게 교신해주셧엇어요!ㅜㅜㅜ그런데!!!! 제 상품에 제가 미처 발견 못햇엇던 하자가 잇엇던.,..헝ㅜㅜㅜㅜ죄송한 마음에 다시 재교신 건의했었는데 천사같은 우아악님...흡 괜찮으시다고., 그래서 무사히 교신을 마치게 됫습니당.

이렇게 되면 여기 '우아악님'은 평판이 좋아진다. 10대들은 반드시 평판에 기여하는 댓글을 남기기 때문이다.

세상에 덤으로 아디다스양말ㅜㅜㅜ보고나서 개존예라 깜짝ㅜㅜㅜㅜ아까워서 어떻게 신어요T .T 예상치 못하게 취향저격당해버렸습니다. 여러분 우아악님은 정말 신용 넘치는 분이세요. 칼배송에 천사! 다들 우아악님과 거래트세염ㅎㅎ (*'개존예'는 '정말 엄청 예쁘다'라는 의미의 은어다)

교신은 앞서의 무나와는 달리 거래의 성격이 훨씬 강하다. 가지고 있던 물건과 바꿔 실용적으로 원하는 것을 얻을 수 있는 알뜰함, 일찌감치 가치에 대한 평가와 교환을 통해 거래를 성사시키는 성취감, 상호간의 신뢰 없이는 거래를 할 수 없다는 시장의 규칙 등이 교신에는 필요하다. 소비자로서 또 하나의 산교육을 배우고 있는 셈이다.

10대들의 중고거래 문화에 있는 신선함은 이들이 물건을 고르는 안목을 키우기 위해 이것을 적극 활용한다는 데에 있다. 거래에 필요한 자금이 충분치 않은 그들은 중고거래를 통해 더 다양한 거래를 하면서 소비자로서의 안목을 키운다. 일부 소비자들은 매일 중고거래 사이트를 들르는데 그것은 꼭 물건을 사기 위해서라기 보다는 경험을 쌓기 위해서다.

> **저는 중고거래 카페를 매일 들어가 보는데요. 어떤 물건이 새로 올라왔는지, 그 물건의 가격 측정이 합당한지, 또 상품에 대해 평가 같은 걸 하면서 많이 배우죠.**
>
> **- 한국트렌드연구소 10대 소비자 인터뷰 중에서**

세 살 버릇 여든까지 간다고 했던가? 이렇듯 10대 때부터 소비자로서의 안목을 기른 이들이 10년, 20년 후에 소비문화를 어떻게 바꿀지 상상조차 가지 않는다. 소비 여력이 풍부한 상류층의 오랜 소비 경험이 낳곤 했던 '안목'을 10대들은 중고거래를 통해 하고 있는 것이다.

실제 사례를 통해 그들이 얼마나 창조적으로 중고거래를 안목 키우기에 활용하는지 살펴보자.

다음의 사진은 한 10대 소녀가 자신의 블로그에 직접 연 패션매장이다. 자신이 입으려고 샀지만 입지 않게 되었거나, 잘 입고 다녔지만 이제 질린 옷들일지도 모른다. 특히 눈길을 끄는 것은 가디건이나 티와 바지, 반바지를 색상을 고려해 매치시켜놓고 거기에 어울리는 신발(판매물품이 아니다)까지 코디해놓았다는 것이다. 패션매장의 전시상품들처럼 어울리는 배합을 통해 소비자들을 유혹한다. 자신의 집 마룻바닥을 전시장으로 활용했다.

☞하늘가디건 : 반팔티코디가히전할때 귀여움여성스러움 25000(배송비무료)
스위트비치미바지 : 프리사이즈 스위트비에서구입 귀여운 5000
초록티 : 약간긴듯하면서 이뻐요 5000
나염반바지 : 28사이즈 이뻐요 여름핫아이템 5000

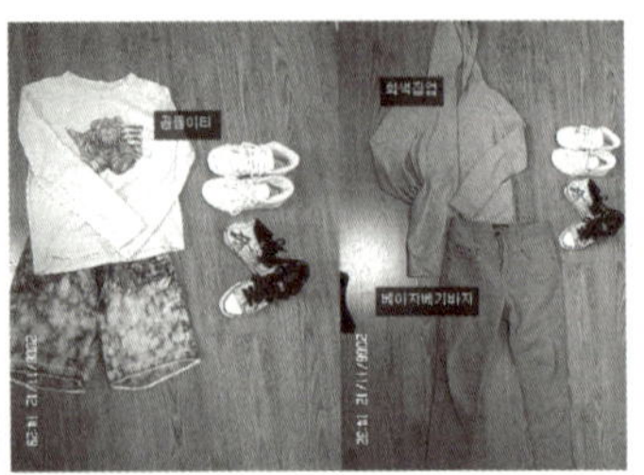

☞곰돌이티 : 무난하구귀여워요 5000
회색집업 : 무난한코디아이템 3000

그냥 센스 있는 사람의 흥미로운 발상으로 생각할 수도 있지만 10대들의 세상에서 이런 코디 감각을 인정받으면 인기인이 된다는 사실을 아는가? 중고거래라는 낡은 유통경로가 자신의 패션 감각을 뽐내면서 또래들과 교감하는 창의적 장소가 되고 있다. 이것은 하나의 문화적 현상이다. 10대 소비자들은 자신의 안목을 위해 이미 안목을 키운 또래 블로거를 찾는다. 어울리는 옷, 입고 갈 수 있는 장소, 거기다 빈약한 호주머니 사정까지 감안해야 하는 상황을 공감하는 사람들끼리 자기들만의 시장을 형성하는 것이다. 이 과정에서는 중고거래는 소비자로서 안목을 키우는 창조적 경로가 된다.

10대가 충동적인 소비자라고?

여기서 잠깐 10대들의 알뜰함에 초점을 맞춰보자. 가끔 '스마트 쇼핑', '똑똑한 소비' 등의 용어를 사용하며 최소 비용으로 최고 효용을 추구하는 트렌드가 진행된다는 식의 기사를 본 적이 있을 것이다. 그러나 사실 이것은 트렌드가 아니다. 1960년대 소비자나 2020년대 소비자나 최소 비용으로 최고의 효용을 추구하는 것은 똑같지 않겠는가? 모든 소비자는 늘 같은 곳을 향하고 있으니 시대에 따라 변화하는 트렌드라고 할 수 없는 것이다.

그렇다면 여기서 트렌드는 무엇일까? 그것은 '10대들이 알뜰한 소비자가 되었다'라는 것이다. 모모세대는 10대에도 각종 정보와 할인 혜택, 쿠폰 등을 통한 알뜰함을 추구한다. 지식정보 문명은 10대들을 변화시켰다. 이것이 새로운 트렌드다.

한국에서 10대들의 알뜰함을 표현하려면 '생정'이란 용어를 빼놓을 수 없다. '생활정보'의 줄임말인 생정은 '훈남훈녀생정', '유용생정', '소녀생정' 같은 용례가 있다. 훈남(훈녀)이 되는데 필요한 생활정보, 일상적으로 유용한 생활정보, 소녀다운 생활을 위한 생활정보 등의 뜻이다. 많은 10대들이 네트워크를 통해 생정을 만들고 전파한다. 그것이 그들을 알뜰하게 만든다. 모모세대라는 환경이 그들을 알뜰하게 만드는 것이다.

그래서 모모세대가 알뜰해지는 것은 전 세계가 비슷하다.

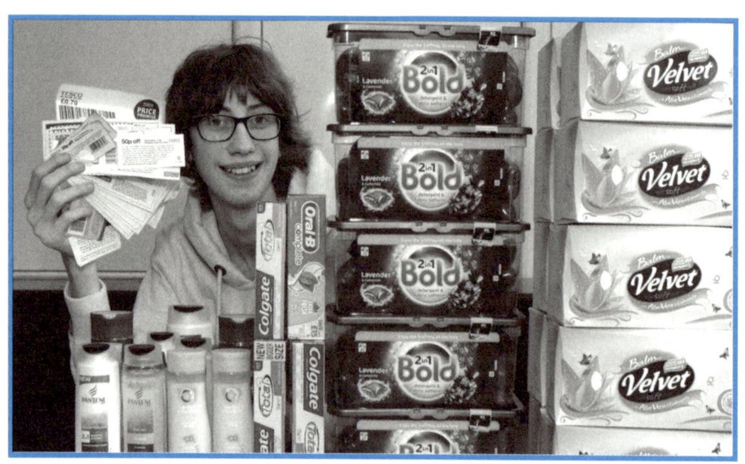

▸ebaumsworld.com/video/watch/83277953/

2013년 영국 BBC는 엄마보다 더 알뜰하게 장을 보는 16세 소년 조던 콕스Jordon Cox를 소개했다. 콕스는 이혼 후 혼자 생계를 꾸리게 된 엄마를 도우려는 마음에서 매일 각종 잡지와 PC, 스마트폰을 통해 쿠폰과 할인정보를 모았다. 이렇게 해서 일주일에 약 20만 원가량 들던 식료품 쇼핑 비용이 약 1만7,000원 정도로 확 줄었다. 냉동식품이나 통조림 등 오래 저장해서 먹을 수 있는 식품이나 치약, 샴푸 등 매일 사용하는 생활용품 등을 박스 채로 구입했다. 그는 "엄마가 충동구매를 해서 절대 혼자 장을 보게 하지 않는다"라며 힘주어 말했다. 현재 그는 지역 어른들을 위해 지역센터에서 물건을 싸게 구매하는 방법을 강연하고 있으며 트위터, 페이스북 등 SNS를 통해 미국 전 지역의 쿠폰 정보를 공유하고 있다.

모모세대에게 아끼고 절약하는 것은 '짠돌이'라는 이미지와는 좀 다른 것 같다. 오히려 같은 상품을 비싸게 구매하는 것을 어리석다고 여기는 듯하다. 유용한 생활정보는 구하려고만 하면 얼마든지 구할 수 있고 공유할 수 있는데 단지 어리석은 소비자만 그것을 비켜가는 것이다.

알뜰하면서도 소비자 감각을 키우는 10대들의 소비 놀이터 가운데 소셜커머스 사이트들도 있다. 2009년 최초의 소셜커머스 쇼핑몰인 그루폰이 미국에서 SNS 기반의 쇼핑몰이라는 카테고리를 개척한 후 티켓몬스터, 쿠팡, 위메프 등 한국에서도 급성장한 영역이다. 이미 소셜커머스를 경험한 10대의 비율은 53퍼센트, 즉 절반을 넘는다.

소셜커머스 업체들은 스마트폰에 전용 앱을 제공한다. 공부 때문에 늘 시간이 없는 10대 소비자들은 이 앱을 통해 쉽게 접근할 수 있는데, 면접 조사를 해보면 일부 소비자들은 정기적으로 앱을 열어본다고 한다. 마치 포털 사이트를 특별한 목적 없이 훑어보는 것과 비슷하다. 이들은 특정 상품을 구매할 의사가 없다. 그들의 관심은 새로 등록될 상품의 인기도 같은 것이다. 새로운 상품 정보나 새로운 아이디어 기술을 탑재한 상품 등 시장에서 인정받고 인기 있는 상품을 둘러보는 것에서 재미를 느낀다. 일종의 소비 놀이라고나 할까? 소셜커머스의 기본 구조 때문에 중고거래처럼 소비자의 직접적 참여를 통한 창의성을 찾기는 힘들지만 저렴한 가격과 다양한 상품을 함께 만나볼 수 있는 10대들의 소비 놀이터로서는 손색이 없는 셈이다.

Q. 연령별 소셜커머스 이용 빈도

각 연령별 응답자는 40명으로 전체 200명 (단위 : %)

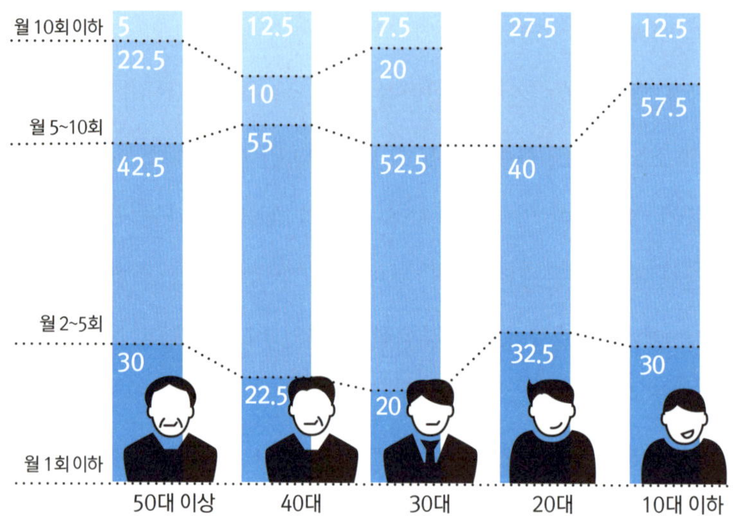

Q. 소셜커머스 이용 이유

(단위 : %)

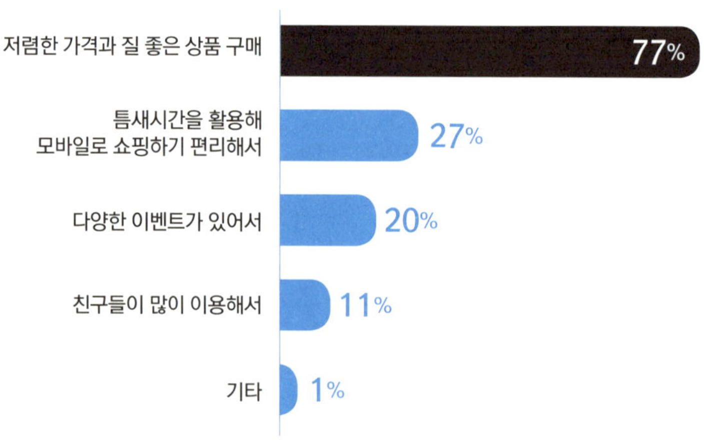

검색 대신 구독하는 스마트 쇼퍼

여러 가지 소비 경로들을 살펴보았는데 가장 궁금한 점이 하나 남아 있다. 10대 아이들은 학생으로서 소비에 쓸 시간이 절대적으로 부족할 텐데 언제 그 많은 정보를 검색할까?

모모세대들의 만능도구 스마트폰은 창이 작다. 인터넷 검색은 많은 정보를 한꺼번에 훑어봐야 효과적인데 그런 점에서 스마트폰의 경쟁력은 약하다. 또 10대들은 시간이 늘 부족하다. 많은 시간을 들여 검색을 할 여력이 없다. 결정적으로는 상품의 종류가 너무 많고 쇼핑 정보도 끝없이 흘러넘치며 쇼핑 경로도 다양하다. 이것은 디지털 시대 쇼핑 환경의 특징이다.

인터넷에서 신발을 검색하면 7,000개가 넘는 사이트가 뜬다. 현실 공간에도 백화점, 할인점, 동네 신발가게, 신발전문점, 편집숍, 팝업스토어 등 수많은 종류의 매장이 있다. 어느 브랜드의 어떤 상품을 어디서 찾아서 어떻게 구매하면 가장 합리적일지를 따지는 것 자체가 비합리적일 정도다. 검색에 쓰는 시간을 생각해보면 비용이 좀더 들더라도 가까운 곳에서 바로 구매하는 것이 나을 수도 있다.

그래서 검색을 대체하는 방식이 '구독'이다. 여기서 구독은 주로 모바일 전용 어플리케이션을 자신의 스마트폰 바탕화면에 설치하는 것을 의미한다. 모모세대로서의 면모가 여기서 나타난다.

넷세대가 인터넷의 등장으로 검색 세대로서 구글, 네이버와 함께 성장했다면 모모세대들은 스마트폰의 등장으로 구독 세대로서 애플, 안드로이드와 함께하고 있다.

스마트폰이 대중화되면서 쇼루밍 컨슈머Showrooming Consumer들이 오프라인 매장에 큰 타격을 입혔다. 오프라인 매장이 쇼룸인양 직접 상품을 만져보고 입어보고 구매할 것처럼 이것저것 탐색만 하다가 정작 구매는 가격이 저렴한 온라인 마켓에서 구매하는 소비자들이 늘어났기 때문이다. 조사에 따르면 이미 대부분의 소비자들이 쇼핑을 하기 위해 인터넷 검색을 먼저 한다. 그런데 10대는 여기서 한걸음 더 나간다.

많은 10대들이 가격 검색을 따로 하지 않는다. 온라인이나 오프라인 매장에서나 필요한 상품을 찾기에는 정보가 너무 많기 때문이다. 광대한 아마존에서 바늘 하나 찾는 것처럼 어렵기도 하고, 일일이 상품 검색에 쓰는 시간이 아깝다. 그래서 그들은 자신이 좋아하거나 관심 있는 브랜드와 SNS로 친구맺기를 하는 방식으로 자신에게 필요한 품목에 대한 선별된 정보를 제공받는다. 스마트폰 바탕화면에 몇 개의 쇼핑앱을 깔아놓는 것으로 복잡한 정보탐색 절차를 대신하려는 것이다. 이것은 디지털 시대의 전반적인 소비문화가 흘러가는 방향이다. 특히 모바일이 쇼핑의 주요 도구로 활용되면서 언제 어디서나 초간단 절차를 거쳐 원하는 곳으로 즉시 데려다주는 엘리베이터 버튼을 원하는 소비자들이 늘고 있다.

예를 들어 운동화를 찾아본다고 하자. 약 7,000개가 넘는 방대

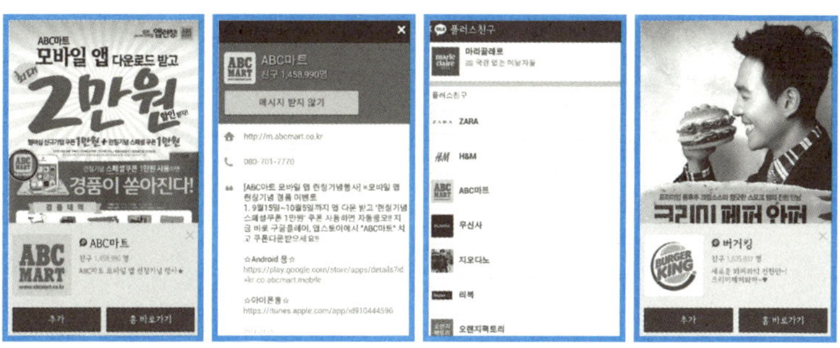

▸ 카카오톡 플러스친구를 활용한 소비 정보 구독

한 사이트의 밀림 속에서 원하는 상품을 검색하고, 마음에 드는 운동화를 고르고, 가격을 비교하는 것 자체가 커다란 일이다. 그래서 10대들은 ABC마트의 카카오톡 플러스친구로 등록하여 스마트폰으로 정보를 받아본다. 카카오톡이 2011년 10월에 시작한 플러스친구 서비스는 카카오톡 이용자들이 기업이나 특정 브랜드와 '친구맺기'하는 방식으로 정보를 받아보는 서비스다. 새로운 브랜드의 런칭이나 할인 및 이벤트 정보, 쿠폰 등을 쉽게 받아볼 수 있기 때문에 젊은 소비자들의 호응이 높고 수많은 기업들이 이와 같은 서비스를 제공한다. 예컨대 버거킹은 트위터를 통해 1년 6개월 동안 팔로워 6,000명을 모은 반면, 플러스친구 서비스를 시작한 지 1년이 안 되어 100만 명의 고객을 확보하기도 했다. 10대들은 플러스친구와 같은 앱을 통해 복잡한 검색을 생략하고 자신에게 맞는 소비 정보를 구독한다.

이런 방식이 지닌 또 하나의 장점은 자신의 개인정보가 어디에서 털렸는지 의문을 하게 만드는 불쾌한 스팸광고가 아니라는

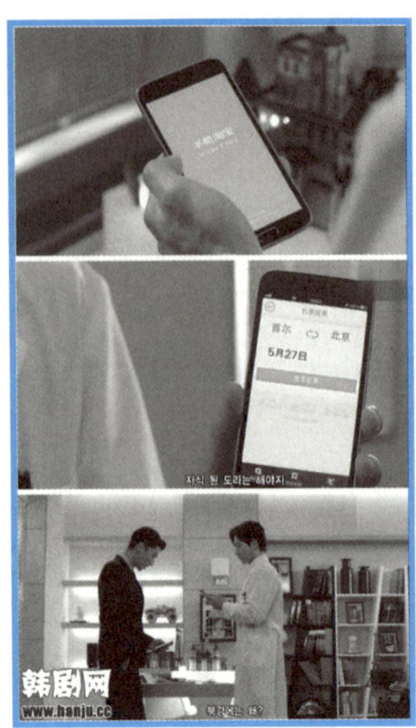

▶ 모바일 타오바오의 PPL

것이다. 사용자가 직접 자신이 선호하는 브랜드와 친구를 맺었기 때문이다. 디지털 문명은 인터넷과 검색 사이트가 중심이 된 '검색 시대'를 넘어서 모바일과 어플리케이션을 바탕으로 한 '맞춤화 시대'로 가고 있다. 그리고 모모세대는 2차 성징이 끝나기도 전에 맞춤화된 쇼핑 환경을 활용하는 소비자가 되고 있다.

앞으로 쇼핑의 전쟁은 글로벌로 진행될 것이다. 사진에서 보는 장면은 중국 최대 전자상거래업체 알리바바의 쇼핑몰 타오바오의 쇼핑앱인 모바일 타오바오가 SBS 월화드라마 〈닥터 이방인〉에 등장시킨 광고PPL다. 많은 한국인 소비자들이 스마트폰으로 중국 쇼핑몰에서 상품을 구매하게 될 것이다. 찾으러 돌아다닐 필요 없다. 앱만 깔아놓으면 타오바오나 알리바바가 알아서 정보를 제공할 것이다. 검색 시대가 10년이 넘어가면서 스마트폰이라는 강력한 도구가 등장했고, 이제 모바일에 익숙한 소비자들은 전 세계를 손 안에 두고 핵심적인 정보만 구독하는 구독쇼핑 시대를 열고 있다. 그리고 그 가장 전면에 서 있는 소비자들이 바로 모모세대들인 10대 소비자들이다. 그러므로 구독 시대의 쇼핑앱이 어떻게 가야 할지 궁금하다면 누구보다도 10대들에게 물어봐야 할 것이다.

평판이라는 '진실의 순간'

무나 소비, 교신, 중고거래, 알뜰 소비, 구독 소비……. 10대들의 소비문화에 대해 평소 관심이 없었던 독자들이라면 이 연령대에 이와 같은 다양한 소비 경험을 쌓고 있는 데 대해 놀랐을 것이다. 그런데 이 모든 소비 경험의 한가운데 자리하고 있는 트렌드적 개념이 있다. 바로 '평판Reputation'이다.

평판은 모모세대인 10대 소비자들에게는 '진실의 순간Moment of Truth'을 제공한다. 마케팅 이론에서 자주 인용하는 진실의 순간이란 고객이 종업원을 만날 때, 광고를 볼 때, 주차장에서 주차를 할 때, 회사 로비에 들어설 때, 회사로부터 청구서나 문서를 접할 때, 회사 직원과 통화 시도할 때, 최초로 특정 웹사이트에 접속할 때 등 고객이 기업이나 상품, 브랜드에 대한 이미지를 결정하는 15초 내외의 시간을 말한다. 스웨덴의 경제학자 리처드 노먼은 진실의 순간을 '고객이 종업원이나 기업의 특정 자원과 접촉할 때, 서비스 품질에 대한 고객의 인식에 결정적인 영향을 끼치는 상황'이라고 정의한다. 이 말은 원래 스페인 투우사들이 상대하던 황소의 급소를 찔러 죽이는 순간을 의미했다고 한다. 자못 심각했던 이 말을 리처드 노먼은 소비자가 기업의 진면목을 대면하는 순간이라는 의미로 바꿔놓았다.

그런데 10대들은 그 순간이 오프라인 공간보다 모바일 비트의 세계에 있는 경우가 더 많다. 앞선 많은 소비 사례들에서도 나타났듯이 쇼핑의 순간까지 공유를 즐기는 많은 10대들에게는 친한 친구나 믿을 만한 또래 소비자, 전문가들의 리뷰와 권유, 분석이 블로그나 Q&A, SNS 상에서 노출될 때 진실의 순간을 맞이한다. 그들 사이의 강력한 연결망이 소비의 결정적 순간을 제공하는 것이다. 생산자와 소비자 간의 대면의 순간이 아니라 소비자들 간의 연결이 결정적 순간이 된다.

구글이 조금 색다른 주장을 편 적이 있다. 2010년 3월 구글 수석 제품매니저 제니 리우는 자사 블로그에 ZMOT에 대한 글을 올렸다.

"첫 번째 진실의 순간이 여전히 중요하다. 그렇지만 고객이 인터넷을 통해 상품구매 과정에 전적으로 의존하면서 검색엔진 사용이 증가했다. 소비자가 진열대 위의 제품을 보기도 전에 소비자와 브랜드 간에 수많은 상호작용이 일어난다. 이러한 현상을 ZMOTZero Moment of Truth(제로 상태의 결정적인 순간)라고 부른다."

검색 시대의 특성상 상점 안에 들어가기도 전에 이미 소비자는 진실과 대면할 수 있다는 것이다. 좋은 지적이다. 그러나 구글 검색만으로는 그 순간들을 다 알 수 없을 것이다. 10대들은 더 많은 이야기를 SNS에서 하고, 구독하면서 하고 있기 때문이다. 이 이야기들의 이름은 평판이다. 평판은 사기 전에도 생기고, 사려고 하면서도 생기고, 사는 중에도 생기고, 사고 나서도 생기고, 써본 뒤에도 생긴다.

모모세대가 이끌어갈 소비문화는 평판이나 명성에 기초하고 있다. 미국의 경영월간지 〈패스트 컴퍼니〉의 기고가 아냐 카메네츠는 '평판경제의 위험과 전망'(2008. 12)에서 이런 소비문화의 변화가 기업들을 긴장시키고 있다고 말한 바 있다.

"많은 온라인 커뮤니티들을 마치 현실 속의 작은 마을처럼 움직이고 있다. 그곳에 가득한 것은 가십과 배타성, 심지어 가끔씩 소송까지 있다."

그러면서 기업들은 온라인에서 평판을 유지하기 위해 방문자를 환대하고, 정신병자들을 쫓아버리고, 잠재적 단골 손님들을 양성하는 방법을 모색하라고 조언한다. 그로부터 다시 몇 년이 지난 지금 모모세대는 평판에 기초하되 신뢰를 확보하는 진실의 순간들을 스스로 만들어낸다. 그들의 작은 마을에는 안목을 갖춘 믿을 만한 친구들이 있다. 그들은 끊임없이 소통하기 때문에 남을 속이려는 사람이 오랫동안 신뢰를 얻는 것은 불가능에 가깝다. 공유와 공감에 기초해 평판들이 만들어지고 오가는 대화들 속에 진실의 순간이 존재한다. 그런 후에야 기업들은 자신의 브랜드를 고객의 스마트폰 화면 속에 저장할 수 있다.

평판을 알기 위해서는 SNS를 빼놓을 수 없다. SNS는 기성세대에게는 새로 배운 커뮤니케이션 수단이지만 10대에게는 원래 있던 도구적 환경이다. 이 환경 속에서 10대만의 세상이 펼쳐진다. 사적인 소통들이 아주 활발하지만 미디어에 좀처럼 포착되지 않기 때문에 뉴스로 정보를 주로 접하는 기성세대들에게는 미지의 세상이다.

오랜만에 엄마랑 쇼핑. 돈이 없는데 잘됐다~ 전부터 사고 싶었던 ○○를 어떻게 하면 엄마한테 사달라고 조를까 고민중.

인스타그램 계정의 소셜 네트워크 웹스타WEBSTA에 실시간으로 올라온 글이다. 엄마는 딸의 깜찍한 음모를 모른다. 그나마 열린 계정으로 페이스북을 이용한다면 모를까 카카오톡이나 네이버 밴드 등의 제한적 SNS를 통해 소통이 이루어지면 가까운 친구들만 알 수 있다.

10대들은 일상을 사진으로 찍어 쉽게 기록하고 이 기록들을 지인들과 공유한다. 쇼핑할 때 이런 습관은 구매에 결정적인 역할을 할 수 있다. '지금 누구와 무엇을 사러 가는 중이다'라는 글을 올리면 실시간으로 댓글이 달린다. '그 상품을 어디에서 세일하고 있다', 'A브랜드보다 B브랜드가 더 낫다'는 등 상품에 대한 가격 정보를 SNS를 통해 서로 공유한다. 보이지 않는 곳에서 하이퍼 연결Hyper connection된 세상이 존재하고 그곳에서 평판이 생기는 것이다.

또한 자신의 취향이나 생활 패턴 등 사적인 기록을 저장하는 라이프로그를 활용하는 10대들은 SNS를 통해 쇼핑 정보를 공유한다. 싸고 질 좋은 상품을 공유하는 것은 10대들의 일상이다. 10대들은 좋은 정보를 공유하면 할수록 좋다고 생각하는 공유 소비자들이다. 특히 10대 여성들은 자신만의 패션이나 화장법 등 외모를 가꾸는 정보를 공유하며 SNS를 확장하고 있다. '10대 파우치 공개'를 검색해보면 10대에 맞는 화장품을 품목별로 요목조목 설명하고 있다. 10대답게 아기자기한 화장품 케이스 이야기, 10대 피부에 맞는 화장품 브랜드, 화장하는 방법, 각 브랜드별 10대에게 어울리는 화장품 품목 등 관련된 정보를 자세하게 알려준다. 피부 결점을 커버하고 장점을 부각하는 법 등 10대들은 전문가 못지않게 분석적이고 진지하다. 왜냐하면 자신도 이런 정보를 남에게 받아서 유용하게 사용했기 때문에 자신이 알고 있는 좋은 정보를 나눠 타인에게 도움이 되길 원하기 때문이다.

10대들의 공유문화는 평판을 기초로 한 미래 소비문화의 방향을 제시한다고 할 수 있다. 기업의 입장에서 볼 때 이 까다로운 소비자들의 눈높이를 채워나가기가 쉽지 않을 것이다. 왜냐하면 소비에서의 공유는 그들 중 가장 까다롭고 예리한 안목을 가진 소비자를 중심으로 소비자 평가가 형성될 가능성이 높기 때문이다. 그것도 실시간으로 말이다. 10대 소비자들은 자신이 직접 사용했을 때 불편한 점, 대체할 수 있는 상품 등을 제시하여 신뢰를 형성한다. 신뢰를 얻기 위해서는 안목이 필요하다. 까다롭고 높은 눈높이를 가진 이들이 신뢰를 얻으며 트렌드 세터Trend setter(트렌드를 전파하는 사람, 혹은 매체) 역할을 한다. 신뢰가 전제되어 있기 때문에 그들의 공유 정보는 실질적인 구매로 바로 연결된다. 이런 점은 10대 소비자들이 올린 공유 댓글에서 유용한 정보를 받아 직접 구매했다는 후기를 통해 쉽게 찾아볼 수 있다.

역사세대로서 모모세대인 10대들은 실시간 평판 소비문화의 선도자들이다. 그들은 정보도 공유하고 평가도 공유하며 교신이나 중고거래를 통해 물품도 공유하면서 소비자로서 생활인으로서 지적·미적 안목을 키워나가고 있다. 소비감각과 추구하는 가치는 시간이 지나 다른 연령대가 되면 바뀔 수 있지만, 공유에 기반한 평판 소비의 경험은 이 세대에게 좀처럼 지워지지 않는 기억이 될 것이다. 왜냐하면 그들에게는 평판을 참조하는 것이 소비자로서의 안목과 신뢰를 쌓는 일상적 습관이기 때문이다. 일찌기 철학자 파스칼이 말했던 바 '습관은 제2의 천성' 아니던가?

평판 전문가로 성장할 모모세대의 잠재적 가능성은 소비 영역에만 국한되지는 않을 것이다. 예를 들어《인터넷 세상과 평판의 미래》라는 책에서 저자 대니얼 솔로브Daniel Solove는 평판이 광범위하게 확산되는 사회의 명과 암에 대해 이야기한다. 평판은 한편으로 사회를 타인의 시선에 민감하게 만들어 규범적인 체제로 만들 수 있다. 반면 프라이버시라는 관점에서 보면 부정적인 면도 동시에 강화될 수 있다. 확인되지 않는 가십이 평판에 미칠 영향을 생각해보면 쉽게 알 수 있다. 10대는 평판에 민감한 세대로서 가십을 퍼트리면서 동시에 가십의 희생물이 되는 것을 두려워하게 될 것이다. 그래서 규범을 자율적으로 만들고자 할 테지만 여전히 표현의 자유와 양립하는 문제로 고민할 것이다. 평판은 패러독스처럼 양립하기 어려운 개인의 자유와 프라이버시 보호 사이를 왔다 갔다 하면서 새로운 인터넷 문화를 만드는 주도적 역할을 할 것이다.

평판에 민감한 모모세대는 한국에서 특히 심각한 불신문화의 해결사가 될 가능성도 있다. 소비 분야에서 10대들이 이미 보여준 것처럼, 그들은 너무 많은 미끼 정보에 노출되어 그것들을 헤쳐나가면서 평판 전문가가 되어간다. 따라서 이들은 신뢰의 가장 중요한 기준인 '진정성'에 민감하다. 이들은 누가 어떻게 할 때 진정성이 있는지 가려내는 훈련을 일찌감치 하고 있는 것이다. 그것은 신뢰사회 회복의 기초가 될 수 있다.

소비자로서, 평판 전문가로서 10대를 관찰하는 것은 흥미진진하다. 그들은 정말로 창조적이고 선진적인 문화의 주체로서 높은 가능성을 가지고 있다. 더구나 이것은 두 개의 뇌 시대에 대응하는 첫 번째 뇌의 능력 가운데 하나가 될 수 있다. 그래서 이런 능력을 가진 모모세대가 성장하여 사회적 규범들을 관리할 때 그들은 진정성을 기초로 하는 사회문화, 즉 진정한 선진 문화를 창조할 수 있다.

우리가 몰랐던
모모세대 이야기

훈녀생정 블로그를 시작하다

: 초등학생 블로거의 첫 포스팅

꾸미기에 관심이 많은 아이들이 훈녀생정, 훈남생정 블로그에 관심을 가진다. 구경만 하는 것이 아니라 직접 블로그를 열고 포스팅을 한다. 그 중 일부는 이미 오랜 블로거 경험을 가지고 있고 많은 인기를 누리고 있기도 하다. 인기 블로그엔 당연히 많은 10대들이 방문한다. 그런데 다른 모든 일과 마찬가지로 이런 블로그 활동도 처음이란 것이 있게 마련이다. 만약 초등학생의 첫 블로그 포스팅이라면?

'OO양's 블로그양'이라는 곳을 찾아가봤다. 초등학교 여학생이다. 블로그 히스토리를 봤더니 2010년에 개설했다. 저학년 때인 것 같다. 중간에 몇 번 블로그 제목을 바꿨는데 아무튼 여러 개의 메뉴가 있지만 포스팅 숫자는 7개 밖에 안 된다. 이웃도 1명이라고 되어 있다. 그런데 2014년 8월 20일 '첫번째 훈녀생정! 책상 꾸미기!'라는 글을 올렸다.

그나저나 책상 꾸미기에 관한 내용이 좀 부실하긴 하다.

첫번째! 파우치

요즘 언니들이 틴트같은 거나 BB크림 하나씩은 있자나

그거 가끔씩 공부하다 살짝 바르면 기분 조차나!

그리고 이거 넘 이쁘자나!

글쎄, 내 눈에는 파우치가 다 거기서 거기처럼 보인다. 여러분은 어떤가? 게시한 지 한 달이 넘는데 댓글도 아직 달려 있지 않다. 무엇보다 '안목'을 더 키워야 하지 않을까? '파우치가 이쁘다'라는 것만으론 안 되고 뭔가 상세한 정보도 필요하다. 아직 요령도 없는 것 같다. 볼에다 바람을 넣고 최대한 귀여운 표정을 한 사진도 올리고, 무나라든지 행사도 하고 그래야 하는데 단순한 포스팅에 그치고 있다.

좀더 세련된 훈녀생정 블로그에서 파우치 소개하는 내용을 가져와봤다. 파우치의 이름, '여자들의 로망'이라는 가치 부여, 이 파우치의 장점, 가격대까지 정보들을 잘 담고 있다.

키스미 파우치!

여자들의 로망이죠

전 첫 번째꺼 가지고 있어요

진짜 너무 좋아요 용량도 엄청 크고 완전 블링블링

근대 가격이 비싸.. 힝 ㅠㅠ

이만원 대입니다.

이 어린 친구가 두 번째 훈녀생정 포스팅을 언제 할지 궁금하다. 첫 번째 것에는 아무도 관심을 가져주지 않아서 많이 실망했을 것이다. 실망을 딛고 다시 도전을 계속한다면 몇 년 후에는 인기 블로거가 되어 있을 수도 있다. 10대들은 이렇게 평판소비자로 성장한다. 때론 실망스런 데뷔를 하지만 많은 것들을 보는 훈련을 하고, 관계를 맺고, 칭찬을 받거나 혹은 비판을 받고, 공유와 공감의 중요성을 배우면서 일찌감치 안목 높은 소비자로 성장하는 것이다.

5장

모모세대의 감각극장

: 외모 가꾸기에 숨은 감각적 재능

핏fit

내 몸과 내 옷과 내 아름다움의 조화

매칭 감각

내 외모와 내 몸매에 맞게
특정 장소나 시간에 어울리거나 돋보이게 하는 감각

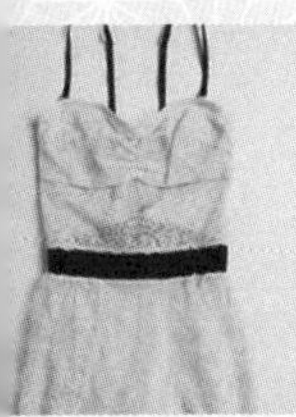

패션, 액세서리, 헤어스타일
아름다움에 대한 10대의 안목은
대부분 외모 꾸미기와 관련된다

지금 10대에게
치열한 경쟁사회를 살아나가기 위한 필수 감각은
'외모를 표현하는 능력'

'세상과 자신의 조화'를 고민하는 안목은
향후 그들이 생산자와 소비자로 성장했을 때
무한한 가능성으로 드러날 것이다

10대들의 핏fit 감각에서 한 시대가 저물고 또 한 시대가 오고 있음을 느낀다. '핏'이란 내 몸과 내 옷과 내 아름다움의 조화를 의미하는 유행어다. 이 용어를 통해서 아름다움이란 대상 속에 있는 것인 줄 알았는데 10대들에게는 본능적으로 나와 대상의 관계에서 나오는 것으로 통용된다는 것을 알게 되었다. 그렇다면 이들이 이끌 미래는 집, 책상, 도시, 직장, 취미, 음식, 사랑, 꿈까지, 대상과 나의 관계가 성립되는 모든 것들에서 10대들의 관계중심적 미의 기준이 적용되지 않을까? 그렇게 시대가 바뀌어가는 것이 아닐까?

"그 순간 알아버린 것이다. 핏의 차이를!!!"

10대들에게 인기 있던 웹툰 〈패션왕〉 1화에 나온 대사다. 예쁜 여학생에게 다가가고 싶던 주인공 우기명은 여기저기서 돈을 끌어모아 패딩점퍼를 사 입지만 같은 반의 멋쟁이 김원호 때문에 좌절하고 만다. 그 후 뼈를 깎는(?) 노력 끝에 패션 감각을 익히며 어른으로 성장해간다는 이야기다. 그러니까 수많은 영화에서도 다뤘던 청소년 성장기 스토리다. 그러나 많은 10대들이 이 빤한 스토리에 공감한다. 특히 패션에 대한 감각이 얼마나 중요한지에 대한 이야기에 공감한다. 그렇다면 이제 이 이야기는 빤한 것이 아니다. 그것은 어떤 변화, 혹은 트렌드의 징후다. 우리는 알아야 한다, 그 감각의 차이를!

만약 존재만으로도 트렌드가 될 수 있는 세대가 있다면 그것은 10대들일 것이다. 10대는 본능적으로 기성세대와는 다른 길을 모색하기 때문이다. 그것은 옳은 길인가? 가끔은 옳을 테지만 언제나 그런 길은 아니다. 다만 다른 길이다. 그것은 필연적인가? 언제나 필연적이다. 10대는 곧 20대가 되고 30대가 된다. 그 나이가 되면 그들은 더 많은 결정권을 쥐게 된다. 따라서 10대의 선택은 언젠가 올 필연적인 미래를 예측하게 한다. 그러므로 10대는 이미 존재만으로도 충분히 트렌드가 된다.

트렌드를 창조할 역사세대로서 10대가 가진 가장 놀라운 잠재력은 감각의 영역에 있다. 10대들의 가능성에 대한 이 책의 탐색 과제 가운데 가장 매력적인 주제이기도 하다. 기성세대는 인정하고 싶지 않겠지만, 평균적으로 볼 때 이 세대는 시각, 청각, 그리고 멀티 감각과 매칭 감각 분야에서 앞선 세대보다 탁월하다. 역사적 관점으로 평가한다면 이 세대는 감각적 재능이 이성을 압도하는 첫 번째 세대가 될 가능성이 높다. 문화와 생산, 소비 영역에서 이 세대의 재능은 감각으로 재구성된 트렌드들을 이끌어 우리를 새로운 감성 문명의 세계로 인도할 것으로 보인다.

10대의 감각은 전문가 빰친다. 한 Q&A 게시판에 올라온 다음 글을 보면 10대를 대상으로 하는 기업의 마케터나 기획자들이 왜 10대들의 SNS를 찾아다니는지 이해가 간다.

– 교복 핏이 좋은 곳이 어딘가요?

– 사람마다 다를 수 있지만 저희 학교 애들은 거의 아이비 아니면 엘리트를 입는데요, 조끼 니트 같은 경우 아이비는 보풀이 빨리 피는데 엘리트는 거의 3년 정도 안 되서 입어도 보풀이 잘 안 펴요. 3년 동안 입기엔 좋은 거 같애요. 스마트는 하복 블라우스가 살짝 길게 나와서 하복 블라우스는 거의 스마트에 사는 경우가 많아요. 또 치마도 살짝 더 짧게 나와요. 근데 저희 학교 친구들은 엘리트에서 많이 사는 거 같애요. 근데 요즘은 입어보기만 해도 되서 세 곳 다가서 입어보고 사시는 게 나을 꺼에요~~

어린 시절 《파브르 곤충기》를 읽은 독자라면 곤충의 다양하고 독특한 감각기관들이 생존을 위해 진화한 수많은 사례들을 접했을 것이다. 예컨대 통에 벌을 넣고 검은 천으로 덮은 뒤 몇 킬로미터 떨어진 곳으로 이동해 풀어놓으면 신기하게도 벌들이 자기 집으로 돌아간다. 벌의 몸 속에 나침반이 있는 것은 아니고, 햇빛의 각도를 탐지하는 방향 감각이 탁월하다는 가설이 가장 유력하다. 꽃을 찾아 수킬로미터씩 돌아다녀야 하는 벌들은 생존을 위해 이 같은 방향 감각을 장착하게 되었다는 것이다. 동물의 감각은 생존을 위해 주어진 조건에 적응하여 발전한다.

인간도 예외는 아니다. 정보를 수용하고 학습하고 관계를 맺거나 친구들과 소통하는 일상적 삶은 감각을 키우는 훈련장이다. 그리고 어느 세대나 어린 시절의 훈련이 감각적 발달에 가장 중요한 시기다. 흙을 파고 놀거나 구슬치기를 하던 아이들의 감각과, 스마트폰으로 게임을 하고 친구들과 원격으로 수다를 떠는 아이들의 감각은 그들의 삶에 아주 다른 흔적들을 남긴다. 수십 년이 지난 후 문득 향수에 사로잡힐 때 그리워하는 대상이 전혀 다른 것이다.

사실 10대의 남다른 감각적 재능은 디지털과 모바일로 구성된 21세기의 생존 조건에 가깝다. 공기나 물과 같은 조건인 것이다. 모모세대라는 특성이 10대의 재능의 원천이다. 따라서 미래 트렌드와 비즈니스와 문화가 이성보다 감각을 주재료로 성장할 것이라는 점은 의심의 여지가 없다. 그래서 모모세대로서 10대의 세대 능력 가운데 하나가 바로 이 남다른 감각이 된다.

우리는 감각문화의 선도자로서 10대에 대해 알아차릴 필요가 있다. 그들은 인간의 오감 중에 특히 청각과 시각 발달이 두드러진다. 어린 천재들의 이야기가 아니라 세대라는 집합적 재능의 이야기다.

10대의 남다른 감각이 돋보이는 또 다른 방향은 모든 미적 대상을 자신에게 적합하게 조화시키는 '매칭 감각'이다. 그들은 선천적으로 매칭에 목숨을 건다. 우리는 10대들이 어떻게 '핏'을 살리는 감각을 익히고 있는지 살펴볼 것이다.

마지막으로 육체적 감각기관의 감지를 넘어선 가상의 감각기관에 대해 탐색하려 한다. 모모세대로서 10대에게는 오감을 느끼는 신체 부위 없이도 마치 현실처럼 감각을 느끼는 능력이 발달하고 있다. 영화 〈매트릭스〉에서처럼 뇌 활동만으로도 실감을 느끼는 감각의 세계가 펼쳐지고 있다. 이 감각은 '포스트 10대', 그러니까 모모세대의 뒷 세대에서 훨씬 발달할 테지만 이미 다양한 징후들이 싹을 틔웠다.

22세기에 되돌아보면 21세기는 '감각문명 시대'라고 불릴지도 모르겠다. 인간은 성장의 윗 계단에 르네상스 시대 이래의 '지적 성취'보다 '미적 해탈'의 경지를 놓게 될 수도 있다. 아름다움의 안목으로 세상을 보는 데 익숙한 사람들은 모순투성이의 논리적 세계가 아니라, 단숨에 진리와 본질에 접근할 수 있는 신비로운 감각의 세계를 인간이 더 높이 도달해야 할 경지로 여길 수도 있을 것이다. 분명한 것은, 21세기 인류가 진화를 위해 시도할 확실한 목표가 지적 성취 못지않게 미적 해탈이 될 것이라는 점이다. 그리고 모모세대는 이 새로운 문화의 선도자들로서 21세기를 열어갈 선구적 세대가 될 수 있다.

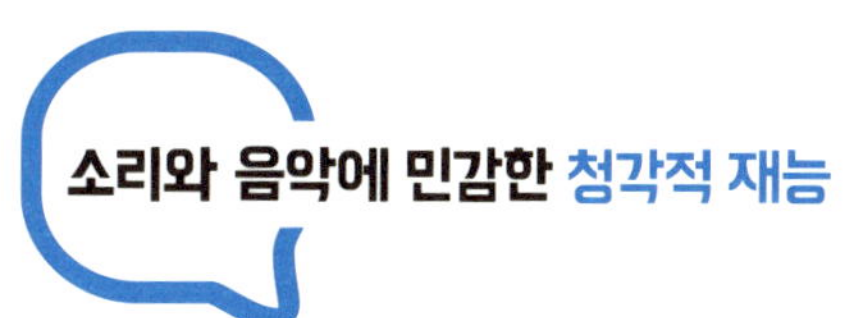

소리와 음악에 민감한 청각적 재능

"요즘 어린 친구들이 너무 음악을 잘해요."

한 오디션 프로그램에서 심사위원을 하던 가수 유희열이 던진 말이다. 오디션에 참가한 10대들의 노래를 넋 놓고 바라보다 내놓은 감탄사다. 많은 훈련 끝에 데뷔한 가수보다도 10대 아마추어들의 잠재력이 더 대단하다고 말하는 심사위원도 있다. 여기서 '요즘 어린 친구들'은 오디션에 참가한 몇몇 아이들만 지칭하는 것이 아니라는 점을 알아야 한다. 10대에 음악적 재능을 발휘한 사례는 예전에도 많다. 그러나 한 세대 전체가 음악에 조예가 깊었던 적은 없었다.

중2 남학생이 인터넷 게시판에 진지한 질문을 던진다.

제가 노래방을 친구들과 가면 생목이란 소리를 듣거든요..ㅠ 잘 하는 법을 배우고 싶습니다. 학원 가라, 내공냠냠 이런 글 싸그리 치워버립니다.

학교에서 노래방 비슷하게 해서 노래를 부를 수 있게 해놓은 게 있는데요, 그걸 저희 반이 한 2시간 정도 쓸 수 있는데...

발라드나 좀 침울한 곡을 하면 별로 안 좋아할 것 같구... 그래서 중학생이고요, 쉬는 시간이나 점심시간에 음악을 듣고 싶은데 제가 mp3가 없어요.. 폰은 내야 되고.. 크기도 크고 친구들은 예전에 산

mp3 들고 다니던데 제껀 진짜 옛날 꺼고 기능이 많이 부족해요.

음악은 그들의 일상 그 자체다. 청각이 발달하는 것은 그래서 너무나 당연하다. 평범한 친구들과 노래나 가수 이야기를 하는 지연스런 자리에서도 그들은 전문가적 감각들을 표현하곤 한다. 그렇다. 그들이 음악을 그렇게 잘하는 이유는 단순하다. 모모세대이기 때문이다. 손에 들고 다니는 1인 미디어 도구들 때문이다. 덕분에 이들은 앞선 디지털 네이티브 세대보다 더 일찍, 더 친숙하게 음악을 접한다. 엄마 뱃속에서 태교 음악을 듣는 것은 물론이고 초등학교에 들어갈 무렵이면 벌써 일부 아이들은 스마트폰의 음원 앱을 이용해 좋아하는 음악을 즐긴다.

DMC리포트의 '2013년 모바일 콘텐츠 시장의 현황과 전망' 보고서에 따르면 연령대별 스마트폰 음원 앱 이용률에서 20대에 이어 1318 연령대가 2위를 차지했다. 더 어린 7~12세 아이들의 이용률은 현재 가장 낮은 순위에 속하지만 2012년과 비교했을 때 증가하는 속도가 13% 이상으로 가장 빠르게 증가하는 것을 알 수 있다. 벌써 초등학생 4명 중 1명이 스마트폰에 음원 앱을 깔아놓고 상시적으로 청각을 단련하고 있는 셈이다.

10대가 얼마나 음악을 즐겨듣는지는 뜻밖에 소음성 난청, 이른바 '가는귀 먹은 환자'의 비율을 보면 알 수 있다. 국민건강보험공단의 발표에 따르면 전체 환자의 수가 줄어들고 있는데도(2012년 통계는 전해에 비해 13% 감소), 10대 청소년 환자는 오히려 7퍼센

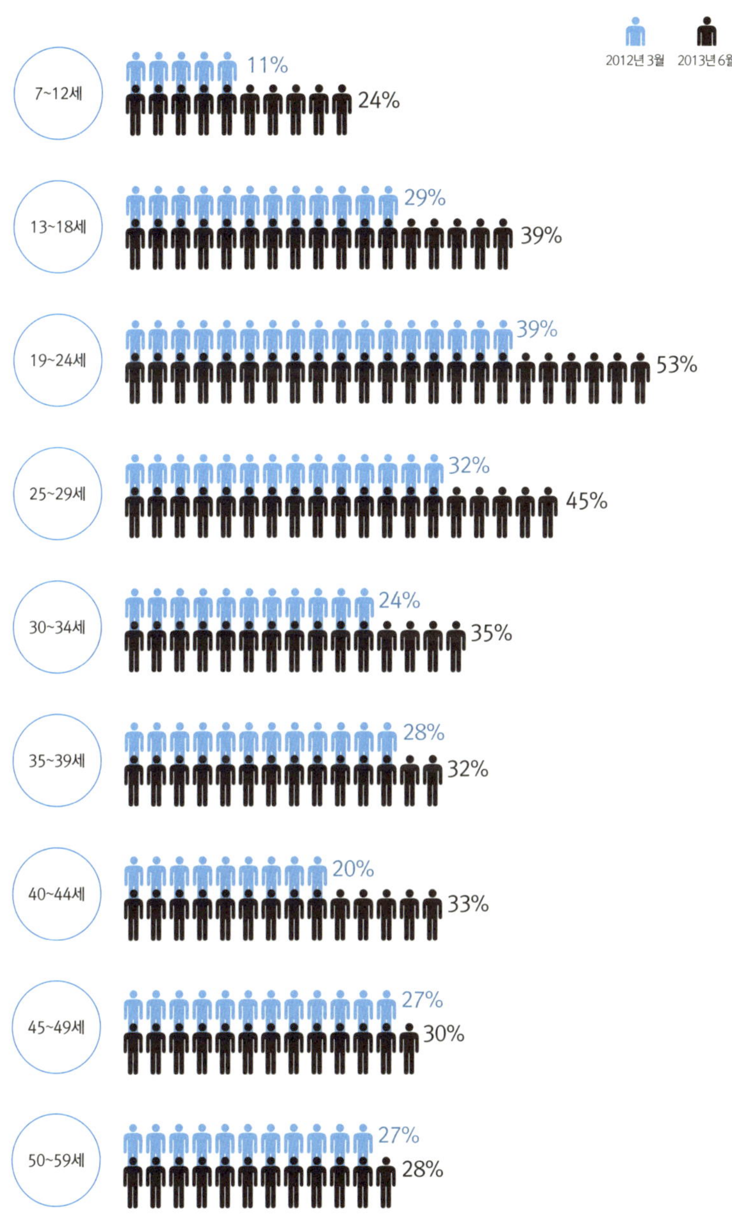

연령대별 스마트폰 음원 APP이용률
DMC리포트 '2013년 모바일 콘텐츠 시장의 현황과 전망'
2012년 3월
2013년 6월
7~12세
11%
24%
13~18세
29%
39%
19~24세
39%
53%
25~29세
32%
45%
30~34세
24%
35%
35~39세
28%
32%
40~44세
20%
33%
45~49세
27%
30%
50~59세
27%
28%

트가 는 것으로 나타났다. 60대 이상 환자의 비율이 17퍼센트인데 30대 이하 연령의 환자가 38퍼센트나 된다는 것도 인상적이다. 청각 세대들을 위한 테크놀로지의 발달이 필요할 정도다.

청각에 대한 조기 훈련 환경은 전 세계 모보세대의 공통적 현상이다. 세계적 인물이 된 1994년생 캐나다 아이돌 저스틴 비버나 13세에 호주 차트 1위를 석권한 코디 심슨Cody Simpson 같은 10대 스타 가수들만의 이야기가 아니다. 디지털과 모바일 환경이 조성된 나라들의 어린 세대들이 갖는 공통점이다. 2009년에 호주 10대들을 대상으로 한 조사 결과 그들에게 음악은 삶의 기본적인 요소다. 82퍼센트가 인터넷으로 음원을 다운받고, 83퍼센트가 하루 종일 음악을 들으며(하루 한 번은 9%, 일주일에 몇 번은 6%), 음악 없이 살 수 없다고 대답한 이가 61.3퍼센트나 된다(2009년 4~5월, 호주 12~18세 3,000명 대상 조사, 하보닷컴). 이 조사에서 나머지 31.2퍼센트는 '음악이 인생에서 아주 중요하다'라고 응답했으며 '음악 없이도 살 수 있다'(3.84%), '인생에서 별로 중요하지 않다'(3.59%)와 같은 대답은 아주 예외적인 경우였다.

10대들의 감각극장에서 청각적 자극은 마치 배경화면처럼 존재한다. 저절로 들려오는 자연의 소리보다 인간이 만들어낸 배경음악들이 하루 종일 깔린다(물론 수업시간이라는 예외는 있다). 작정하고 음악을 감상하는 시간 외에도 게임하는 동안, 동영상을 보는 동안, 웹툰을 읽는 동안, SNS를 하면서도 음악에 노출된다. 최소 둘 중 하나, 혹은 셋 중 둘은 음악 없이 사는 것을 못 견딘다. 배경화면 없이 인물만 있는 영화를 상상해보라. 컬러TV를 보다가 흑백 화면을 보는 것처럼 식상하고 지루하다. 따라서 10대의 청각적 재능은 그들이 자라나는 환경의 본질적 산물이다. 그들의 음악적 감각은 개인차에도 불구하고 어떤 세대보다 뛰어나다.

모모세대에게 음악은 특정한 소리를 가진 예술적 대상에 머무르지 않고 삶의 공간적 배경에 가까워지고 있다. 이들에게 청각적 창조물에 대한 민감도가 높아지는 것은 당연한 발전 과정이다. 이전 세대들에게 청각은 아무래도 시각적 창조물의 보조 역할을 하는 데 그쳤다. 멀티미디어라고 하지만 시각적 표현이 중심에 놓일 수밖에 없었다. 그러나 모모세대인 10대들에게는 청각 요소가 시각 요소 못지않게 중요해질 것이다. 귀에 거슬리는 소리들에 예민하게 반응할 뿐만 아니라 소리와 음악만으로도 유니크한 매력을 느끼는 신세대 소비자들의 취향을 반드시 반영할 것이기 때문이다.

빤한 음악, 단순히 유행 음악만을 틀어놓는 매장들도 더 많은 조사와 전략적 접근법을 취해야 할 것이다. 소리 때문에 잃을 소비자를 염두에 둔다면 말이다. 또한 학교의 음악 교육 수준도 더 높아져야 한다. 아티스트에 근접한 귀를 가진 아이들의 눈높이에 맞추는 교육이 필요하기 때문이다. 또 교육 목표에서도 스마트폰이나 태블릿에서 언제든 접근할 수 있는 앱 등을 이용하여 음악적 재능을 활용한 생산자적·창조자적 감성을 꽃피우도록 설정해야 한다.

넷세대 선배들이 시작한 소위 '짤'이라는 것이 있다. 짤은 자신의 게시물이 삭제되지 않게 하기 위해 올린 이미지를 '짤림 방지용'이라고 부르던 것에서 유래된 것으로, 태생부터 재미 요소를 갖고 있었다. 그러던 것이 재미있고 흥미로운 이미지들을 모두 '짤'이라고 부르게 되었고 짤만 모아놓은 '짤방', 움직이는 영상을 말하는 '움짤' 등의 파생어가 생겼다. 10대들은 이 짤을 소통의 수단으로 자주 활용한다.

자, 여기서 문제. 다음 짤을 보고 무엇을 표현하려 했는지 기술하시오.

정답은 '그때 그때 달라요'다. 어쩌면 말로 설명하려는 것 자체가 이미 기성세대라는 증거다. 이 이미지를 통해 즐겁다는 감정이 표현된 것이라고 생각하는 사람은 없을 것이다. 그러나 그렇다고 슬프다와 같은 명쾌한 표현도 아니다. 이 이미지를 짤로 공유하는 사람들 사이에는 이미 어떤 상황과 감정이 전제되어 있기 때문에 그 상황의 '쪽팔림'이나 '혼자 있고 싶어요', '우울해요'와 같은 느낌을 전달한다. '……해서 우울해요'와 같은 그 상황 전체가 직관적인 방식으로 전달되는 것이다. SNS 대화에 사용되는 수백, 수천 개의 메신저 스티커들도 소통되는 맥락은 유사하다.

10대들에게 청각적 요소가 삶의 배경이 되는 공간화를 지향하고 있다면, 본래 배경으로서의 공간적 요소가 강했던 시각적 대상들은 배경에서 튀어나와 직관적인 커뮤니케이션 수단으로 변해가고 있다. 이것은 수많은 매체가 발달하고 시각적 이미지를 바탕으로 한 콘텐츠가 진화하면서 커뮤니케이션이 직관적이고 감성적인 공유를 중요시하는 방식으로 발전하는 글로벌 트렌드와 연관이 있다.

2012년, 세계적으로는 무명이었던 가수 싸이의 B급 유머감각이 발휘된 '강남스타일' 뮤직비디오가 52일 만에 전 세계 1억 뷰를 달성했다. 이것은 이미지 커뮤니케이션 시대를 상징하는 대사건이다. 물론 노래도 좋았지만, 이 사건은 시각적 공감이 얼마나 빠른 속도로 퍼질 수 있는지 보여주었다. 그 과정에서 뮤직비디오를 보며 반응하는 자신을 찍어서 유튜브에 올린 리액션 비디오가 또 하나의 촉진제 역할을 했는데 제작자들 대부분은 10대들이었다. 또 문화적 전파의 방향도 바꿔놓았다. 글로벌 문화의 중심지가 아닌 변방에서, 역으로 중심으로 흘러들어갈 수 있었던 것도 이미지 커뮤니케이션 시대의 새로운 변화로 기록될 수 있다.

이미지 커뮤니케이션의 핵심은 직관과 공감이다. 텍스트만큼 분명하지는 않지만 무엇을 전달할 것인지 서로 이해되어야 소통이 가능하므로 직관이 발달한 사람들만이 이미지 커뮤니케이션을 자유롭게 할 수 있다. 두 개의 뇌에서 다뤘던 것처럼, 두 번째 뇌가 계속 진화하자 첫 번째 뇌는 이미지적 통찰력을 더욱 발달시키게 되었다. 이렇게 직관을 통해 획득한 내용을 공감하는 데는 일일이 말을 할 필요가 없다. 굳이 리플을 달지 않아도 '좋아요' 버튼, 혹은 조회 수, 혹은 다녀갔다는 표시, 더 나아가 적극적인 유저가 만든 패러디, 짤 퍼나르기 등으로 공감을 표현할 수 있다. 사람들은 유튜브 동영상의 뷰view 숫자를 보면서 자신의 느낌이 얼마나 많은 사람과 공유되는지 쉽게 알아낸다.

10대들은 동영상을 올리고 공감하는 재미를 일찌감치 알아버린 세대다. Q&A 사이트에 가보면 이런 질문들이 흔하다.

제가 유튜브에 미니어쳐 영상 올리려구 하는데

포핀쿠킨이랑 미니어쳐 같은 거 올리려는데

1. 목소리 있는 게 나을까요? 없는 게 나을까요? 저는 목소리 안 내고 하려고 생각중인데..

2. 좀 흔하지 않은 닉네임으로 하고 싶은데.. 뭐 꽃이 들어가는 오글거리는거 말구.

읽고 쓰고 숫자를 헤아리는 능력과 마찬가지로, 표현하고자 하는 개념을 시각적으로 다루는 능력도 인간의 보편적인 재능이다. 이것은 화가나 디자이너의 전유물이 아니라 누구나 가지고 있고 학습을 통해 발달시킬 수 있는 것이다. 영국 레딩대학교의 마이클 트와이먼Micheal Twyman 교수는 예술가의 시각적 재능과 일반인의 시각화 능력을 혼동해서는 안 되며 '시각적 측면에서 생각하고 소통할 수 있는 능력'은 보통의 학습 능력처럼 익히는 것이라고 주장한다. 즉 예술가가 되지 않더라도 시각화 재능을 발달시킬 수 있다는 것이다.

이렇게 직관과 공감에 기초한 시각적 소통에 가장 익숙하고 이런 문화를 이끌어가는 세대가 10대들이다. 들고다니는 스마트폰으로 영화도 찍을 수 있는 환경에서 자란 이들은 언어와 시각적 도구들을 동시에 익혔다. 모모세대로서 그들의 시각적 소통 능력은 그 이전 세대보다 탁월하다. 그들이 텍스트를 통해 이해하는 절차를 번거롭게 느끼는 것은 어쩌면 당연한 일이다. 직관적인 10대들은 시각적 대상을 통해 정서, 지식, 관념 등을 단숨에 공유할 수 있다. 또한 텍스트보다 오해의 소지도 적다. 따라서 10대들이 발전시켜나갈 SNS도 뭔가 다르다.

미국에서 2014년에 등장한 'YO'라는 메신저 앱을 보자. 카카

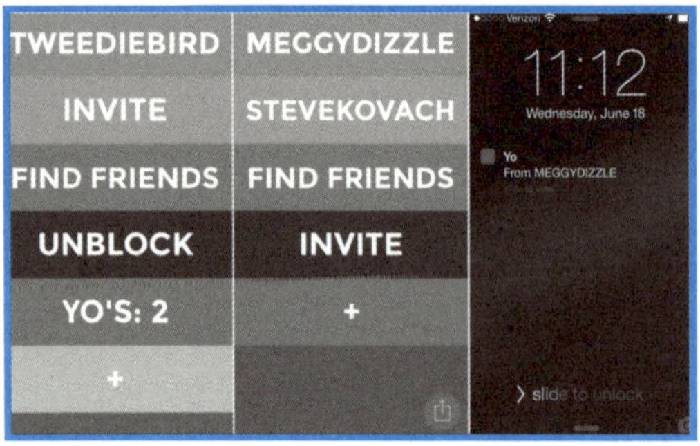

▸ www.justyo.co

오톡이나 네이버 라인 같은 메신저들이 SNS 시대를 열어가면서 등장한 이 앱은 어찌 보면 허무맹랑하다. 이 앱의 기능은 딱 한 가지인데 오직 'YO('야, 어이' 등의 의미)'라는 단어만 주고받을 수 있다. 보내는 사람이 'YO'라고 입력해서 보내면 응답자도 'YO'라고 대답한다. 다른 단어나 이모티콘과 같은 것들은 아예 입력이 안 된다. 이게 커뮤니케이션이 되냐고? 일단 성과가 대단하다. 애플 앱스토어에 공개된 지 두 달 만에 100만 명이 다운받았다. 그 사이 투자자들로부터 무려 120만 달러(약 12억 원)를 유치했다. 창업자는 이스라엘 텔아비브의 IT기업 모블리에서 일하던 모쉬 호게그다. 그는 아내나 조수를 부르는 간단한 방법을 생각하다 YO를 생각해 내고는, 동료인 개발자 오어 아벨에게 부탁해서 이 앱을 만들었다. 처음엔 '이 바보 같은 앱'을 누가 쓰겠냐고 생각했으므로 오어 아벨이 8시간 만에 뚝딱 만들었다. 두 사람은 이 앱을 4월 1일 만우절에 공개했다. 그러나 이후 두 사람은 비즈니스적으로 YO를 외치며 성공적인 기업인의 세계로 달려가고 있다.

일단은 전문가들이 평가한 대로 재미와 단순함을 인기 비결로 이야기할 수 있다. 복잡함을 아예 근원적으로 차단하고 SNS를 놀이처럼 만드는 효과가 있다는 것이다. 그러나 현실의 커뮤니케이션 방식을 닮았다는 것을 놓쳐서는 안 된다. 우리는 이미 이미지를 통해 극도로 단순성을 추구하는데 이런 경향이 텍스트조차 이미지처럼 인식하게 한다. 이 경우 YO는 텍스트라기보다는 신호등이나 초인종 같은 즉각적이고 직관적 커뮤니케이션 도구로서, 이미지에 가깝다. 그리고 이런 속성은 10대들에게 잘 어울린다. 개인적으로 나는 이 정보를 여러 명에게 전달했는데 바로 모바일에 접속해 앱을 다운받은 것은 10대 딸아이 뿐이었다. 그리고 바로 나에게 YO를 송신했다. 그 후 둘 사이에 만날 약속을 하거나 상황을 공유할 필요가 있을 때 우리는 이 앱을 사용한다. 직관적 커뮤니케이션에 익숙한 10대들은 이 단순함에 즉각적으로 반응한다.

예를 들어 팬시fancy.com라는 쇼핑몰은 사진 공유와 쇼핑을 함께 하도록 되어 있다. 회원들은 마음에 드는 사진(주로 리빙, 아이디어, 패션 상품)을 '팬시하기'라는 방식으로 자신의 계정에 담아둘 수 있다. 다른 회원들도 내 사진을 볼 수 있고 마음에 들면 '팬시하기'를 눌러 자기 계정에 담을 수 있다. 물론 구매처로 이동해 구매할 수도 있다. 이 과정에 회원들끼리 특별한 말은 필요 없다. 공감과 공유, 그것으로 끝이다. 인스타그램이나 핀터레스트와 같은 이미지 중심 SNS들이 성장한 배경도 같다. 음식 사진을 SNS에 올려놓는 것도 같은 효과다. 말하지 않고도 '좋아요' 버튼만 누르면 되는 커뮤니케이션은 무수하게 늘어나고 있다.

청소년 은어에서 발전한 'ㅇㅇ'이 있다. '응응'이라는 의미도 있지만 '닥쳐'라는 뜻도 내포되어 있다. '알긴 알았는데 대충 알았다'는 뉘앙스도 있다. 상황에 따라 여러 가지 해석이 가능한 것이다. 앞의 YO나 마찬가지다. 그냥 부르는 의미로 쓸 수도 있고, '밥 먹으러 가자'라는 이야기일 수도 있으며 '나 고민 있는데 술 한잔 할래'라는 뜻일 수도 있다. 여러 상황에서 다양하게 쓰일 수 있지만 YO 하나로 대충 알아듣는, 상황에 따른 직관적 커뮤니케이션인 셈이다.

글로벌 10대들에게 시각적 대상은 이미 커뮤니케이션의 강력한 수단이다. 페이스북이 인수한 이미지 중심 SNS인 인스타그램의 가입자 수는 2014년 초 2억 명을 넘어섰다. 또한 페이스북은 '스냅챗'이라는 이미지 기반 SNS를 30억 달러에 구매하려다 실패했는데, 스냅챗은 사진이나 동영상을 반드시 보내야 문자메시지도 같이 전달할 수 있다. 페이스북이 스냅챗을 인수하려 애쓴 이유는 이용자 층 때문이었다. 26세 이상에서는 페이스북이 모든 SNS 가운데 으뜸이지만 10대 사용자들은 이미지 중심 SNS에 강한 선호도를 보이고 있어 이 시장의 강자인 스냅챗에 눈독을 들일 수밖에 없었던 것이다.

YO나 스냅챗의 개발자는 10대가 아니지만 열광적으로 반응을 보인 것은 모모세대인 10대다. 한국의 모모세대가 키우고 있는 이모티콘, 은어들도 같은 맥락이다. 이제 직관과 공유에 기초한 시각적 소통은 모모세대의 필수 능력이 되었다. 페이스북이나 카톡에 이제야 좀 익숙해지려는 기성세대에게는 안된 일이지만 10대들의 시각적 소통능력은 브레이크 없이 발전하고 있다. 직접 대면 상태에서 영향력을 발휘하던 비언어적인 소통수단들의 전성시대다. 비대면 상태에서도 말과 글로 구성된 소통수단들을 지속적으로 뛰어넘게 될 것이다. 모모세대는 시각적 소통에 익숙해지면서 안목도 높아지고 있다. 디자인의 가치를 어려서부터 체화하는 것이다.

미래의 문화 산업, 혹은 미디어나 콘텐츠 산업이 어떤 배경과 소재를 가지게 될 것인지 궁금한가? 그렇다면 10대들이 키워나가는 감각을 보면 된다. 이 감각을 가두면 한국의 미래도 없다는 생각이 들지 않는가?

새로운 것을 자기화하는 매칭 감각

청각이나 시각과 같은 기존 감각기관의 발전도 대단하지만 더 주목할 만한 것은 10대가 가진 매칭 능력이다. '조화', '맞춤화' 정도로 해석될 수 있는 매칭의 감각은 10대를 새로운 감각적 천재들로 만들어가고 있다.

10대의 연령별 특징의 하나는 외모에 대한 관심이다. '나'라는 존재의 정체성을 확립하는 청소년기의 특성상 외모는 그 정체성의 아주 중요한 일부분이기 때문이다. 사람에 따라서는 인생에서 가장 중요한 문제일 수도 있다. 더구나 21세기는 기성세대가 이미 만들어놓은 '외모의 자본화' 시대가 아닌가. 그렇다면 여기서 불가피하게 두 가지 요소가 만난다. 즉 앞서 살펴보았던 모모세대로서의 시각적 재능과 청소년기의 외모에 대한 관심이 만나는 것이다. 바로 그 교차로에서 오늘날 10대를 가장 특별하게 만드는 새로운 감각이 태어난다. 바로 매칭 감각이다. 어떤(꼭 예쁘지 않을 수도 있는) 외모의 소유자, 어떤(마른, 날씬한, 통통한, 키가 작은) 몸매의 소유자인 자신을 특정한 장소와 어울리게, 혹은 돋보이게, 또는 적합하게 만드는 감각, 이것이 매칭 감각이다. 이 감각이 10대를 아주 특별한 세대로 만들고 있다.

여기 깜찍한 10대의 비주얼한 고민이 있다.

안녕하세요. 저는 14세 여자입니다.

제가 여름방학 때 친구와 워터파크로 놀러가기로 했어요. 그런데 제가 가지고 있는 수영복이 이제 좀 촌스러워 보이더라구요. 그래서 비키니를 구입하려고 하는데 제가 좀 마른 편이거든요. 키 155cm에 몸무게 35kg인데 혹시 저한테 맞을 만한 비키니 있을까요? 그리고 제가 절벽이라ㅜ 좀 넣을 거예요ㅋ 너무 노출이 심한 건 별로 안 좋아해서 위에 걸쳐 입을 비치웨어, 그리고 야구모자 쓰고 갈 거거든요. 제가 쓰던 모자를 잃어버려서.. 이쁜 모자도 좀 추천해주세요. 모자 디자인 튀는 거 좋아해요ㅎ 마지막으로 워터파크 갈 때 들고 갈 가방 머가 이쁜지 좀 알려주세요!

방학이 한 달이나 남았는데 고민이 많이 됐는지 일찍부터 인터넷에 올린 이 글에는 '워터파크 패션'이라는 제목이 붙어 있다. 이 소녀만이 아니라 많은 10대 소녀들이 물놀이를 가기 위하여, 놀이공원에 가기 위해 질문을 한다. 그들은 롯데월드, 에버랜드, 캐리비안베이, 서울대공원, 어린이대공원 등 아주 구체적인 장소까지 지적하면서 상황에 맞는 옷이나 액세서리, 화장법 등을 질문한다. 그리고 이것들은 10대들 사이에서 인기 검색어다.

재미있는 점은 키나 몸무게와 몸매, 취향 등을 질문 내용에 반드시 포함시킨다는 것이다. 그래야 답변자들이 좀더 상세한 코칭을 해줄 수 있기 때문이다. 답변자들도 같은 10대인 경우가 많다. 그들은 서로의 입장에 대하여 '캐공감'하기 때문에 매우 상세하고 친절한 답변을 올린다.

세대로서의 10대들이 생활 속에서 기르는 시각적 안목은 대부분 '외모'와 밀접한 관련이 있다. 이 점에 대해 비판하는 많은 기성세대들이 있다. 그러나 외모에 대한 10대의 관심은 연령적 특징이기도 하거니와 우리 사회가 외모와 권력, 부, 명예를 접착제로 바른 것처럼 붙여놓았기 때문이기도 하다.

외모지상주의는 10대들이 만든 것이 아니다. 2011년 통계를 보면 성인 1,000명당 13.5명이 성형수술을 했고(국제미용성형협회 발표 세계 1위) 시장 규모는 5조 원이다. 거기다 물방울 가슴 성형, 양악 안면 윤곽 성형, 종아리 근육 퇴축술, 페이스 리프팅 등 기성세대는 한국을 세계적 성형대국으로 만든 지 오래다. 그래서 일찍 어른의 세계를 접한 모모세대는 어른들의 시각을 그대로 받아들인다. 외모가 출중한 10대들은 자신의 경쟁력을 분명히 인식하고 있고 적극적으로 활용하는 데 주저하지 않으며 주변의 다른 10대들도 그들의 자신감에 대해 인정한다.

외모의 차이가 너무나 당연하게 차별로 되는 사회. 더구나 시각 미디어가 절정에 달해 비주얼이 너무나 중요한 시대. 외모경쟁력이 사회적 삶의 큰 자산이 되고 불특정 다수에게 자신의 가치를 표현하는 중요한 수단이 된다는 인식은 생존 본능 차원에서 10대들에게 시각적 대상에 대한 감각을 촉진한다. 기성세대들이 어릴 때에는 특별히 직업이 아닌 한 외모를 표현하는 미적 감각이 삶의 필수 역량이 아니었다. 그러나 지금 10대들은 외모를 표현하는 능력이 치열한 경쟁사회를 살아나가기 위한 필수 감각으로 인정되는 시대에 살고 있다. 그래서 그들은 질문한다. 물놀이 갈 때 어떻게 입고 가는 게 좋으냐고. 그리고 하나씩 배워나간다. 스마트폰으로 자신을 찍어서 SNS에 올려놓고 평가를 받는다. 자기 몸에 맞는 꾸미기, 즉 매칭 안목을 키워나간다. 다르게 보자면 10대들은 매일 자신과 세상 사이를 매칭하는 실습 중이다.

그러므로 외모지상주의니 하는 '씨알도 먹히지 않는 소리'를 젖혀두고 보면, 10대들은 그 어떤 세대보다 자신과 세상을 어울리게 만드는 안목에서 탁월해질 것이다. 비즈니스적 측면에서는 그들의 소비자로서의 세련된 안목 덕택에 한국에서도 럭셔리한 세계적 명품이 탄생할 수 있을 것이다. 기업들이 아주 세련된 감각을 가진 까다로운 소비자로 성장한 10대의 눈높이에 맞추다 보면 저절로 명품을 만들어낼 것이다.

개인의 안목이 뛰어날 수는 있다. 기성세대들 가운데 패션 센스가 돋보이는 사람들이 많다. 그들은 평균적인 10대들보다 많은 경험과 탁월한 안목을 갖췄을 것이다. 그러나 세대와 세대를 비교하면 10대의 압승이 될 것이다. 매칭 감각은 10대들의 자연스런 생존 조건이라는 점을 잊지 말라.

기성세대들은 이렇게 물을지도 모르겠다. 매칭 감각을 갖췄다는 것이 그리 대단한 일인가? 그렇다. 대단한 일이다. 왜냐하면 매칭 감각은 21세기 문명에서 한 국가의 잠재적 성장 가능성을 좌우할 것이기 때문이다. 이에 대한 자세한 설명은 뒤로 미루고 먼저 10대들의 매칭 감각의 실체에 접근해보자.

프랑스 아동문학가 수지 모건스턴Susie Morgenstern이 쓴 《엉뚱이 소피의 못 말리는 패션》이라는 책을 보면 항상 이상하게 옷을 입고 돌아다니는 '소피'라는 아이가 등장한다. 옷차림 덕분에 친구들 사이에서 '엉뚱이'라는 별명을 얻고 급기야 학교에서는 소피의 부모에게 경고 편지까지 전달하는데, 심각성을 깨달은 부모는 소피를 심리치료사에게 보낸다. 자신의 딸이 정상으로 돌아오기를 바라는 부모의 마음과 달리 심리치료사는 소피의 엉뚱한 옷차림에서 오히려 독특한 창의력을 발견한다. 옷 입는 감각만으로 자신의 세계관을 창조할 줄 아는 소피의 모습은 기성세대의 눈에 쓸모없어 보이는 감각이 실제로는 무한한 상상력과 창의력의 세계와 연결되어 있다는 것을 말해준다.

세계에서 가장 옷 잘 입기로 소문난 귀여운 꼬마 스타가 있다. '알론소 마테오'라는 5살 어린아이가 그 주인공인데 그의 인스타그램에는 성인 모델 뺨치는 포즈로 카메라 렌즈를 바라보는 당돌한 모습의 사진들로 채워져 있다. 알론소 마테오는 셔츠 깃을 올리고 단추 두세 개쯤 풀어헤칠 줄 아는 감각의 천재다. 놀라운 것은 어린 나이에도 불구하고 엄마의 도움 없이 본인이 직접 스타일을 연출한다는 점이다. 이런 능력 덕분에 팔로어만 현재 13만 명이다.

더 재미있는 것은 주변의 아이들 중에도 얼마든지 알론소 마테오와 같은 자질을 가진 친구들을 발견할 수 있다는 것이다.

먼저 우리는 그들이 일찍부터 정보의 바다에서 헤엄치며 자랐기 때문에 낯선 정보를 외면하지 않고 잘 받아들이는 포용력을 가지고 있다는 점을 주목해야 한다. 마인드맵으로 잘 알려진 영국의 교육심리학자 토니 부잔Tony Buzan은 《너무 익숙한 세상에서 낯선 것과 친해지는 법》에서 "당신이 변화를 받아들이면, 변화도 당신을 받아들인다. 변화는 우리 내부의 생리적인 상태와 지적 · 감각적 반응에 영향을 미친다"라고 말한 바 있다. 그런데 모모세대인 10대들은 모바일 속 열린 세상에서 만나는 낯선 것들을 받아들이는 데 주저함이 없다. 두 개의 뇌를 다룬 장에서 살펴보았듯이 이

▸ 알론소 마테오 mundofemenino.do/tag/alonso-mateo

들은 사용설명서 같은 것을 개의치 않고 일단 먼저 뛰어든다.

독일의 철학자 마르틴 하이데거는 "낯선 것event과의 우연한 만남에서 이성이 시작된다"라고 말하는데 이성만이 아니라 감성도 낯선 것과 부딪칠 때 새로운 출발을 한다. 인간은 습관적으로 반복되는 익숙한 것에는 새로운 생각이 일어나지 않고 다른 환경과 상황이 도래했을 때 비로소 머릿속에 새로운 것이 일어날 가능성이 높다. 그러므로 매일 낯선 정보를 마주하며 살아가는 10대들이 빠른 속도로 정보를 받아들이고 그것을 자기에게 맞게 소화하는 습관을 주목하지 않을 수 없다. 세대 전체가 낯선 것과의 만남에 익숙하다는 이 상황을 머릿속에 그려보라. '새로운 것을 자기화하는 감각'은 이런 환경에서 탄생한다.

모모세대는 '매칭 마스터'다. 이 매칭 마스터들은 다양한 콘텐츠를 믹스해 '세상과 자신의 조화'에 대해 일찍부터 고민한다. 외모를 소재로 시작하지만 그 감각은 삶의 모든 영역으로 확산될 것이다. 우리는 그동안 스티브 잡스처럼 낯선 것을 조합해 새로운 것을 창조한 사람들에게 충분히 열광해왔다. 그들이야말로 21세기의 위대한 창조성, 즉 디지털 창의성의 실체였기 때문이다. 반면 10대들의 외모 꾸미기에 대한 관심은 '쓸모없음'의 영역으로 치부해버리곤 했다. 이런 오해가 또 있을까?

튀어야 사는 것이 아니라 세련되어야 산다

우리 사회에서 '개성적 가치관'이 본격적으로 부상한 시기는 1990년대 중반 당시 용어로 '신세대'가 출현했을 때였다. 지금은 기성세대의 주축이지만 당시엔 물질적 풍요 속에서 '정치적 무거움'을 벗어던지고 처음으로 자기중심적인 가치관을 표출한 세대로 평가받았다. 그들은 TV 등의 매스미디어, 글로벌화로 인한 세계적 다양성의 경험, 그리고 퍼스널 컴퓨터와 인터넷 초창기 문화와 함께 성장했다. 인기 드라마 〈응답하라 1994〉에 나온 대학가 젊은이 문화가 당시를 잘 표현한다. 당시 기성세대가 이해 못한 것 중의 하나가 바로 파격적인 외모였다. 튀는 옷차림, 블리치를 넣어 포인트를 준 헤어스타일 등은 기성세대와 다르다는 일종의 영역 표시 같은 것이었다. 이때 외모는 자기주장이 강한 사람임을 표시하는 상징적 기호로서, 외면보다는 내면을 강조하던 기성세대들의 고지식함, 꼰대스러움 등을 대체하는 그들만의 새로운 언어였다. 그리고 그들은 이제 아빠, 엄마가 되었다.

이 1990년대 '신세대'는 그들의 부모 세대보다 외모 꾸미기에 훨씬 관심도 많고 이해도도 높다. 그들은 자녀에게 꾸미기 감각을 가르쳤고, 몸소 꾸미기도 한다. 그런데 지금의 10대들에게는 부모 세대와 다른 환경이 더 중요하다는 것을 미처 이해하지 못하는 것 같다. 10대들은 '튀거나 돋보이는' 감각을 넘어서서 '세련됨'이 칭

송받는 환경에서 자라고 있다. 세련됨은 단지 예쁘게 태어나는 것만으로도 부족하고, 무조건적으로 유행을 따라 하는 것으로도 구현할 수 없다. 꾸미기 분야의 유행이라는 것은 대개 선도적인 트렌드 세터들이 이끄는 생명이 짧은 현상이라 지속적이지도 못하고 무엇보다 '나에게 맞는 것'이 아닐 수 있기 때문이다. 10대들은 세련된 외모를 갖추기 위해서는 자신의 몸매나 체형이 어떤 것을 요구하는지 객관적으로 인식하는 능력을 필요로 한다. 이때 객관적인 인식을 도와주는 수단은 SNS다.

– 내 친구 다니는 학교 하복교복이 그냥 흰 반팔셔츠야 이쁜 듯 안 이쁜 듯…… 좀 먼가 일본교복 삘 나

– 그치그치 하복 예쁜 학교 진짜 드물어

이런 대화가 트위터나 페이스북, 카카오톡, 라인에는 넘친다. 타인을 평가하고 자신을 평가받는다. 그들에게 SNS는 자신의 외모를 객관적으로 바라볼 수 있는 중요한 인식 틀이다. 10대들은 노스페이스, 캐나다구스 등 유행하는 아이템을 구매한 뒤 자신이 입은 모습을 SNS나 카카오톡을 통해 친구들과 공유한다. 10대들과 인터뷰를 해보면 '아이들 중에 꼴사나운 짓'이 '자기가 입은 모습이 멋진 줄 알고 당당하게 올리는 애들'이라는 말을 들을 수 있다. SNS라는 특성상 비대면이므로 이럴 때는 돌직구(과감하게 정곡을 찌르는 말)가 날아온다. 개성이 뚜렷한 친구라기보다는 참으로 센스 없는 아이들로 비춰진다. 이 과정은 오프라인에서 친구들에게 "나 어때?"라고 이야기하는 것과는 전혀 다른 경험이다. 아주 친한 친구가 아니라면야 면전에서 돌직구를 날리기는 쉽지 않다.

또한 10대들은 연예인의 패션에 민감하지만 무조건적으로 그들을 따라하지는 않는다고 말한다. 미남 배우 김수현이 입은 옷은 김수현이었기 때문에 예쁘다는 것을 알고 있다. 이 점이 중요하다. 사람에 따라 옷을 소화하는 방식이 다르기 때문에 연예인의 스타일을 참조하되 자신에게 꼭 맞는 스타일을 찾는 것이 더 중요하다는 것은 그들에겐 상식이다. 따라서 그들은 유행하는 특정 브랜드를 사 입는 것보다 어떻게 그것을 '자기화'할 것인지를 더 고민한다.

한국트렌드연구소의 조사 결과를 보면 중·고등학생들은 패션 센스에서 가장 중요하게 여기는 것은 '다양한 스타일을 자기 몸에 맞게 믹스매치하는 능력'(63%)이라고 여긴다. 반면 타고난 외모가 패션 센스보다 중요하다고 생각하는 사람은 14.7퍼센트였다. 대체로 남자보다는 여자가, 중학생보다는 고등학생이 매치하는 능력을 높게 평가했다.

이런 현상은 한국뿐 아니라 전 세계적으로 일어나고 있다. 2013년 영국에서는 '셀피selfie('셀카'의 영어 표기)'라는 말이 옥스퍼드 사전에 등록될 정도로 셀카를 찍어 SNS에 올리는 것이 확산되고 있다. 셀카를 찍는 현상이 증가하다보니 이와 관련한 안타까운 사건도 발생한다. 모델을 꿈꾸던 영국의 한 소년은 15살 무렵 셀카 사진을 페이스북에 올렸다. 그런데 사진을 본 친구들은 '얼굴에 비해 코가 너무 크고 피부가 좋지 않다'라는 댓글을 달았다. 그 댓글에 큰 상처를 받은 아이는 그때부터 자기 마음에 들 때까지 하루에 수도 없이 셀카를 찍어댔다. 그는 셀카를 찍느라 하루에 적어도 8시간 정도를 낭비했는데 결국 학교를 다닐 수 없는 지경이 됐다. 셀카 중독 증세는 더 심해졌고 하루에 무려 200장 정도의 셀카를 찍어댔지만, 그 어떤 사진을 찍어도 만족스럽지 않자 급기야 자살까지 시도했다. 정신과 의사에 따르면 소년은 '신체변형장애'로 자신의 외모가 못생겼다는 비관을 넘어 스스로 기형아라고 인식했는데, 이런 병은 페이스북 같은 SNS에 셀카를 올리고 악플 공격을 받을 경우 더 심해질 수 있다고 경고했다.

영국 소년의 이야기는 상당히 극단적인 사례지만, 10대들은 자신의 외모를 SNS나 카카오톡을 통해 확인하는 것에 이미 익숙하다. 10대들이 주로 가는 게시판에 가보면 자신의 외모가 어떤지 물어보는 글들로 넘쳐난다. 특히 이런 경향은 단순히 얼굴에 집중되는 것뿐만 아니라 가슴, 다리, 허벅지 등 다양한 신체 부위로 전이되고 있다. 2011년부터 유행한 미국 10대 소녀들의 '허벅지 안쪽 살빼기thigh gap' 열풍도 그중 하나다. 상당히 말라야 가능한 이런 외모를 만들다보면 영양실조로 쓰러지기도 한다며 〈뉴욕타임스〉도 걱정하고 나섰다.

부정적인 면이 없지 않지만, 타인을 통한 평가는 자신의 이미지를 조금 더 객관적으로 인식하게 만드는 계기로 작용한다. 아이

Q. 패션 센스가 높다고 평가되는 요소

(단위 : %)

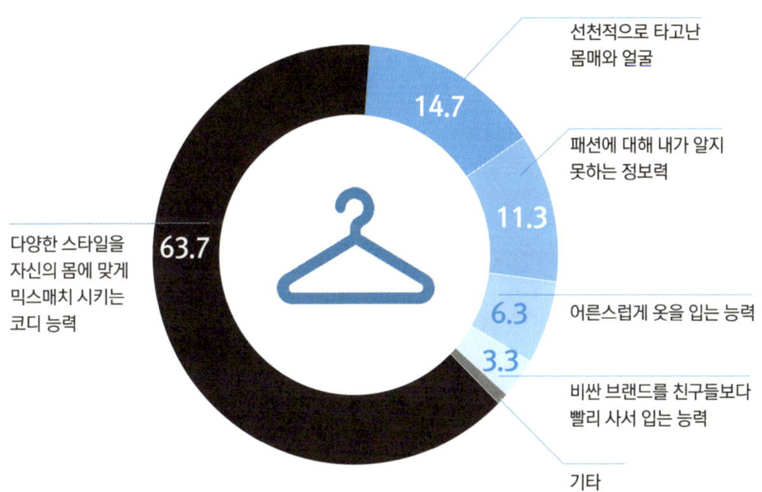

응답	남(%)		여(%)	중학생(%)		고등학생(%)	총(%)
타고난 외모	18.7	>	10.7	17.7		11.7	14.7
믹스매치 코디 능력	57.7	<	74.7	59.7	<	67.7	63.7
패션에 대한 정보력	15.7		7	12.7		10	11.3
어른스럽게 옷 입는 능력	8.0		4.7	8.3		5.3	0.3
비싼 브랜드 소유	4.3		2.3	3.3		3.3	3.3
기타	0.7		0.7	0.3		1.0	0.7
총합	100		100	100		100	100

- ▸ 코디 능력을 패션 센스로 응답한 10대 중 여성(7.4%)이 남성(52%)보다 믹스매치시키는 코디 능력을 더 중요하다고 생각
- ▸ 코디 능력을 패션 센스로 응답한 10대 중 고등학생(67%)이 중학생(59%)보다 코디 능력을 더 중시하는 비중이 높았음

들은 자신의 외모나 체형적 단점을 고려해서 전체적으로 어떻게 하면 좋은 이미지를 풍길 수 있을지 고민한다. 그러다보니 이들의 패션 고민은 10년 후까지도 고민하기에 이르렀다.

중3 졸업사진 코디 … 제가 다음 주에 졸업사진을 찍는데 교복도 입고 사복도 입고 찍는데요.. 치마나 짧은 반바지 말고 단정하고 10년 뒤에 봐도 안 촌스러운 옷 없을까요ㅠㅠ??

졸업사진 코디법에 대한 한 중학생 소녀의 귀여운 고민을 보여주는 글이다. 만일 10년 전 10대라면 당시 유행했던 패션이나 깻잎머리와 같은 스타일을 어떻게 잘 표출할 수 있을지에 대해 고민했을 것이다. 그런데 이 소녀는 무조건 유행을 좇아가다간 먼 훗날 손발이 오그라드는 경험을 할 수 있다는 것을 알고 있다.

그러나 미래의 자신이 과거를 반추해보아도 촌스럽지 않을 만한 해법을 찾기란 쉽지 않다. 10년 후에도 촌스럽지 않으려면 단정하면서도 '올드'하지 않은 세련된 감각이 필요하기 때문이다. 마치 투명 메이크업에 더 많은 시간과 공이 들어가는 것처럼 말이다. 이런 점에서 보면 세련됨에 대한 10대들의 욕망이 미적 가치를 바꿀 가능성마저 보인다. 그들은 그 어린 나이에 즉각적으로 소비되는 외모를 넘어서 남을 흔적까지 아름다울 외모를 꿈꾼다.

모든 10대가 동일한 취향을 가질 수도 없고 그럴 필요는 더욱 없다. 우리가 주목하는 것은 SNS 등을 통해 지속적인 평가를 받으며 키워가는 매칭 감각의 존재다. 이런 감각은 비오는 날 장화 패션, 졸업 패션, 목욕탕 패션, 이별 패션, 알바 패션 등 생각지도 못한 다양한 문화로 발전할 수도 있다.

장소마다 일일이 챙기는 매칭 감각

'연예인 사복 패션'이나 '공항 패션'이 뜬 이유도 매칭 감각의 훈련이라는 맥락에서 이해할 수 있다. 스타 연예인들이 공식 석상에서 입는 옷과 달리 사복 패션이나 공항 패션은 장소와 매칭된 연예인들의 일상적 패션 센스를 확인할 수 있는 좋은 기회다. 10대들은 특히 초등학교를 졸업하고 교복을 입는 중학생 무렵부터 사복 패션에 더 많은 관심을 가진다고 한다. 그때부터 매일 교복을 입기 때문에 사복이 새로움을 표현할 수 있는 중요한 수단이 되기 때문이다. 특히 10대들은 보편적으로 외모와 연예인에 대한 관심이 있기 때문에 이러한 정보에 대한 관심은 항상 즐거운 경험이자 놀이로 인식된다.

이와 같은 정보를 통해 세련된 안목을 가진 아이로 자라난 10대들에게 '패션 테러리스트'들이란 결코 용서받지 못할 자들이다. 연예인 정보에 관한 게시글에는 코디가 안티라거나 센스가 없는 연예인에 대한 뒷담화가 즐비하다. 같은 옷을 입은 연예인끼리 비교하는 사진을 통해서 감각의 차이를 평가하고 그 차이에서 자신이 소화할 수 있을 만한 새로움을 배운다. 인터넷 사용자가 편집하는 백과사전인 '엔하위키 미러' 사이트에 따르면 패션 테러리스트란 '대부분 자신이 부끄럽지 않다 생각하지만 남들이 보기에 그렇지 않은 사람들'이다. 패션 테러리스트를 만나면 옷을 사주고 싶다거나 심지어 군복이나 교복을 추천하고 싶은 충동을 느낀다고 한다. 만일 얼굴이 괜찮은 사람이라면 얼굴값 못한다는 평까지 듣게 된다. 따라서 10대들은 믹스매치 감각에 더 주목하며 부단히 연습할 수밖에 없다. 수준 이하의 패션 센스는 그 사람의 외면과 내면 전체를 망치는 길이라는 것을 잘 알기 때문이다.

10대들이 자주 가는 '파라노말www.paranormal.kr'이라는 쇼핑몰에 가면 다음과 같은 재밌는 문구를 발견할 수 있다.

싸구려 같지만 편하구려, 이태원 갈 때 입고 가면 훈남 미국 오빠한테 번호 따임, 바람 불 때 스커트는 펄럭펄럭 훈남들의 심장은 콩딱콩딱, 주의 도시가스배관, 번화가 미용실 언냐 신발

모두 이 쇼핑몰에서 판매되는 옷에 붙은 이름들인데 '바람에 펄럭이는 치마'는 훈남들의 심장을 콩딱 뛰게 하는 머스트해브must-have 아이템이고 '편하게 입을 수 있는 배바지'는 도시가스배관공의 작업복을 연상시키니 주의하라는 것이다. 이 쇼핑몰은 오

여자수학여행코디	여자10대쇼핑몰	여학생스타일	10대여자	예쁜스쿨룩
10대남자가발	롯데월드코디	20대옷가게	얼짱교복패션	스쿨패션
유명10대쇼핑몰	스쿨룩쇼핑몰	20대초반생일선물	여고생패션	여성간지
여고생옷추천	십대쇼핑몰	10대매장	10대여자정장	10대옷파는곳
소풍코디추천	10대코디	10대옷매장	학교패션	빈티지스쿨룩
서울대공원코디	10대유행패션	30대100일선물	워터파크패션	10대놀이동산코디
어린이대공원코디	10대패션	온라인옷가게	에버랜드패션	중학생옷추천
교복치마이쁘게입는법	놀이공원코디	10대100일선물	10대옷사이트	놀이공원패션
어린이대공원패션	중학생옷	30대초반생일선물	훈녀스타일	10대옷가게
롯데월드스타일	10대옷	롯데월드훈녀코디	여학생옷	30대생일선물
놀이동산스타일	놀이동산코디	놀이공원훈녀코디	여고생코디	저렴한10대여자쇼핑몰
교복간지나게입는법	여고생사이트	훈녀에버랜드코디	여중생옷	10대싼쇼핑몰
오션월드스타일	싼10대쇼핑몰추천	서울랜드패션	여중생코디	10대쇼핑몰추천
예쁜교복패션	10대봄패션	중학생의류쇼핑몰	10대놀이공원코디	10대봄코디
여자수학여행패션	키작은여자옷	10대쇼핑몰	워터파크코디	빈티지샵
에버랜드스타일	롯데월드패션	10대여자쇼핑몰	소풍코디	10대의류쇼핑몰추천
소풍갈때입을옷	춘추복이쁘게입는법	키작은여자쇼핑몰	수학여행옷	여학생코디
여고생스타일	여자중학생옷	10대쇼핑몰싼곳	십대샵	캐리비안베이코디
10샵	10대여성의류	싼10대쇼핑몰	오션월드패션	10대구제옷
스쿨코디	수학여행패션	중학생쇼핑몰	10대봄	20대100일선물

▸ 조희영, 2013년 네이버 10대 관련 키워드 조회수 상위 100

늘 어떤 옷을 선택하느냐에 따라서 당신의 이미지가 바로 이렇게 형상화될 것이라고 속삭인다. 10대들이 어디에 민감한지를 잘 알고 표현하는 센스 있는 쇼핑몰이다.

10대들에게 장소에 따른 매칭 감각은 둘로 나뉜다. 교복을 입어야 하는 장소와 그렇지 않은 장소다. 일반적으로 교복을 입지 않을 때가 더 신경 쓰이는 것은 사실이지만 교복 패션에 대한 관심도 지대하다.

위의 표는 2013년 10대들이 패션에 대해 네이버에서 검색한 주요 키워드를 선별한 것인데 두 가지 유형으로 나뉜다. 교복에 어울리는 '스쿨룩'과 '외출할 때 어울리는 패션'이다. 10대들은 서로

간의 차별화를 시도하더라도 또래 친구들 사이에서 예쁘다고 인정할 수 있는 카테고리 범주 내에서 작동한다. 예를 들어 노스페이스는 교복에 무난히 어울리면서 다른 옷과 믹스매치하기 좋은 아이템이다. 중학교 남학생 사이의 필수 아이템 '카파 트레이닝복'은 운동복이 아니라 외출할 때 다른 아이템과 매치하기 무난한 외출복으로 자리한 지 오래다.

앞서 소개했던 〈패션왕〉이라는 웹툰을 보면 다음과 같은 장면이 나온다. 학교의 패셔니스타인 김원호는 자신만의 교복 패션을 선보이는데 다른 친구가 김원호의 패션이 멋진 이유를 다음과 같은 말로 표현한다.

"기본을 지키면서 배기핏의 팬츠로 지루함을 피했다. 그리고 하이브랜드 스니커즈로 마무리."

기성세대의 눈엔 그저 교복 바지에 흰 티셔츠를 입은 것 같지만 실제로는 튀지 않으면서도 세련된 감각의 비밀이 숨어 있는 것이다. 이 대사에는 같은 것 같지만 차별화된 가치를 추구하려는 10대들의 욕구가 동시에 스며들어 있다. 같은 교복을 입더라도 어떻게 소화하느냐에 따라 얼마든지 다른 스타일을 완성할 수 있다는 이야기다.

이와 비슷한 모습은 미국 10대들에게도 발견된다. 미국 여자 아이들에게 화장은 매우 일반화된 것인데 요즘에는 '눈썹 게임 eyebrow game'이 유행이라고 한다. 텀블러에서 '눈썹 게임'이라는 단어를 쳐보면 요즘 미국 10대들이 쿨하다고 생각하는 다양한 눈썹 이미지를 확인할 수 있다. 과거처럼 가늘고 긴 눈썹보다 굵으면서 강한 이미지를 주는 눈썹이 인기다. 똑같아 보이는 눈썹 사진을 왜 저렇게 올릴까 하는 궁금함이 들 수도 있지만 진하고 강렬한 눈썹 화장이라는 공통점을 빼면 소화하는 주체들마다 개성이 있기 때문에 아이들은 작은 차이에서도 다르다고 느끼는 것이다.

이처럼 10대들은 자신들이 소비하고 꾸밀 수 있는 한계 범위를 잘 알고 있기 때문에 그 범주 내에서 작은 차이를 만들어나간다. 차이를 만들기 위해서는 다른 컬러 간 조합, 올드한 아이템과 새로 구입한 아이템의 조화, 개성이 없는 의상에는 포인트를 주는 액세서리 간의 믹스매치 감각이 필요하다.

핏을 살리기 위한 지옥훈련

상황이 이렇다보니 우리가 알고 있는 유행의 개념도 10대들에게는 다르게 수용된다. 조사에 따르면 대부분의 아이들은 모방을 통한 소비보다 자신의 판단에 따라 소비한다고 생각한다. 따라서 유행을 따르는 소비도 집단 소속감이나 모방 심리보다 자신의 미적 기준에 의한 것이라고 여기는 경향이 나타난다. 여기서 '예쁘다'는 판단의 기준이 유행을 단순히 따르는 것보다 더 중요하다.

자신에게 그런 판단력이 있는가라는 것이 10대들의 고민이다.

10대들의 주요 검색어가 고스란히 반영되는 것이 바로 '훈녀생정', '훈남생정' 블로그들이다. 트렌드의 성장 과정에는 트렌드 세터들의 활약이 있는데 10대 세계에서 이 블로그들의 역할이 바로 그것이다. 이 블로그들의 목적은 다양한 패션 코디 정보나 뷰티 노하우를 전수하는 것이다. 중학교에 입학하면 알아두어야 할 교복 코디 상식과 각 계절별 코디 방법, 훈녀가 아닌 '흔녀(결혼한 여자)'도 어울리는 코디 정보 등 다양한 뷰티 정보가 들어 있다. 특히 일반적으로 빈약한 10대의 주머니 사정을 고려해 저렴한 아이템으로 예쁘게 입을 수 있는 노하우나 특정 제품의 가격 정보까지 자세히 제시되어 있다.

인터넷에 개설된 많은 카페에서는 좀더 왁자지껄하게 정보들이 교환된다. 여학생들이 많이 가는 카페 중 하나인 '쭉빵 카페'나 '뉴빵 카페'에 가면 다양한 외모 관련 고민들을 만나볼 수 있다. 그중에서 가장 일반적인 고민은 '오늘 뭘 입을까? 이렇게 매치해 입으면 예쁠까요?'다. 아예 '이 옷엔 멀입지'라는 게시판이 따로 마련되어 있을 정도다. 꾸민 듯 안 꾸민 듯 학원 코디, 결혼식 코디, 데이트 코디, 서울 가는 데 입고 갈 코디 등 10대들의 일상에서 쉽게 마주칠 수 있는 코디 정보가 올라온다.

SNS, 블로그, 카페, 그리고 매일 마주치는 친구들 등의 경로를 통해 수다와 돌직구들이 날아다닌다. 매칭 감각의 지옥훈련장이다. 이런 매칭 감각 훈련의 목표 가운데 하나는 '핏fit'이다. 핏의 용례를 보면 '핏이 살아야 스타일이 산다', '나만의 핏', '남성 반팔티 어떤 핏이 좋을까요?' 등이다. 영어 의미는 '(모양, 크기가 어떤 사람에게) 맞다, (어느 장소에 들어가기에) 맞다' 등의 뜻을 가진다.

10대들은 '옷의 태'를 지칭하는 '핏'을 상당히 중시하는 태도를 보이는데, 흔해 빠진 청바지도 핏에 따라 스타일이 사느냐 죽느냐가 결정된다는 것이다. 10대들이 닮고 싶어하는 워너비 중 하나인 아이돌 가수 지드래곤은 '자기만의 핏'이 무엇인지 보여주는 대표적인 패셔니스타다.

재미있는 것은 핏에 대한 감각이 여학생보다 오히려 남학생들에게 더 예민한 주제라는 것이다. 남학생 패션의 중심은 바지에서부터 시작되는데 이런 탓에 남학생들은 교복바지 통을 줄여 다리 핏을 살릴 수 있도록 입는 것이 대세다.

심지어 남학생들 사이에서는 바지 통을 너무 줄인 탓에 다리가 들어가지 않아 발에 비닐팩을 끼워 바지를 입는다는 우스꽝스러운 노하우가 인터넷에 돌아다닐 정도다. 더 재미있는 것은 남학생들이 자주 가는 패션 게시판에 가보면 '허벅지'에 대해 고민하는 사람이 생각보다 많다는 것이다. 남성성의 상징인 허벅지를 가지고 왜 고민을 하는지 이해가 안 되겠지만 허벅지가 굵으면 바지 핏이 잘 안 살기 때문이란다.

급기야 '남자의 기본 코디는 핏의 비율이다'라는 말까지 등장한다. 키가 작거나 얼굴이 크거나 허벅지가 뚱뚱하면 그 어떤 옷을 입어도 예쁘지 않다. 핏을 살리기 위해 남학생들도 자신의 체형과 비율에 대해 진지하게 고민해야 할 때가 온 것이다. 일본에서는 요즘 10대들이 원하는 마른 체형의 남성들을 빌어 '호소마초'라고 부른다. 이 유형의 남성들은 길고 날씬하며 호리호리한 몸매를 가졌다. 게다가 옷맵시를 살릴 수 있는 패션 아이템인 '근육'까지 있다면 그야말로 일석이조다. 10대들에게는 근육도 핏을 상징하는 아이템의 하나인 것이다.

짐작하겠지만 대부분의 10대들은 만족할 수 없는 몸의 비율을 갖고 있다. 몸의 비율은 그대로 옷의 핏으로 전이되게 마련이다. 몸의 비율이 안 좋은 사람일수록 옷의 핏을 살려야 한다. 허벅지가 굵고 상체가 마른 사람이라면 하의를 날씬하게 입고 상의는 헐렁하게 입어 전체적인 조화를 꾀해야 한다. 이렇듯 학생들은 자신만의 핏을 찾기 위해 비율에 대한 안목을 길러나간다.

이러한 남학생들의 니즈를 채워주는 특별한 브랜드도 있다. '누디진'이라는 브랜드는 학생들이 운영하는 SNS나 패션 커뮤니티에 자주 올라오는데 자신의 체형과 일상생활에 맞게 자기만의 핏이 만들어진다는 컨셉의 브랜드다. 어떤 라이프스타일을 가졌느냐에 따라 청바지 워싱이 자연스럽게 들어가 단 하나밖에 없는 자신만의 청바지가 완성된다고 한다. 한 교복업체는 청소년 체형을 연구한 프로젝트의 결과 10대가 교복을 선택할 때 슬림핏을 중시한다는 것을 알게 되었다. 그래서 2014년부터 날씬하고 키가 커 보이는 효과가 나도록 고객의 체형과 인체 비례에 딱 맞는 교복을 잇따라 선보이고 있다. 이처럼 지금의 10대를 직접 겨냥한다면 매칭 감각과 핏에 대한 고민을 적극적으로 반영하는 것이 대단히 중요한 마케팅 포인트다.

'아름다움은 대상 그 자체에 있는 것인가, 그것을 보는 내 마음속에 있는 것인가?'

이 오래된 미학적 질문에 대해 10대들은 객체와 주체를 어울리게 해서 핏이 살 때 아름다움이 완성된다고 말하는 듯하다. 그들의 미적 감각과 시각적 재능은 객체를 그 자체로만 평가하는 정적인 판단보다 '장소와 시간, 상황에 얼마나 어울리는가, 적합한가'라는 동적인 판단과 함께 성장한다. 물론 이런 감각은 아직 미완성이고 무조건적인 일반화도 조심해야 한다. 더 뛰어난 성취를 보이는 사람과 그렇지 않은 사람 사이의 격차도 매우 크고, 또 동년배의 일반적인 상황이라고 해도 그것을 거부하거나 가치 지향이 다른 사람도 얼마든지 있을 수 있다. 그러나 외모자본화 시대와 모모세대라는 10대 일반의 보편적인 성장 배경은 그들이 매칭 감각에 몰두하지 않을 수 없는 자극제 역할을 한다.

이렇게 해서 매칭 감각은 역사적 세대로서 10대의 특징이 된다. '오늘 나 어때?'라는 질문은 누구나 던질 수 있지만 10대에게는 그들만의 미래를 만드는 무기가 된다. 10대의 매칭 감각은 향후 그들이 생산자와 소비자로서 성장했을 때 얼마나 무한한 가능성을 보여줄지 궁금하게 하는 잠재력이 아닐 수 없다.

외부의 자극을 10대만큼 미묘하게 수용하는 세대가 또 있을까? 이들보다 어린 세대는 아직 수용 주체인 자아가 분명하지 않기 때문에 거의 있는 그대로 외부자극을 받아들이고, 그보다 나이 든 세대는 호불호의 기준이 자리 잡아 수용과 거부가 뚜렷해진다. 그러나 10대는 모든 면에서 미성숙하면서도 동시에 자존심도 강한 주체로서 혼돈과 질서의 가장자리에 있는 존재들이다. 이 시기에 그들이 어떤 주체로 성장하고 정체성을 형성하는가 하는 점은 이후의 삶에 커다란 영향을 줄 수밖에 없다.

그들만이 느끼는 가상의 감각

마지막으로 하나만 더 짚어보자. 10대들의 감각극장에는 청각, 시각적 진화나 매칭 감각의 발달 말고도 성장중인 미완성의 감각이 하나 더 있다. 설명하기 어렵지만, 10대들의 감각이 분명히 빛을 낼 수밖에 없는 묘한 감각의 세계가 있다. 바로 현실과 가상의 결합으로부터 발생하는 혼돈의 세계, 오감의 차원을 넘어선 비현실적 원격 감각의 세계다.

우리는 디지털 기술의 발전으로 인해 눈, 코, 입, 귀, 피부가 아닌 뇌를 통해 원격 현실을 실감하는 경험의 세계로 가고 있다. 이 세계에서 뇌는 현실과 원격의 가상현실을 동시에 경험한다. 여기 실제로 없는 것과 실제로 있는 것이 겹쳐지는 경험, 실제로는 없는

데 실제보다 더 생생하게 느껴지는 경험을 하게 된다. 그런데 이 낯선 경험에 대해 누구보다 익숙한 세대가 바로 모모세대다. 왜냐하면 이 가상의 세계를 경험하는 가장 중요한 도구가 바로 스마트폰이기 때문이다.

필자는 2010년 말,《핫트렌드 2011》에서 '혼혈감각'이라는 키워드로 이 트렌드적 변화에 주목한 바 있다.

> 2010년 6월, 스티브 잡스가 아이폰4를 발표하면서 시연했던 자이로스코프 기술. 잡스는 시연장에서 조각조각 쌓아올린 나뭇더미에서 나뭇조각들을 빼내는 장면을 보여주었다. 그가 아이폰4를 쥐고 빙글빙글 돌면 화면 안의 나뭇더미 주위를 직접 도는 것이 되고 전후좌우, 위아래 어느 각도로 움직이든 자이로스코프 센서는 이를 감지했다. 이 동작감지 센서는 우리가 일찍이 닌텐도 위Wii에서 경험했던 현실과 가상의 연결 경험을 새로운 차원으로 격상시켰다. 이것은 결코 평범하다고 할 수 없는 감각적 경험이다.

이보다 앞서 아이폰에서는 여러 종류의 증강현실 어플들이 나왔다. 예컨대 주변 1킬로미터, 3킬로미터, 5킬로미터 이내의 지하철역을 찾아주는 '어디야odiyar'라는 어플이 나온 것은 2010년이다. 아이폰 카메라로 비추면 어느 방향에 지하철이 있는지 눈 앞의 화면 위에 점으로 겹쳐져 표시되고 아이폰을 눕히면 지도가 나타난다. 이런 초창기 증강현실 어플은 위치기반 형식으로 발전을 계속

하고 있다.

더 나아가 스마트폰과 연동해 아예 웨어러블 기기로 독립한 구글 글래스도 있다. 구글 글래스를 끼고 요리를 하다가 음성명령을 내리면 바로 사진이나 동영상을 찍을 수 있다. 이메일이나 문자메시지가 왔을 때 알람이 바로 눈앞에 뜬다. 이것도 현실과 가상이 혼합되는 경험을 제공하는 것은 마찬가지다.

3D 뷰어도 스마트폰을 중심으로 발전하고 있다. 구글이 내놓은 '카드보드cardboard'나 아이폰용으로 일본에서 나온 '하코스코'는 간단한 설계도를 다운받아서 사용자가 직접 제작할 수도 있는 골판지 3D 뷰어다. 스마트폰에 골판지 박스를 씌운 형태로 손쉽게 제작할 수 있다. 극장에서가 아니라 스마트폰으로 현실보다 박진감 넘치는 3D 영화를 볼 수 있다.

증강현실, 자이로스코프, 동작인지 센서, 3D, 인터랙션 광고, 뇌파게임, 3센티미터 크기의 원으로 둘둘 말 수 있는 OLED 패널 등은 이미 나와 있는 기술이고 앞으로도 하이테크 영역에서 새로운 기술들이 계속 출현할 것이다. 더구나 사물인터넷Internet of Things 시대가 눈앞에 다가왔다. 우리는 존재하는 모든 사물들이 저마다 칩을 달고 인간의 선택 없이도 서로 반응하는 세계를 보게 될 것이다. 스마트폰 혹은 어떤 새로운 디지털 디바이스를 통해 우리는 가상현실이 아니라 현실 속의 사물을 원격으로 움직이는, 현실의 가상화라는 세계로 나아갈 것이다. 이 명백한 기술 혁명의 요소들은 우리가 상상했던 미래 그 이상으로 새로운 세상을 만들어갈 것이다. 그러나 이 새로운 감각의 세계를 이끄는 것은 물론 10대가 아니다. 이 첨단기술의 영역은 대기업이나 연구소가 이끌고 있다.

그러나 이 기술들이 어떻게 활용될 것인가라는 문제는 이것을 수용하는 사람들, 즉 소비자의 니즈에 달려 있다. 삼성이나 애플 등 수많은 IT 기업들이 웨어러블 기기의 성장에 생명줄을 대고 있는 상황인데 그 변화의 방향은 10대들이 쥐고 있을 가능성이 높다. 왜냐하면 모모세대는 가상현실을 현실과 똑같이 이미 존재하는 환경적 요소로 받아들인 사람들이기 때문이다. 가상의 실재와 물리적 실재를 구분하는 것에 굳이 문화적 충격 같은 것을 들이대지 않는다는 것이다. 오히려 그 둘이 함께 있는 것을 자연스럽게 여기고 반응한다. 따라서 모모세대는 이 새로운 세계의 진정한 소비자이며 그들의 감각적 반응에 주목하는 것이 웨어러블의 미래를 점치게 만들 것이다.

지금까지 모모세대의 감각극장을 잘 감상했는가? 이들이야말로 21세기 감성 문명의 선도자라는 사실을 확신하는가? 시각, 청각, 매칭 감각, 가상 감각에 이르는 감각적 진화는 디지털 네이티브에서 모모세대로, 또 그 아랫세대로 내려가면서 계속해서 진행될 것이다. 새로운 미의 세계, 미의 시대가 열린 것이다.

우리가 몰랐던
모모세대 이야기

아이가 아동복을 디자인하다
: 매칭 감각의 천재

세실리아 카시니Cecilia Cassini는 6살 때 할머니에게 생일선물로 받은 재봉틀로 바느질을 배웠다. 9살 때인 2011년에 자신의 이름으로 디자인된 옷을 내놓았다. 그녀는 직접 옷을 만든다. 세계적인 모델 하이디 클룸이나 가수 마일리 사이러스도 그녀의 고객이다. 세실리아 카시니는 언론과의 인터뷰에서 이런 말을 했다.

> 어른들은 종종 아이들이 여전히 세련되지 못한 감각을 가지고 있다고 생각하며 옷을 만든다. 그래서 나는 아이의 눈으로 아이들을 위한 매우 현대적이고 최신 유행의 패션을 만들고자 한다. 나는 내 또래 아이들이 입고 싶어하는 것이 무엇인지 알고 있다.” 〈Taking on the Giant〉 2013. 5. 22

2012년에는 아동복 매장에서 첫 비공식 신작 발표회를 열었다. 3시간 만에 50벌이 팔려나가 큰 인기를 끌었다. 그리고 현재까지 500개가 넘는 자신만의 창작 디자인 옷을 가지고 있다. 이른 성공일 수도 있지만 나름대로의 철학이 확고하다.

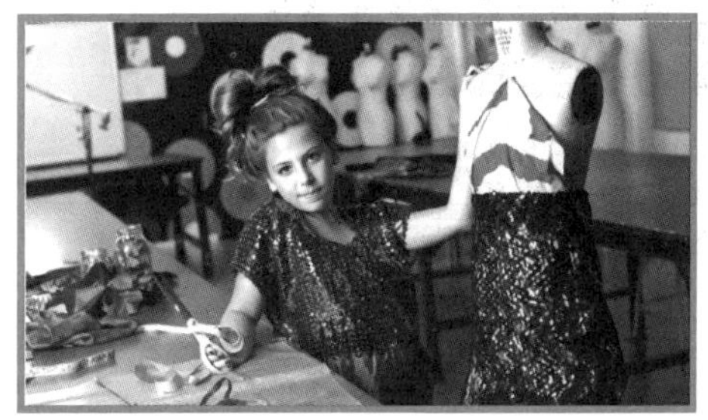

“나는 언제나 패션 디자이너가 되고 싶었다. 내 생각에 우리가 나이들 때까지 기다릴 필요는 없는 것 같다. 난 바로 움직여야 한다고 생각한다. 그래서 내 꿈을 쫓았고 다른 어린 소녀들도 그들의 꿈을 쫓아가길 바란다.”

이 당당한 디자이너는 초등학교 선생님들의 초청을 받아 아이들에게 자신의 이야기를 들려주고 있다. 그들에게 꿈을 이루기 위해 도전할 용기를 주기 위해서다. 게다가 아이들을 위한 자선재단도 만들었다.

어떤 사람들은 세실리아 카시니에게 ‘패션계의 모차르트’라는 별명을 지어주기도 한다. 천재의 이야기인 것은 분명한 것 같다. 그러나 그동안 천재란 대개 음악, 미술과 같은 예술 분야나 수학, 과학과 같은 수리적 영역에서 주로 탄생했다는 것을 생각해볼 필요가 있다. 패션에서의 천재란 실용적인 미적 감각의 천재라는 의미다. 단지 아름다운 옷을 만드는 것이 아니라 다른 사람들의 욕구나 동기를 읽어야 하는 실용적 감각의 천재다. 남다른 실용적 매칭 감각의 재능을 키워가고 있는 모모세대의 탄생과 세실리아 카시니가 겹쳐지는 대목이다. 모모세대들 가운데 수많은 천재들이 탄생할 조짐이 아니겠는가.

6장

모모세대의 문제해결

: 공유하고 공감하고 협업하기

중학교에 올라가면 꼭 알아야 할 것들

수학여행 가서 핸드폰 안 뺏기는 방법

머리 떡졌을 때 응급처치법

왕따 안 당하는 방법

중고거래 사기당하지 않는 방법

•
•
•
•
•
•

작고 사소하더라도
다른 사람들에게 유용하다면
지식과 노하우를 나누는 10대들

여럿이 협력해서 문제를 해결하는 집단지성
모모세대는 본능적으로 공감하고 함께 해결한다

의사소통, 공감 능력, 관계 설정, 원격 토론, 업무 공유, 상호 신뢰……

걸어다니면서도 수학 문제 풀이법을 공유하고
일상 속 작은 능력도 전문가처럼 제안하는 그들

**모모세대는 협업적 문제해결 능력이라는
강력한 힘을 길러가고 있다**

모모세대는 마치 걸음마를 배우듯 일상 속에서 네트워크와 공감의 효용을 배운다. 그리고 협력이 얼마나 강력한 문제해결능력인지를 알게 된다. 이런 환경은 기성세대들과 크게 다르다. 기성세대는 한국의 고단한 성장사와 더불어 '하면 된다' 같은 저돌적인 문제해결 능력을 키워왔다. 그러나 1990년대 중반 이후 태어난 모모세대들은 그와는 크게 다른 환경에서 태어나 다른 종류의 문제해결 능력을 키우고 있다.

부실한 급식 문제에 학생들이 어떻게 대처하는지를 살펴보면 모모세대로 자란다는 것이 문제해결 능력에 끼친 압도적 영향을 이해할 수 있다. 그것은 단지 세 가지 단계로 이루어진다.

먼저 손 안의 네트워크로 접속해 호소한다. 알다시피 92퍼센트의 학생들이 스마트폰을 쓰기 때문에 누구나 언제나 어디서나 최초의 고발자가 될 수 있다. 두 번째 단계로 그 고발, 혹은 호소가 일리가 있고 논거가 충분하다면 공감이 네트워크로 전파된다. 일단 공감 전염이 시작되면 여름 장마에 계곡물 불어나듯 숫자가 순식간에 늘어난다. 그러면 세 번째 단계인 협력을 통한 문제해결로 넘어간다. 여럿이 관심을 가지게 되면서 힘을 모으고 아이디어가 넘치기 시작한다. 미디어가 관심을 가지게 되고 여론과 이슈가 넘쳐나고 자연스럽게 문제해결 능력을 갖게 된다. 결과가 충분히 만족스럽지 않을 수는 있다. 그러나 혼자 아무리 억울함을 호소해도 할 수 없는 일을 알지도 못하는 사람들과 손쉽게 협력할 수 있는 방안으로서 이보다 훌륭할 수는 없다. 이런 경험을 통해 모모세대는 타고난 협력자로 자라고 있으며 이것은 미래 사회 주역으로서 그들의 강력한 세대능력이 될 것이다.

방금, 정말로 이 글을 쓰는 도중에 트위터에 올라온 급식 사진을 보고 왔다. 제목은 이렇다.

이것이 바로 우리학교 급식 클래스!!!

10대들 사이에는 학교 급식을 찍어 SNS에 공유하는 것이 거의 놀이문화다. 이렇게 올라온 급식 사진은 대개 충분한 급식비를 받으면서도 너무도 부실해 보이는 모습들을 담는 경우가 많다. 이런 사진을 본 또래들은 그들의 분노에 쉽게 동참하고 공감이 파급된다. 사실은 SNS에서 급식 사진이 여러 번 이슈화되면서 국내 학교의 부실 급식 문제는 조금씩 완화되는 추세다. 이 같은 과정을 거쳐 10대들은 특정한 그룹, 특정한 연대나 조직화 없이도 자신들의 문제를 해결할 수 있다는 것을 알게 되었다. 공유와 협력을 통하면 어른들과도 싸울 수 있다는 것을 익혀가고 있다.

재미있는 것은 학생들의 급식문화를 공유할 수 있는 다양한 스마트폰 어플들이 생겨나고 있다는 점이다. 물론 이런 어플들은 10대를 타깃으로 어른들이 만드는 것이다. 그 중 하나인 '급식톡'은 자신이 속한 학교 식단표를 매일 받아볼 수 있고 일간 주간으로 나누어 메뉴에 대한 평가와 댓글을 달 수 있다. 특히 전국 단위로 급식 랭킹전을 실시하는데 꽤나 흥미로워 보인다. 식단표에서 친구들이 평가한 내용을 토대로 매주 전국 베스트 급식을 선별해 급식이 맛없을 때는 적나라한 비판을, 맛있을 때는 적극적인 칭찬을 하며 더 좋은 급식이 나오길 요구한다. 이 앱의 개발자는 신이 났는지 버전을 계속 늘렸는데 '초등학교-최급식', '중학교-장급식', '고등학교-김급식'이라는 식이다. 이 밖에도 '모두의 급식', '후다닥 급식', '아이엠스쿨' 등 다양한 급식 어플들이 10대를 유혹하고 있다. 이런 상호작용은 모모세대의 삶에 지속적 영향을 미치게 된다.

학생 신분이라면 누구나 급식이라는 일상을 피해갈 수 없다. 급식이 없던 시대를 경험한 기성세대도 지루한 하루 일과 중 유일하게 즐거운 시간이 바로 점심시간이었다는 것을 기억할 것이다. 그것은 요즘 학생들도 마찬가지다. 따라서 급식에 대한 문제는 가장 일상적 상황에서 10대들이 발견할 수 있는 '문제'이며, 이 문제를 해결하고자 하는 것은 당연한 수순이다. 그리고 그들에겐 손 안의 네트워크라는 협력적 해결수단이 있다.

유사한 상황은 해외에서도 나타난다. BBC 등을 통해 보도되고 널리 화제가 된 영국 소녀 이야기도 그 중 하나다. 마사 페인Martha Payne이라는 영국 스코틀랜드의 9살 소녀는 2012년에 '네버세컨즈'라는 블로그 운영을 통해 학교에서 제공되는 2파운드(약 3,600원)짜리 급식 사진을 올렸다. "자라나는 소녀에게 크로켓 하나로는 부족해요"라는 메시지는 많은 사람의 마음을 움직였고 세계 각국의 아이들은 그녀에게 급식 사진을 보냈으며 마사 페인은 그것들을 올려서 비교하는 사진을 다시 게재했다. 사건이 커지자 스코틀랜드 의회는 블로그에 급식 사진을 올리지 말라는 결정을 내렸지만 이것은 불에다 기름을 부은 격이 되었다. 유명 인사들이 마사 페인을 거들고 교육부장관도 개입하자 결국 의회는 항복하고 급식의 질을 개선한다는 결정을 내렸다. 마사 페인과 그의 가족은 이 사건을 계기로 점심을 먹지 못하는 아프리카 어린이를 위한 캠페인을 벌여 10만 파운드를 모금했고, 자신의 블로그 이름과 같은《네버세컨즈Neverseconds》라는 책까지 펴내는 유명인사가 되었다.

협력적 문제해결을 좋아하는 10대

문제의식의 공유와 공감, 정보의 개방, 자발적 참여, 참여자 간의 협상과 조율 등은 협력적 문제해결의 핵심 요소다. 한국의 성장사에서는 별로 경험이 없는 문제해결 방식이다. 협상을 본질로 하는 정치를 수십 년씩 한 사람들이 모인 국회가 협력적 문제해결의 성지로 추천할 만한 순례지가 아니라는 것은 누구나 알고 있다. 대립하는 두 정당은 폭로전을 통해서나 정보를 공유하며 서로 다른 문제의식에서 출발한 다음 자신의 레일 위에서만 달리는 기차처럼 앞만 보고 간다. 2014년 세월호 특별법 협상 과정에서 벌어진 6개월이 넘는 정쟁은 그런 현상을 고스란히 보여주었다. 협상과 조율은 하지만 공유하는 문제의식이 없기 때문에 결코 타결되지 않는다. 아니, '마감시간'은 지켜야 한다는 문제의식은 공유하기 때문에 회기가 끝나기 직전에 극적으로 다음 해 예산을 처리하는 반복 사례에서 보듯 결국 어떤 식으로든 결론을 짓는다. 이것이 기성세대에겐 익숙한 비협력적 문제해결 방식이다. 그러나 모모세대는 다르다.

10대는 협력적 문제해결을 선호한다. 급식 문제처럼 어른들과의 문제들도 있지만 대부분은 이 연령대에서 중요한 것들, 예컨대 신뢰를 기초로 수험 정보를 얻거나 지식을 나누는 것, 자신의 일상과의 동질감 있는 콘텐츠를 통해 정서적 쾌락이나 소소한 즐거움을 얻는 것 등이 주요한 내용이다.

윗 세대인 디지털 네이티브 세대는 인터넷 초기에 물건을 싸게 사려는 문제를 해결하기 위해 공동구매를 도입했다. 여기서 더 진화하여 모모세대는 무료 나눔, 중고장터, 교환 신청 등을 통해 싸게, 그러나 마음에 드는 것을 살 수 있음을 알고 있다. 여기서는 신뢰가 협력의 전제인데 신뢰를 통해 거래 가능성을 타진한 사람들끼리 문제를 해결하는 것이다.

일상생활에 필요한 정보나 지식의 문제는 여러 Q&A 사이트(네이버 지식인 등)를 통해 해결하기도 하지만, 오랫동안 정보를 평가받고 진정성을 공감할 수 있는 생정 블로그가 10대들의 문제해결을 위한 협력 통로로 활용되기도 한다. 특히 패션이나 코디, 매칭에 대한 문제는 믿을 만한 훈녀생정 블로그가 좋은 역할을 하고 있다. 웹툰은 10대가 모바일을 통해 가장 즐겨 찾는 콘텐츠로, 때로는 소재(일상공감형 웹툰)로 때로는 인기 웹툰의 댓글(혹은 댓글놀이)을 통해 서로를 확인하고 문제를 공유하고 휴식에 가까운 소소한 즐거움도 얻는다. 1만 건이 넘게 매달리는 인기 웹툰의 댓글을 보면 '베댓(베스트 댓글)'을 두고 협상이 벌어지는 풍경을 흔히 볼 수 있다. 수많은 익명의 참가자들은 자신의 견해와 유사한 댓글을 베스트에 올리고자 한다. 이 과정은 고성이나 몸싸움 없이 자연스레 최종 '좋아요' 숫자로 승부를 결정짓는다.

문제해결 능력의 향상이라는 측면에서 스마트폰과 SNS를 바라보면 모모세대의 특성이 분명히 드러난다. 우리 문명이 갈수록 온라인의 지배력이 강화되듯 그들의 비대면 네트워크의 힘과 활용도도 갈수록 커진다. 인터넷 기술과 문화가 웹 1.0에서 2.0이나 3.0로 버전이 업그레이드될 때마다 강화된 것이 협력, 공유, 참여와 같은 요소였다. 이것은 디지털 기반의 전체 문명의 자연스런 트렌드가 되고 있다.

수험 공부의 문제해결은 카페 커뮤니티에서 시작하여 스마트폰 앱으로 발전해간다. 급식 문제와 같이 그들만의 문제들을 해결하는 스마트폰 어플리케이션도 늘고 있다. 즉시 생긴 문제들에 대한 해결은 카톡이나 페친, 트친들로부터 해결한다. 여러 가지 이유로 공감의 천재가 된 10대들은 비대면 상황에서도 쉽게 공감하는 법을 알고 있다. 오프라인에서 70명을 넘기기 힘든 친구를 온라인에서는 700명을 넘게 사귄다. 관계가 넓을수록 문제해결 능력이 커지는 것은 현실 세계나 가상 세계나 같다. 갈수록 SNS 속의 관계망이 늘어나고 정착되고 있다. 그래서 SNS는 점점 더 문제해결의 주요한 통로가 될 것이다.

누군가와 공감하고 비대면으로 친구를 만들고 SNS로 외로움을 달래는 데 익숙한 10대들은 이 관계들을 통해 두 번째 뇌를 이용하듯 협력자들과 접촉한다. 외부 두뇌를 활용하는 것과 마찬가지다. 다만 이 경우 외부 두뇌가 살아 있는 생명체일 경우도 많다.

'사춘기 소녀나라'라는 10대 카페에는 '재능을 나눠요'라는 게시판이 있다. 이곳에서는 자신이 가진 지식과 노하우로 공짜로 고민 상담을 해주거나 기프트콘과 같은 작은 대가를 통해 문제를 해결해주겠다고 자처하는 10대가 모여든다. 친구들에게 털어놓지 못하는 고민 상담부터, 꿈 해몽이나 생일 점, 타로운세 봐주기 등 사소하지만 10대에게는 중요한 지식을 자유롭게 거래한다. 심리테스트 거래를 제안한 한 10대는 자신의 심리테스트 실력을 입증하기 위해 다른 고객들이 자신에게 남긴 후기 문자를 공개하며 자신의 실력이 신뢰성이 있음을 보여준다. 소통을 통해 낯모르는 사람들끼리 서로 도우며 문제들을 풀어나가는 10대들의 일상을 보여준다. 여기서 모모세대들의 세대능력은 한껏 발휘된다. 네트워크를 통해 고립된 개인으로서는 해결할 수 없는 문제까지도 처리할 수 있는 것이다.

'집단지성'이라는 말이 등장한 것이 1990년대다. 우리는 그동안 위키피디아나 위키리크스를 비롯해 기업의 개방형 혁신과 네트워크, 지역 사회의 집단적 문제해결을 위한 사이트 등 폭넓게 발전해가는 집단지성의 실제를 보아왔다. 디지털 세상에서도 2003년 오라일리 출판사에서 '웹 2.0'이란 단어를 쓴 이래 개방, 공유에 기반을 둔 쌍방향 웹의 가능성을 키워나가고 있다. 여럿이 협력한다는 것은 글로벌 트렌드인 것이 분명하다. 그런데 10대들은 대단한 솔루션이나 시스템이나 전문가 없이도 자기들끼리 이미 집단지성 방식을 매일 실험하고 있다.

기성세대 중에는 이들이 너무 쉽게 주변 네트워크에 의존하는 것을 우려하는 목소리가 높다. 사실 의존증은 협력적 문제해결 방식의 동전 뒷면 같은 것이다. 떼려야 뗄 수 없다. 자기 스스로 풀기보다 다른 사람의 두뇌를 활용하는 데 익숙해져서 개개인의 문제해결 능력이 떨어질 수 있다. 일본 후생노동성 연구팀이 조사한 바에 따르면 일부 10대들의 네트워크 의존 현상은 알코올이나 약물 의존과 유사하다고 한다. 다만 이 현상이 시작된 지 오래지 않기 때문에 이들이 어른이 된 후에나 실질적인 영향에 대한 판단을 할 수 있다는 것이다. 중국의 주링허우(1990년대 이후 출생자)에 대한 연구에서도 절반 이상의 아이들이 15분마다 휴대폰을 체크한다는 결과가 나왔다(중국 치후360 인터넷 보안센터). 한국의 경우 2013년 여성가족부가 조사한 바에 따르면 15퍼센트의 학생들은 스마트폰이 없으면 불안하다는 지경에 이르렀고 자신이 생각해도 너무 많이 쓴다고 자백하는 비율도 17퍼센트였다고 한다. 자가진단 비율로만 32퍼센트가 의존증에 해당된다.

현상적으로 보면 이런 추세는 확실히 문제적 상황이다. 그러나 21세기의 디지털과 비슷한 파괴력을 지닌 20세기 도구인 자동차의 사례를 보면 앞으로의 패턴을 어느 정도 예측할 수 있다. 자동차는 계속되는 문제에도 불구하고 점점 더 일상으로 파고들었다. 도시는 흙을 잃어버리고 아스팔트로 덮혔고, 유한한 석유자원을 계속 고갈시키는 공장이 들어서서 배기가스에 의한 대기오염을 유발했다. 심지어 비만이 자동차 때문에 몸을 움직이지 않은 탓이라는 사람들도 있다. 그러나 자동차는 계속 늘어나기만 했다. 오늘날 친환경은 자동차 분야의 발전 방향이다. 디지털과 모바일 문명이 필연적인 만큼 비대면 네트워크가 늘어나는 것은 자동차 이상의 파괴력을 가지고 일상으로 파고들 것이다. 이것은 필연적 미래다. 따라서 비대면 네트워크가 삶에 미치는 영향력은 점점 더 증가할 것이다.

반면 사람들은 문제를 제기하고 해결을 위한 방안을 모색할 것이다. 어떻게든 대면 커뮤니케이션의 장점을 회복하는 것, 비대면 커뮤니케이션의 문제적 상황을 개선하려는 것이 새로운 트렌드로 등장할 것이다. 현재 다양하게 비대면 네트워크 안팎에서 네티즌의 윤리에 대한 자발적 지침, 혹은 사회적 관심들이 증대되고 있다. 환경오염이 된 뒤에야 본격화된 친환경 트렌드처럼 늦은 대응이 되지는 않을 것으로 예측된다. 나란히 가는 트렌드와 역트렌드처럼, 비대면 네트워크의 증가와 그로 인한 문제를 해결하려는 움직임의 증가는 동시에 진행된다. 더구나 네트워크 의존 때문에 10대가 더 멍청해질 것이란 우려만큼은 접어도 좋다. 두 개의 뇌에서 살펴본 것처럼 우리의 첫 번째 뇌는 쉽게 구할 수 있는 외부의 도움에 기초해 지식과 정보를 구조화하는 통찰력을 강화하는 쪽으로 더 똑똑해질 것이다. 인간은 도구에 일정하게 종속되지만 항상 그것을 초월해왔다.

공유와 공감의 온상인 '은어'와 '덕질'

사랑하면 알게 되고 알면 보인다. 《나의 문화유산 답사기》에서 유홍준 교수가 전파시킨 이 사랑 법칙은 많은 사람들의 지지를 얻고 있다. 그러나 10대에 관해 우려하는 많은 문제, 특히 세대대결이 되풀이되는 이유는 우리가 10대를 덜 사랑해서가 아니라 덜 알아서다. 따라서 거꾸로, 즉 보여야 알게 되고 알아야 사랑할 수 있다는 역의 사랑 법칙도 생각해봤으면 한다.

역의 사랑 법칙에 따라 모모세대의 문제해결 능력을 들여다볼 때 그 첫 번째 관문은 그들의 탁월한 공감 능력인 것 같다. 이 세대는 특이하게 공감에 특화된 유전자를 갖고 있는 것 같다.

"아프냐? 나도 아프다."

드라마 대사로서 유명해진 이 말에서 우리는 공감이 소통을 만드는 엔진임을 확인할 수 있다. 진정한 소통은 공감에서 비롯된다. 공감은 소통의 감성적 구성 요소다. 21세기는 이성적인 능력 이상으로 감성적 재능이 개인의 역량을 좌우할 수 있는 시대다. 특히 타인과의 공감 능력은 필수 재능이다. 독불장군이 많았던 기성세대와는 판이하게 다르다. 10대들 사이의 개인적 편차를 떠나서 (스스로 성격을 제어할 수 없는 진짜 천재들도 있으니까) 미래 세대로서의 그들은 서로 공감하고 협력하며 일을 도모하는 능력을 가져야 제대로 된 사회활동을 영위할 수 있다. 그렇다면 그 공감 능력의 정체는 뭘까? 지금의 10대들에게서 관찰할 수 있는 공감의 내용은 어떤 것들일까?

연령세대로서 10대는 어른들은 모르는 은어를 사용함으로써 공감대를 형성하는 법이다. 모모세대도 마찬가지다. 한 가지 다른 점은 이전 어떤 세대보다 압도적으로 많은 은어를 사용한다는 것이다. 거의 외국어 수준이다.

> 중1인데요 과목별로 문제집 좀 추천해주세요.
> 제가 공부를 못해서 아주 어려운 건 못푼답니다ㅋㅋㅋㅋㅋㅋㅋㅋㅋ 하하 웃프다…

이 문장의 의미를 직관적으로 이해한다면 최소한 10대들과 대화할 수 있는 자격은 있다. 20대는 자신들도 쓰고 있으니 거의 그럴 테고, 30대는 경우에 따라 다를 것이고, 40대 이상은 평소 관심을 가지고 지켜보는 사람들 외에는 잘 모를 것이다.

'웃프다'의 활용을 보면 '말 자체는 웃긴데 내용은 슬플 때' 쓰는 말이다. 이제 위 문장을 다시 읽어보자. 왜 '웃프다'라는 표현을 썼는지 이해가 갈 것이다. 영어 단어를 익힌 뒤에 해석이 가능한 것과 마찬가지 이치가 아닌가.

모바일 시대의 10대는 뇌가 두 개이듯 같은 한국어를 쓰면서도 두 개의 언어 세계를 만들었다. 첫 번째 언어는 물론 일상의 한국어다. 두 번째 언어는 '덕질'의 세계에서 주로 만들어진다. 덕질이란 애니메이션이나 만화, 드라마, 게임, 아이돌, 배우, 커뮤니티, 단톡(단체 카톡) 등 무엇이든 대상에 빠져들어 보통 이상의 사랑을 표현하는 것이다. 대부분 네트워크 안에서 콘텐츠를 통해 '덕질계'가 존재한다. 거기서 은어가 탄생하고 그 은어를 알아야 공유하고 공감할 수 있다.

사실 좀 심한 경우도 없지 않지만 대부분의 덕질은 기성세대의 취미생활에서 약간 더 몰입의 정도가 강한 정도다. 난초를 키우는 정성보다 훨씬 시간도 돈도 덜 든다. 그러나 취미생활이 집단적이고 열정적인 사춘기적 특징을 만나 덕질이라는 세계를 창조해냈다. 대상이 다른 각각의 덕질 세계는 개별적 공감의 세계다. 좋아하는 대상이 다르므로 감성도 다르고 은어도 고유한 것들이 생겨난다. 그런데 기본적인 감성이 같은데다 인터넷과 스마트폰 SNS라는 시간과 거리를 생략시키는 커뮤니케이션 도구가 결합하면서 덕질은 10대 전체의 문화와 아주 쉽게 결합했다. 서로 다른 덕질의 세계들은 그들끼리는 엄청나게 구별하고 싶어함에도 불구하고 취미와 기호에 기반을 둔 동질집단의 형성이라는 10대 보편의 문화를 형성한다.

막대한 은어를 생산하는 덕질계는 10대들의 공감의 원천이다. 기성세대에게 공감의 원천이 대중문화나 학교생활에 기반을 둔 또래집단이었다면, 넷세대에 와서 인터넷을 기반으로 시간과 공간의 제약을 넘어 전 네티즌으로 확장되었다. 그리고 모모세대는 스마트폰과 SNS까지 더해져서 각자의 애증이 반영된 덕질계를 탄생시켰다. 10대들은 자기 좋은 것들을 자기 좋은 방식으로 실현하는 덕질을 하면서 같은 세계의 친구들과 공감을 형성한다. 기존의 커뮤니티들, 혹은 취미집단이 규칙과 기준을 익힘으로써 동질집단이 되어갔다면 덕질계는 같은 대상을 놓고도 자기만의 덕질 방식을 선호한다. 좋아하는 만화 캐릭터의 생일에 혼자 집에서 케이크를 켜놓고 축하하는 사람에서부터 기념 일러스트를 블로그를 통해 대방출한다거나 비행기 타고 현지로 직접 날아가는 사람에 이르기까지 각각의 개성이 덕질 속에 살아 있다. 그러나 같은 대상을 덕질의 상대로 한다는 점에서 그들은 끊임없이 소통하고 정보와 자료를 공유하고 은어들을 만들어내며 공감대를 형성한 동질집단이다.

– 덕질은 쉴 수가 없다

– 늦게 배운 덕질이 무섭다

– 덕질은 마이웨이

– 덕질의 메카는 트위터

이것은 순화된, 덕질의 세계를 표현하는 말들이다. 어디서 많이 본 표현들이지 않은가! 덕질계는 결국 사회의 축소판이다. 10대들이 이곳에서 인생을 배운다.

따라서 모바일 환경에 놓인 10대들에게 비대면 상태에서도 동질감을 느끼는 공감은 그들의 정체성 형성에 중요한 역할을 한다.

10대들의 활동 범위 제약을 생각해볼 때 공감은 그들이 학교생활 외의 사회적 활동을 배우는 가장 중요한 도구이기도 하다. 공감을 통해 그들은 자기다움의 느낌을 익힌다. 사회에 나오기 전에 10대들은 공감의 필요와 중요성을 습관처럼 익힌다. 그것이 세대로서의 10대를 공감의 천재로 만드는 이유다.

모모세대는 특별히 외로운 존재일까

한편 공감에 대한 욕구는 외로움을 해결하기는커녕 더 증폭시킬 뿐이라는 주장도 있다. 대면 관계보다 비대면 관계가 많아지면서 역으로 공감의 욕구가 더 늘어났으며, 이것은 그들이 더 외로워졌다는 해석이 가능하다는 것이다. 자칫하면 덕질이 히키코모리(은둔형 외톨이)로 빠지는 지름길이 될 수 있다는 점을 생각해보면 더욱 그런 의구심이 든다.

자질구레한 것까지 모두 즉각적으로 친구들의 반응을 확인해야 한다. 그래서 스마트폰 세대는 역설적으로 '혼자라는 두려움'을 더 크게 느낄 수밖에 없다.

미국의 사회심리학자 셰리 터클은 그의 저서 《외로워지는 사람

들》에서 일명 '디지털 원주민'으로 불리는 젊은 세대를 "계속적인 연결에의 기대를 안고 자라는 첫 세대"라고 설명했다. 그는 부연했다. "이 모든 것은 그들을 테크놀로지에 능숙하도록 만들지만 한편으론 일군의 새로운 불안감도 가져온다. 소셜 네트워킹 사이트에서 우정을 키워가다보면 문득 자기가 친구들 속에 있는 게 맞는지 의문이 든다. 하루 종일 의사소통을 하긴 하는데 상대방과 친해진 것인지는 확실치 않다." 트친, 페친, 카친은 셀 수 없이 많다. 그들 가운데 내가 누구인지 말해줄 수 있는 자가 없다는 게 비애다. 외로움은 증폭된다.

- '트친, 카친, 페친... 내가 누구인지 말해줄 친구는 누구인가'
<한겨레21>, 2014. 2. 10

우리는 이 기사에서 기자의 강한 우려를 느낄 수 있다. 새로운 문명의 부정적 영향에 대한 우려는 언제 어느 시대나 한자리를 차지한다. 이 기사에 따르면 페친(페이스북 친구), 트친(트위터 친구), 카친(카카오톡 친구)과의 공감은 진정한 것이 아니다. 또 기사는 소셜 네트워크에 빠져 있는 사람이 더 외롭고 불행하게 느낀다는 한 대학교수의 실험도 소개했다. 소셜 네트워크는 일회성의 마약 같은 의존 관계를 친구처럼 보이게 하는 것일 수 있다. 그렇다면 그 속에서 키워온 공감 능력은 협력적 문제해결 능력의 원천이 아니다. 그것은 아무것도 해결하지 못한다. 다만 외롭다는 비명의 다른 표현이다.

그러나 물어보자. 위의 인용문 마지막 부분에 "그들 가운데 내가 누구인지 말해줄 수 있는 자가 없다는 게 비애다"라는 표현이 있는데 이 비애가 소셜 네트워크의 등장으로 나타난 것인가? 칼 마르크스가 일찍이 19세기에 '자본주의의 비애'라고 말했던 소외, 미국의 사회학자 데이비드 리스먼David Riesman이 1950년에 주장한 '군중 속의 고독'은 무엇에 대한 것인가? 아니, 더 가까이에, 어린아이를 위한 철학 동화《나랑 놀아줄래?》는 친구가 다 떠난 고슴도치가 나무랑 새싹이랑 대화를 나누며 외로움을 극복한다는 이야기를 하고 있다. 고슴도치는 SNS를 하지 않는다. 우리는 언제 외로운지, 함께 있어도 왜 외로움을 느끼는지, 외로움을 느낄 땐 어떻게 해야 하는지 등의 내용도 담겨 있다. 그렇다. SNS를 쓰지 않는 아이들도 왕따를 경험하고, 그래서 이런 책이 필요한 것이다.

우리는 종종 현재의 어려움을 과장하는 버릇이 있다. 자신이 사는 시대가 가장 어렵고 가장 힘들고 가장 변화무쌍하며 이런 막장 시대가 없었다고 한탄하는 투의 글도 자주 등장한다. 나는 과거 어떤 시대가 SNS가 등장한 이후보다 덜 외로운 때였는지 묻고 싶다. 외로움이 자본주의의 발명품이라면 외로움을 느낄 새가 없었던 조선시대의 노비가 되고 싶은지 묻고 싶다.

우리는 외로움보다 심한 문제들, 즉 생존이나 안전에 관한 문제가 어느 정도 해결되었기에 외로움이 첫 번째 문제가 되었다는 사실을 잊어서는 안 된다. 우리가 첫 번째 문제를 해결하면 두 번째 문제가 항상 첫 번째 문제가 된다는 사실도 말이다.

비대면 관계의 증가가 외로움을 더 중요한 문제로 밀어올리는 원인이 될 수 있다. 그래서 비대면 공감에 기초한 SNS 친구들은 외로움의 완벽한 해결책이 될 수 없다. 그러나 SNS가 외로움을 악화시키는 악순환의 고리인 것은 아니다. 비대면 상태에서의 친구들, 그리고 그들과의 공감은 일정하게 외로움을 달래주지만 완벽한 해결책이 될 수는 없다는 것. 이것이 진실이다.

비대면보다 대면 친구와의 친밀한 만남이 더 행복을 주는 것은 감각적 체험이 더 만족을 주는 것과 마찬가지로 인간이라는 종의 특성이다. 이것은 무슨 새로운 발견 같은 것이 아니다. 중요한 것은 우리가 이런 대면 만남이 SNS의 등장과는 관계없이 계속 줄어드는 문명 속을 살고 있다는 것이고, SNS는 부족하지만 비대면 공감을 통해서라도 외로움이라는 현대인의 주요 병증을 치유하는 문제해결통로가 되고 있다는 것이다. 완치가 안 된다고 해서 해결책이 아닌 것은 아니다. 더구나 대면 만남이 행복의 완전한 해결책도 아니지 않은가.

공감 능력의 비결은 디테일이다

네가 시크를 논해서 내 본능을 건드려

앞뒤 안 가리고 다리 치켜들고 반대 다리에 얹어
다릴 꼬았지 아니꼬왔지
내 다리 점점 저려오고 피가 안 통하는 이 기분

네가 도도를 논해서 내 본능을 건드려
주먹 불끈 쥐고 책상 내리치고 모두를 주목시켜
다릴 꼬았지 배배 꼬였지
발가락부터 시작된 성장판 닫히는 이 기분

2012년 TV 오디션 프로그램인 〈K팝스타〉에 출연한 10대 소년소녀 그룹 악동뮤지션의 자작데뷔곡 '다리 꼬지마'의 일부분이다. 그들 특유의 자작곡 실력과 감성, 위트는 심사위원들의 찬사를 자아냈다. 또한 10대 시청자들은 단숨에 그들의 잠재력을 알아보았다. 10대다운, 그러나 완성도가 높은 작사 · 작곡 실력을 10대들이 쉽게 알아본 이유는 간단하다. 10대는 '귀가 트인 세대'이기 때문이다. 그리고 소위 '깨알 같은' 감성과 위트에 익숙한 세대이기 때문이다. 일상에서 흔히 볼 수 있는 다리를 꼰다는 행위를 통해 시크하고 도도하고자 하는 가식을 풍자하고 있다. 10대들은 이처럼 일상의 소소한 감상들에 쉽게 공감한다.

10대의 공감 능력을 가장 잘 탐구해볼 수 있는 것은 단연 '웹툰'이다. 왜냐하면 요즘 10대가 가장 좋아하는 놀이 콘텐츠이기 때문이다. 그들이 어떤 내용의 웹툰을 즐기는지 살펴보면 그들의 감성적 지향성을 읽어낼 수 있다.

모바일 콘텐츠 중 웹툰에 대한 청소년들의 선호도를 조사했더니 76.3퍼센트의 학생들이 '웹툰 보는 것을 좋아한다'라고 응답했다. 기성세대들도 어린 시절에는 만화를 좋아했을 것이다. 그러나 어른들의 부정적인 시선 때문에 몰래 본 기억이 있을 것이다. 10대는 스마트폰만 있으면 언제든 볼 수 있기 때문에 기성세대에 비해서는 제약이 훨씬 약하다.

웹툰에 대한 10대의 선호는 남녀 차이나 중학생과 고등학생이라는 구분에 관계없다. 그들이 좋아하는 장르를 살펴보면 남녀 간의 로맨스가 1위, 일상공감형 웹툰이 2위, 사회풍자형 웹툰이 3위, 액션 요소가 강한 학원물이 4위를 차지하고 있다. 특히 화려한 액션으로 구성된 학원물을 좋아하는 학생의 80퍼센트 이상은 남자였고, 반대로 로맨스를 좋아하는 학생의 72퍼센트가 여성으로 과거와 비슷하게 남녀 간 콘텐츠별 선호 경향을 보여주었다.

여기서 흥미로운 것은 일상공감형 콘텐츠와 현실적인 사회문제를 풍자한 웹툰이 2~3위 순위권으로 오른 것이다. 일상공감형 웹툰이란 어떤 것일까? 예를 들어 수험생들 사이에서 '장오빠(본명 장대진)'로 유명한 네이버 웹툰 작가는 실제 인생 이야기를 블로그에 게재하면서 청소년들 사이에 인기인이 된 사례다. 2014년에는 책도 냈다. 작가는 '반에서 한 명쯤 있는 공부 못하고 웃긴 학생'이어서 한때는 반 꼴찌였지만 꿈을 찾은 이후 목표를 위해 공부에 매진해 대학 진학에 성공했다. 평범하지만 작은 꿈을 이룬 그는 자

Q. 웹툰 보는 것을 좋아하는 경향

(단위 : %)

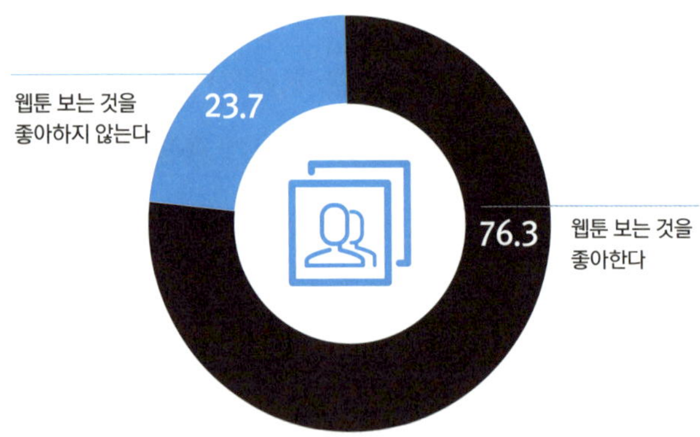

Q. 가장 선호하는 웹툰의 유형

(단위 : %)

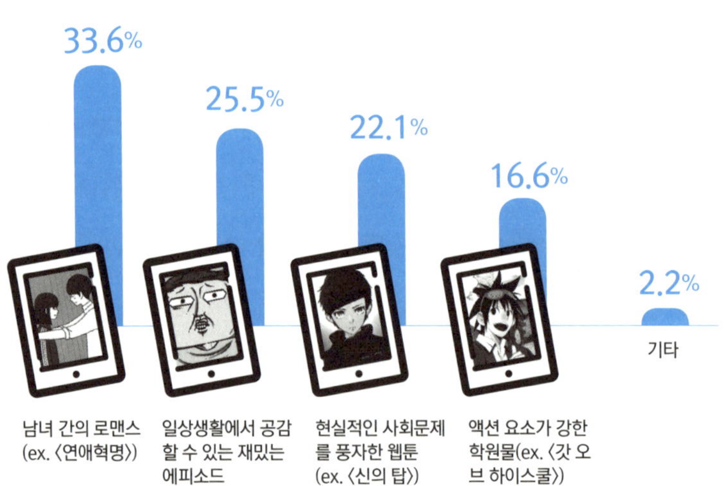

신의 수능 경험을 카툰으로 올렸고 이 이야기가 10대들의 관심을 모았다. 수험 공부라는 그들의 현실과 꿈을 가장 잘 담은 '리얼 스토리'에 공감했던 것이다.

일상공감형 웹툰은 이처럼 자연스러운 생활을 소재로 하는 것들이다. 〈와라! 편의점〉(지강민 작)은 2014년까지 6년간 연재된 웹툰이다. 편의점에서 일어나는 일을 아르바이트생의 시선으로 풀어나가는 내용인데 많은 10대들이 등하굣길에 찾아볼 만큼 인기를 끌었다. 24화짜리 TV 애니메이션이 나왔고 모바일 게임도 출시되었다.

실제로 웹툰의 세계는 무한하다. 한번 재미를 느껴서 '정주행'(뒤늦게 알게 된 후 1화부터 다 챙겨보는 일)을 하기라도 하면 웹툰이 시간을 잡아먹는 하마가 된다. 게다가 일일이 이름을 댈 수 없을 정도로 많은 웹툰이 10대들의 일상적 감각을 자극하고 있다. 작가를 지망하는 10대들의 자작 연재 웹툰도 셀 수 없이 많다.

일상공감형 웹툰은 현실 속의 크고 작은 일들을 세세하게 담는다. 웹툰의 스토리나 상황들은 '너도 그렇지?'라고 독자에게 묻는 것 같다. 거대하고 거창한 〈슈퍼맨〉 류의 영화들을 좋아하면서도 한편으로 10대들은 자신의 현실 안에 있는 소소한 고민들을 놓치지 않는다. 영화는 어쩌다 한 번 보지만 웹툰은 하루에도 몇 번씩 본다. 10대는 스마트폰의 그 작은 화면을 통해 일상 속에서 감성의 결을 느끼고 공감한다. 우리는 이 세대의 공감 능력이 일상에 대한 관심과 고민의 공유로부터 출발했다는 것을 알 수 있다.

10대의 공감 능력이 일상의 공유에서 온다는 것은 그들 사이에 인기 있는 블로그 경향에서도 알 수 있다. 바로 '훈녀생정'이니 '유용생정'이니 하는 블로그들이다. 각각 '훈훈한 여자의 생활정보', '유용한 생활정보'의 줄임말이다. 10대들이 제일 좋아하는 블로그가 생활정보를 제공하고 나누는 곳인 셈이다. 이런 블로그에는 예비 중학생들이 중학교에 올라가면 꼭 알아야 할 지식, 주말에 배고플 때 쉽게 만들어 먹을 수 있는 간단한 요리 레시피, 수학여행가에서 핸드폰 안 뺏기는 방법, 머리 떡졌을 때 대처하는 법, 왕따 안 당하는 방법, 중고거래 사기당하지 않는 방법 등 기상천외한 지식과 노하우가 집결되어 있다. 10대들은 생활 속 공감이 가는 정보라면 작고 사소하다 할지라도 다른 사람들에게 유용한 지식으로 활용될 수 있다는 생각을 갖고 있다. 이런 생각 덕분에 생정에 올라오는 주제들은 제약이 없으며 누구나 손쉽게 참여할 수 있다. 웹툰과 미디어의 성격은 크게 다르지만 생정 역시 소통하고 공감하는 모모세대의 특징을 반영하고 있다.

게임에서 배우는 협업 능력

한편 게임 세계를 통해 그들이 키워가는 것은 협업 능력이다.

기성세대들도 10대의 기억 가운데 가장 강렬하고 즐거웠던 것들이 게임이었을 것이다. 산과 강과 마을 공터에서 친구들과 어울려 놀았던 기억이 새로운 세대도 있을 것이고 오락실이나 구멍가게 앞 게임기에서 또래들과 게임에 몰입했던 기억을 가진 세대도 있을 것이다. 1990년대 이후 게임은 디지털 도구들과 인터넷의 세계로 들어왔다. 그런데 모모세대가 협업 능력을 배우는 데 빼놓을 수 있는 분야가 바로 게임이다.

2000년대 이후 10대들의 인기 게임 장르인 MMORPG 게임은 여러 명의 게이머가 다양한 환경에서 자신의 역할을 해내가면서 문제를 해결해나가는 협업 능력이 필요한 장르다. 2010년 이후 가장 인기를 끌고 있는 '리그 오브 레전드League of Legend'는 '롤LOL'이라는 약칭으로 불리는데 기본적으로 5명이 한 팀을 이루어 상대와 대전하는 게임이다. 같은 팀 게이머 간의 협업이 잘 이루어지지 않고는 이길 수 없게 되어 있다. 또 폭발적으로 성장하고 있는 모바일 게임 가운데도 협업이 중요한 게임들이 많다.

제국을 세워 군대를 훈련시키며 수천 플레이어들과 함께 온라인 배틀을 즐기시죠! 전 세계 31개국 2,900만 유저가 플레이하는 제국건설 게임 -Age of Warring Empire

함대육성시뮬레이션, 국내 최초의 SLG와 RPG가 결합된 SF게임, 멋진 그래픽과 애니메이션으로 만들어진 전략시뮬레이션 게임입

니다. -갤럭시 레전드

배틀 네이션스는 방대하고 중독성 강한 무료 전투전략 게임입니다. 길드원들과 협업하여 전투를 펼치고, 자신만의 전초기지를 꾸미세요! 재미있고 개성 있는 캐릭터들이 펼치는 흥미진진한 스토리는 보너스입니다.^^ -Battle Nations

모바일 게임의 성장이 가속화되자 기존 온라인 게임 쪽에서도 다양한 승부수들을 들고 나온다. 흥미로운 것은 역시 협업을 강조한다는 것이다.

온라인 MMORPG 공습의 신호탄이 올랐다. 오랜 침묵을 깨고 사나이들의 심장을 뛰게 만드는 하드코어 전쟁 MMORPG '트라이워 온라인(이하 트라이워)'이 2014년 8월 14일부터 공개 서비스에 돌입한 것이다.

트라이워는 개인의 강함과 성장뿐 아니라 진영과 세력의 승패를 위해 전장에 나서는 전사들의 이야기다. 무엇보다 '전쟁'에 초점이 맞춰져 있는 게임인 만큼, 혼자만 강하다고 해서 전장에서 승리할 수 있는 것이 아니다. 이런 게임성을 통해 특히 집단의 협동과 단합이 승리의 선결 조건이 된다.

또래집단의 형성은 청소년기의 연령적 특징이다. 그 관계들을 통해 사회를 배우고 협력을 배운다. 게다가 어른들의 우려와 달리 온라인이나 모바일 게임을 통해서도 모모세대는 협력을 배운다. 모모세대가 공감과 공유, 협력에 능한 것은 그들이 즐기는 SNS, 웹툰, 게임, 블로그 등을 통해 일찌감치 그런 감성과 문제해결 능력을 키워나가고 있기 때문인 것이다.

글로벌 협업 능력의 진화

모모세대의 협업 능력은 점차 글로벌로 확장되고 있다. 세계를 평평하게 만든 디지털 네트워크망과 점점 많아지고 있는 국제 교류 등을 통해 10대들은 앞선 세대보다 더 글로벌화된 세대가 되고 있다.

20세기 후반 이후 글로벌화는 거대한 메가트렌드가 되었다. 국가라는 경계의 높이가 갈수록 낮아지는 가운데 비즈니스와 문화, 소통의 연결성이 글로벌하게 강화되는 흐름이다. 국내시장만 상대하는 중소기업들의 고충으로부터 알 수 있듯 지역, 국가라는 작은 울타리 안에서 '우물 안 개구리'가 되면 이 글로벌한 세상에서 생존조차 불투명해진다. 한 국가에서 아무리 작은 시장이라고 해도 전 세계를 놓고 보면 차원이 달라진다. 기업 규모가 작아도 충분히 글로벌할 수 있는 시대에 좁은 시장만 고집하는 것 자체가 어리석은 일이다. 따라서 앞으로는 모든 기업은 크기와 관계없이 처음부터 글로벌을 염두에 두는 방향으로 변해갈 것이다.

따라서 10대들의 미래 환경은 글로벌화가 지금보다 훨씬 더 진전된 모습일 것은 분명하다. 10대들이 당면한 근미래는 경제적 면만이 아니라 사회문화의 모든 면에서 글로벌 소통과 협업이 일상화된 모습일 것이다.

마이크로소프트가 내놓았던 2019 예측 영상('How 2019 will look like', 2011년)을 보면 첫 장면에서 인도 소년과 미국 소녀가 투명 디스플레이를 앞에 둔 채 건너편에서 마주 보고 대화를 나눈다. "난 고양이 기르는데 너 애완동물 기르니?"라고 묻자 실시간으로 투명 디스플레이에 인도어 번역이 나타난다. 인도 소년이 아니라고 대답하는 순간 미국 소녀의 디스플레이에는 '인도에선 고양이가 운이 나쁜 동물로 여겨진다'라는 자막이 나타난다.

실제로 2019년에 이런 기술이 실현될 것인가는 둘째 치고 이 같은 장면, 즉 다양한 국적과 언어의 사람들이 지금보다 더 많은 접점에서 만나 일하고 놀고 소통하게 될 것임은 틀림없다. 이 메가 트렌드의 길을 잠시 멈출 수 있는 것은 전쟁과 전염병밖에는 없다.

당장 아시아의 10대들 사이에서도 소통이 증가하고 있다. 2011년에 말레이시아에서 등장한 온라인 커뮤니티 유버렉티브Yuberactive도 이런 경향을 잘 보여준다. 이 커뮤니티는 말레이시아만이 아니라 필리핀, 싱가포르, 인도네시아 등 아시아 청소년들이 서로 상대의 이야기의 힘으로 영감을 교류하며 격려할 수 있도록 스토리텔링Storytelling 형식으로 구성되어 있다. 긍정적인 변화를 이끌어낼 수 있는 개인의 흥미진진한 경험담, 우리의 삶에 영향을 미칠 수 있는 사회문화적 문제들을 둘러싼 개인의 관점 등이 스토리의 주요 내용이다. 각국의 10대들은 청소년 교육과 건강, 사춘기를 겪고 있는 다양한 청소년 문제, 음악, 무용, 미술, 디자인 등의 예술 및 문화 프로젝트와 동향, 환경 및 공공장소에 관한 지속 가능한 생활 아이디어 같은 것들을 이야기한다. 때로는 커뮤니티를 통해 실제로 지역 주민의 편리를 위한 거리 벤치 설치 프로젝트, 지역 예술을 위한 그래피티 아트 프로젝트, 아직 문명의 손길이 닿지 않는 섬에 살고 있는 청소년에 대한 기부, 미혼모를 돕는 프로그램, 예술지망생과 작가를 위한 무료 전시회 제공 등 다양한 프로젝트를 진행하기도 한다. 비록 작은 움직임이지만 유버랙티브의 사례는 10대들의 글로벌 소통 문화가 앞으로 어떻게 진행될지를 미리 짐작하게 하는 징후로서 충분한 가치가 있다.

한국의 10대들도 글로벌 사회와 일찍, 다양하게 만나고 있다. 중·고등학교의 해외 교육기관과의 교류 등도 늘어나고 있고, 이미 다양한 해외여행 및 교육 경험을 가진 10대도 크게 증가한 상태다. 한국 거주 외국인 숫자가 157만 명으로 인구의 3.1퍼센트(2014년 통계청)나 되는데, 안산시 월곡본동은 주민의 85퍼센트가 외국인이다. 대중매체를 통해 외국인, 외국문화와 대면하는 것도 일상적이다. 그러나 무엇보다 주목할 만한 것은 SNS를 통한 경

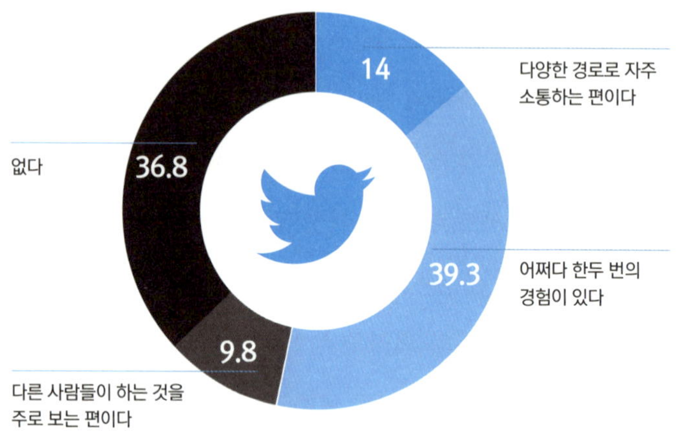

험이다. 한국트렌드연구소가 실시한 설문조사에 따르면 10대들의 60퍼센트 정도가 SNS를 통해 외국인과 대화를 나눈 경험이 있는 것으로 나타났다. 14퍼센트 정도는 다양한 경로로 자주 소통한다고 응답했다. 10대의 보편적 경험이라고는 아직 말할 수 없지만 이 비율이 갈수록 증가할 것임을 예측하게 한다. 스마트폰이 일상화되면서 외국인 친구를 사귀는 일은 어렵지 않게 되었다. 마음만 먹으면 외국인 친구 사귀기 어플리케이션을 통해 누구나 쉽게 할 수 있기 때문이다. 디지털 환경에서 외국인과 쉽게 접촉할 수 있기

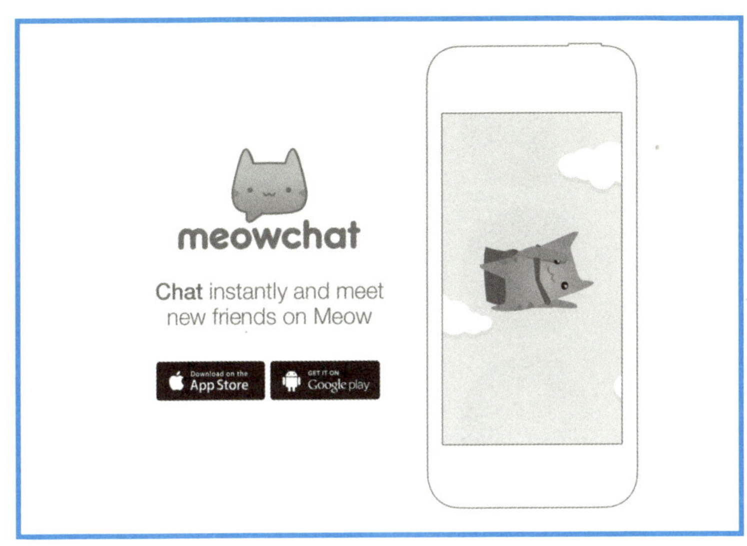

▸ 마이너스 minus.com/app

때문에 어쩌면 당연한 것으로 보인다. 더구나 인스타그램이나 펜시, 플리커 등 이미지 기반 SNS를 통하면 굳이 텍스트로 대화하지 않아도 공감할 수 있다.

마이너스minus라는 어플은 실시간 채팅을 통해 글로벌 친구를 사귈 수 있도록 돕는다. 위치 기반 소셜 네트워크로 특정 나라에 살고 있는 친구와 이야기를 하고 싶다면 앱에서 보여주는 지도를 따라 사용자의 위치를 특정 지역으로 선정한다. 지도를 따라 나라들을 선택하면 마이너스 앱을 사용하고 있는 현지인들을 보여준다. 사용자의 프로필, 관심사, 일상 사진 등을 통해 대화하고 싶은 사용자와 채팅하면 된다. 채팅하고 싶은 친구를 나라별로 찾아가서 만나는 느낌을 주어 세계여행을 하는 체험을 제공하고 있다.

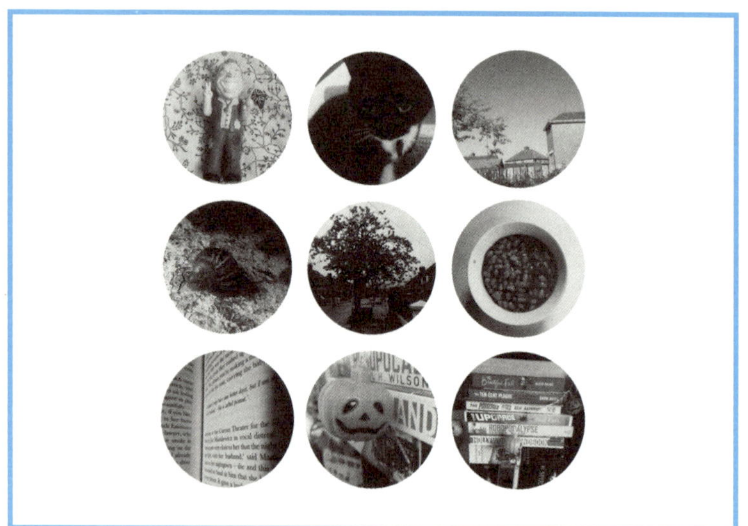

▸란도 rando4.me

란도Rando라는 어플은 전 세계 친구들과 사진을 공유하는 어플리케이션이다. 동그란 버튼을 눌러 사진을 찍고 주황색 버튼을 누르면 찍은 사진이 전 세계 불특정 친구에게 전달된다. 현재 자신이 보고 있는 풍경이나 좋아하는 물건 등 아무거나 찍어서 보내면 어느 나라에서 란도 앱을 이용하고 있는 이용자에게 사진이 한 장 전송된다. 사진은 한 장 전송할 때마다 한 장 받을 수 있다. 옛 어른들이 편지를 써서 물병에 담아 미지의 누군가에게 보내는 메시지처럼 디지털 바닷가에 자신의 흔적을 띄우는 것과 비슷하다. 란도는 사용자에 대한 자세한 정보나 텍스트 없이 오직 이미지만 전송된다. 받은 사진에 대한 정보는 사진이 찍힌 GPS를 통해 지도상에서 어느 나라에서 찍은 사진인지만 알 수 있다.

회화 공부를 겸하거나 외국어에 자신 있으면 직접 목소리로 대화하는 'Hi Vog'를 쓰면 되고 그림 그리기를 통해 소통을 하고 싶다면 'PEN.UP'을 활용할 수 있다. 펜팔처럼 메일을 보내며 관계를 가지고 싶으면 'ePenpal'이 있다. 한류 문화의 전파로 드라마, 배우, K-POP 아이돌 등 공통의 화제도 충분하다.

사실 한국인에게는 글로벌 협업만큼 어려운 허들도 없는 것 같다. 나라 안 무역이 국제무역 같았던 5,000년 역사의 중국, 일찌감치 유럽의 침탈을 받으면서 대문을 열고 만 동남아시아의 국가들, 임진왜란 이전부터 외국과 교류를 이어온 일본 등과 비교해보라. 19세기 말에 강제로 외교를 시작하고 그나마 남북이 갈라져 대륙과의 교류도 막히고, 1989년에 가서야 해외여행 자유화가 된 한국에서 글로벌 감각을 운운하는 것도 미안한 지경이다.

그래서 10대들은 다르다. 이 다르다는 것은 엄청나게 차이가 나는 환경이 주어졌다는 의미다. 1990년대에 해외 배낭여행을 경험했던 세대들이 부모가 되었고 다양한 매체환경과 스마트폰이 있다. 따라서 이 세대에게 우리가 진정한 글로벌 협업 능력을 기대하는 것도 과한 것은 아니다.

마지막으로 모모세대가 성장해서 뛰어들어야 할 미래의 직업과 고용 생태계의 관점에서 이들의 세대능력인 협업적 문제해결 능력에 대해 살펴보자. 10대들의 공유를 통한 공감과, 공감을 바탕으로 하는 협업 및 글로벌 대응 능력은 한국의 미래에도 아주 중요한 자원이 될 것이다. 곧 당면할 미래 비즈니스 환경에서 반드시 필요한 능력이 협업과 글로벌 능력이기 때문이다.

먼저 미래의 직업 환경을 엿볼 수 있는 사례를 분석해보자. 이를 통해 우리는 직업을 갖는 데 필요한 문제해결 능력을 추론할 수 있다.

'5달러를 내면 당신의 아이폰 UIUser Interface 페이지를 개성 있게 만들어주겠소.'

한 청년이 제안을 했다. 지금까지 146명이 그에게 일을 맡겼다. 그렇다면 매출이 730달러인 셈이다. 이 제안이 게시된 곳은 피버닷컴fiverr.com이다. 이스라엘의 벤처기업이 만든 곳인데 긱gig이라고 불리는 5달러짜리 제안들을 올린다. 자기가 할 수 있는 5,000원짜리 일을 시장에 내놓는 셈이다. 이 회사는 이 우스꽝스런(?) 아이디어로 1,500만 달러 투자를 유치했다.

유사한 비즈니스 모델들은 이미 미디어를 통해 여러 번 소개된 바 있다. 피버닷컴은 2009년에 문을 열었는데 그 전해에 미국

글로벌 재능 마켓		국내 재능 마켓	
fiverr 피버	2009년 개설 600% 거래 성장 재능 마켓의 시초	Kmong 크몽	2011년 국내 최초 재능 마켓 시작
Zaarly 잘리	2011년 5월 개설 실시간 P2P 거래 지원	w5000 오천원	2012년 오픈 마켓 시작
TaskRabbit 태스크래빗	2009년 개설 직접 사람을 고용하는 심부름센터 기능, 허드렛일에서 전문 업무로 확장됨	WOW10 와우텐	2012년 이미지 기반 SNS 오픈 마켓
vites 바이츠	2011년 5월 개설 모바일 분야 확대 일본 최초 재능 마켓	재능넷 재능넷	2012년 개설 과외, 레슨 등 개인 교습 중심의 재능 위주

▸ 국내외 대표적 재능마켓 현황, '2014 전망 핫트렌드 리포트' 중에서

에서는 IBM 엔지니어였던 리 부스케가 태스크래빗taskrabbit이라는 잔심부름 네트워크를 개설했고, 2010년에는 미국에서 기그워크gigwalk라는 작은 일거리 전문 네트워크가 시작되었다. 기그워크의 경우 2014년 현재 미국 전역에서 50만 명이 기그워커gigwalker로 일하고 있다고 홍보하고 있다. 그 후 일을 원하는 사람과 일을 맡기고 싶은 사람을 연결하는 네트워크 비즈니스 모델은 전 세계로 확산되었다. 이것을 '재능마켓'이라고 부르기도 한다.

앞선 사례의 제안을 더 추적해보았다. 제안자가 'fourslash'라고 되어 있어서 들어가봤더니, 청년이 아니라 파키스탄에 있는 회사다. 피버닷컴은 처음엔 5달러짜리 긱만 제안할 수 있는데 고객들에게 신용이 쌓이면 500달러짜리 일까지 제안할 수 있다. 10개

가 넘는 제안이 fourslash 회사 이름으로 올라와 있는데 이용 고객 수를 얼추 계산해보니 몇 명이 직원으로 있는지 모르지만 아직까지 수익이 날 것 같지는 않다.

어떤 한국인은 이스라엘에 살고 있는데 텔아비브의 통곡의 벽에 기도문을 써서 붙여주겠다는 긱을 재미삼아 올려보았다는 체험기를 블로그에 올렸다. 친구가 항암 치료를 받는데 완쾌를 기원한다는 주문을 하나 받아서 4달러(5달러 가운데 1달러는 수수료다)를 벌기 위해 40달러(왕복 교통비 등)를 썼지만 보람이 있었다는 후기를 남겼다. 한국인이 이스라엘에 살면서 또 낯선 어느 나라 고객의 주문을 받아 일을 한 것이다.

당신에게 이것은 익숙한 풍경인가? 피버닷컴 홈페이지를 방문해보면 미국인이 가장 많은 제안을 올리고 있지만 인도, 파키스탄, 태국, 프랑스 등 세계 각국의 젊은이들이 긱을 제안하고 있다(2013년의 의뢰 건수는 약 2,000만 건이었다). 피버닷컴이 제안하는 것은 어떤 아이디어가 있고 그것을 수행할 능력이 있다면 전 세계 사람들을 대상으로 일을 할 수 있다는 것이다. 필요한 것은 인터넷에 접속 가능한 도구뿐이다. 이것은 20세기에 익숙했던 고용 환경과는 전혀 다른 미래를 예고한다. 모모세대인 10대들은 이런 환경이 더 확산된 시대에 세상에 나올 것이다.

직업을 위해 필요한 전문성의 영역도 상당히 폭넓어질 것이다. 예를 들어 초등학교 5학년 이만섭 군은 현란한 요요 기술을 자랑한다. 만화에 나오는 것을 보고 따라하다가 이것저것 동영상을 보면서 연습하다보니 어느새 할 수 있는 기술들이 늘어났다. 친구들 사이에서도 요요 전문가로 불리고 있다. 친구들이 기술에 대해 이것저것 물어보는 게 귀찮을 지경이다. 그래서 학교 게시판에 요요 강습을 한다고 올렸다. 그러자 요요를 배우고 싶다는 친구들이 댓글을 달면서 몇몇 친구들을 그룹으로 만들어서 요요 기술을 정기적으로 가르치고 있다. 친구들에게 요요 기술을 자랑하는 것뿐만 아니라 직접 전문가로서 가르치는 것이다.

생존에 필요한 기능들만이 직업이 되던 시절이라면 상상도 할 수 없을 테지만 미래 사회는 일상 속 작은 능력으로도 얼마든지 전문가로서 대접받을 수 있다. 만약 당신이 체코 프라하에 유학을 와 있고 몇 년간 공부를 하면서 체코 친구들과 어울리다보니 현지인이 즐겨 찾는 좋은 카페, 레스토랑, 쇼핑 장소 등에 대해 잘 알고 있다고 해보자. 당신은 이 경험과 지식을 일로 바꾸어 전문가가 될 수 있을까? 있다. '마이리얼트립'이라는 여행사는 이런 여행상품으로 유명한데 하루 9만2,000원짜리 프라하 1일 투어 상품이 있고, 이 상품의 가이드는 30대 한국인 유학생이다. 그의 전문가적 숙련성은 '현지인만 아는 장소'다.

이미 등장한 이런 징후들은 미래에 더 다양하고 폭넓은 영역으로 확산될 것이다. 그리고 네트워크를 통해 수요자와 만나는 일상적 환경이 조성될 것이다.

요즘 강조하는 창의성도 네트워크에서 발휘될 것이다. 당분간은 이 새로운 환경의 유용성을 이해하기만 해도 창의성의 원천이 된다. 미국의 한 여성 저널리스트는 세계 각국의 미의 기준을 비교하기 위해 피버닷컴을 활용했다. 올라온 긱 가운데 편집자들만 골라서 22개국 27명에게 자기 상반신 사진을 보내 아름답게 바꿔달라는 의뢰를 했다. 여기에는 총 135달러가 들었다. 그녀는 22개국 편집자들이 각자 생각하는 '아름다움'으로 재편집한 사진을 받아볼 수 있었다. 나라별로 다른 미의 기준을 비교해본 이 작업에 든 비용은 불과 14만 원 정도다. 이것이 21세기식 일의 미래이고 창의성이다.

그런데 좀더 전문적인 일도 이 같은 잡네트워크를 통해 이뤄지게 될까? 부모가 원하는 자식의 직업이란 고소득에 자율성이 보장되는 안정된 일일 텐데 앞의 징후들은 그런 기준에는 못 미치는 것 같다. 그러나 걱정할 필요 없다.

다시 10대의 삶으로 돌아가보자. 학기가 시작되고 새로운 반이 시작되면 10대들은 '단톡(카카오톡에서 단체 대화방을 만드는 것)'을 시작한다. 세월호 참사에 대한 울분, 잃어버린 물건 갖다놓으라는 협박, 잘생긴 선생님 사진, 야동 링크 등 대화 내용에는 그 반의 분위기가 고스란히 반영된다.

번호를 알려 달래서 줬더니 하루에 들어가기만 해도 구백 개가 넘는다; 그래서 너무 알림 많아서 단톡 알림을 꺼두어도 화면알림에 계속 떠서 나를 괴롭혀서 전체알림을 껐더니 다른 애들이 톡 왔을 때 모르는 불편함에 점점 승질이 난다ㅋㅋ 그래두 톡을 보면 단

톡이 우리 교실인 양 시끄럽고 일상사를 말하는 것이 보는 것도 좋은 것 같다. 비록 가끔이 아니라 꽤 단톡에서 나가는 아이들을 봤지만 나도 그러고 싶지만… 왠지 다시 초대할 것 같아서 나갈 수는 없는 마당이다ㅋㅋ

중학교 3학년 학생의 블로그에서 퍼온 이 글이 10대의 일상을 대변한다. 그들에게 네트워크상의 연결과 협력과 갈등은 그저 일상일 뿐이다. 협력을 통한 문제해결 능력은 이런 일상 속에서 싹트는 것이다.

협력적 문제해결 능력의 필요는 최근 수십 년간 진행된 노동환경 변화의 결과다. 이 역사적 과정을 아주 간단하게 훑어보자. 1960년대에 경영학자 피터 드러커는 앞으로 지식노동자의 시대가 될 것이라고 예측했다. 앨빈 토플러도 1982년 《제3의 물결》에서 정보지식문명의 도래에 대해 이야기했다. 노동의 주요 기능이 지적인 생산력의 발휘가 될 것이라는 예측은 정확했다. 1990년대 디지털화가 진행되고 불확실성이 늘어나면서 기업들은 경영에 부담을 주는 인적자원에 대한 투자를 효율화하기 위해 아웃소싱 outsourcing을 시작했고, 2003년에 버클리대학교의 체스브로 교수는 개방형 혁신open innovation이라는 용어로 변화의 방향을 정리했다. 개방형 혁신이란 기업들이 혁신의 자원인 지적 생산력을 외부 네트워크에서 찾는 것이 훨씬 효과적인 시대가 되었다는 의미로 해석할 수 있다. 상황이 이렇게 되자 다니엘 핑크는 2004년에 이제

구분	2011	2012	2013	2014	연평균 성장률
세계시장(조 원)	31	39	47.5	60	27.4%
국내시장(억 원)	1,604	2,449	3,555	4,985	47.6%

▸ 세계 클라우드 소싱 시장 전망

프리에이전트free agent의 시대라고 공언했다. 프로스포츠 분야의 자유계약 선수처럼 자신의 전문성을 가지고 기업과 자유계약을 맺는 것이 새로운 직업 환경이 되었다는 것이다. 그리고 2020년, 우리는 방대한 직업 네트워크가 지구를 뒤덮은 상황을 목격하게 될 것이다. 많은 조직들이 더 많은 일을 외부 네트워크에 의존하는 거미줄 같은 세계가 우리를 기다리고 있다. 그때 당신이 여전히 기업이나 조직 안에 있거나, 프리랜서나 외부 전문가로 활동하거나에 상관없이, 이 네트워크를 활용하여 협력을 잘하는 것이 주요한 능력이 된다는 것을 실감할 것이다. 의사소통, 공감 능력, 관계의 설정, 원격 토론, 업무 공유, 상호 신뢰 등의 조건들이 협력적 문제해결 능력의 기반이 된다는 것도 물론 알고 있을 것이다.

미래 직업 환경은 지금까지와 다를 것이다. 지적인 생산성, 네트워크적 협업, 다양하고 폭넓은 새로운 직업들이 부상하고 이에 따른 인재상도 달라질 것이다. 사소하더라도 남다른 재능과 경험, 남는 시간, 아이디어만 있어도 전문가가 될 수 있다. 새로운 직업과 직종이 계속 탄생할 것이다. 그리고 아웃소싱 문화와 개방형 혁신 전략, 클라우드 소싱 네트워크가 당신과 일을 연결해줄 것이다.

기업들도 새로운 소비자들을 이해할 수 있고 창의적일 수 있는 인재를 뽑기 위해 스펙에서 벗어나 개성과 가치를 존중하는 다양한 채용 조건들을 가지게 될 것이다. 무엇보다 협력적 문제해결 능력이 탁월한 인재들을 선호할 것이다.

이렇게 보면 모모세대는 10대의 성장기에 선도적으로 네트워크의 필요성과 장단점, 활용 능력을 배우며 인재로 성장할 가능성을 키우고 있는 것이다. 그들은 여러 가지 상황에서 문제해결을 위해 어떻게 타인과 소통하고 협력해야 하는지를 자연스럽게 익히고 있다.

그런데 이런 상황을 잘 모르고 '요즘 아이들은 무슨 생각하는지 모르겠다'라는 기성세대들이 많다. 그들은 하드디스크에 많은 기억을 저장해뒀다가 필요할 때 쉽게 꺼내 쓰는 컴퓨터 같은 인재를 생각하는 것 같다. 그러나 모모세대들은 모든 것이 램RAM에 떠돌고 있고 모든 것이 클라우드에 있는 세상에서 필요한 인재들이다. 두 개의 뇌 시대를 사는 모모세대들은 협업적 문제해결 능력이라는 강력한 힘을 길러가고 있다.

제가 수학 문제를 풀다가 모르는 게 있으면 바로 '바로풀기'라는 앱에 올리는데요, 그럴 때마다 답이 와요^^ 앱 회원님들께서 착하셔서 ㅎㅎ

그들은 걸어가면서도 수학문제 풀기에 대해 물어보고 배울 수

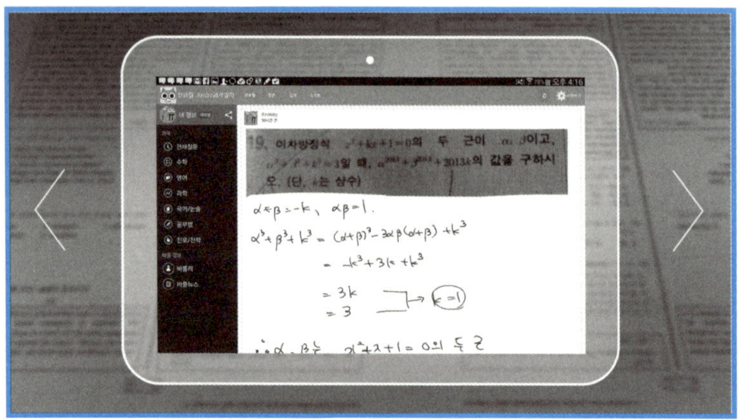

▶바로풀기 www.bapul.net

있다. 앞의 사례는 무료 SNS 어플인 '바로풀기'의 활약이다. 2012년 처음 등장했을 땐 수학 분야만 다뤘는데 지금은 초등학생의 경우 전 과목으로 확장되었다. 질문자는 어플을 내려받은 후 문제를 풀거나 어려운 대목을 카메라로 찍어 질문을 올리면 된다. 따로 선생님이 있는 것은 아니다. 올린 문제에 대해 풀이법을 아는 사람, 혹은 이미 같은 문제를 풀어본 친구들이 자신의 풀이법을 노트에 적어 카메라로 찍어 답변을 다는 방식이다. '세상 참 좋아졌네'라는 독자 여러분의 목소리가 여기저기서 들리는 것 같다. 그렇다. 세상이 좋아져서 모모세대는 공부도 협력을 통한 문제해결 방식으로 하기 시작했다.

10대들은 걸으면서 수학문제를 협력하여 풀 수 있다. 이렇게 말하면 '그게 뭐 어떤데?'라고 생각할 수 있다. 그런데 이것을 '학교에서 스마트폰을 수거하는 것'과 '아예 스마트폰을 학습에 이용

하는 과정을 개발하는 것'의 문제로 치환하면 어떻게 되는가?

협력할 때 문제해결 능력이 극대화되는 것이 모모세대의 집단적 특성이다. 디지털 네이티브의 저자 돈 탭스콧은 "넷세대는 타고난 협력자들이다"라고 강조한다. 모모세대는 그보다 더 진화하고 있다.

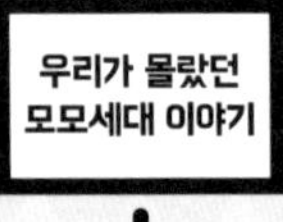

"아기를 목욕물과 같이 버릴 수는 없잖아!" : SNS를 통한 문제해결

79세의 할머니 보조교사 캐롤 디바지Carol Thebarge은 2014년 4월에 학생 200명과 '친구 삭제unfriend'하라는 학교 당국의 공식 요청을 받았다. 이 요청을 받아들이지 않으면 더 이상 그 학교에서 보조교사로 일할 수 없다는 것이다. 미국 일간지 〈USA 투데이〉는 그녀가 이 사실을 페이스북에 올린 후 인터뷰를 했다. 이 할머니 교사는 학생들과 페이스북을 통해 주로 왕따 문제나 우울증 같은 것들에 대한 상담을 한 신세대였다. 그녀는 인터뷰에서 학교 측의 요청에 대해 동의할 수 없다며 "나에게 페이스북은 교실의 확장이에요"라고 말했다.

앞으로 몇 년간 학교에서 SNS를 어떻게 다루어야 하는가는 '뜨거운 감자'가 될 것이다. 할머니 교사 캐롤처럼 좋은 관계로 유지할 수도 있을 것이다. 그러나 전혀 다른 방향의 부작용도 나타날 수 있다. 〈USA 투데이〉에 따르면 캐롤 할머니와 같은 학교의 29세 수학교사는 문자메시지를 주고받던 14세의 여학생을 성폭행해 체포되었다. 학교 당국이 교사와 학생간의 SNS에 과민반응한 것에도 이유가 있었던 것이다.

그러나 캐롤 디바지는 이에 대해 사소한 일 때문에 귀한 것을 잃지 말라는 의미의 속담을 인용해 이렇게 말한다.

"아기를 목욕물과 같이 버릴 수는 없지요."

한편 바다 건너 한국에서 한 고3 여학생은 2014년 5월, 트위터에 학교 건물의 균열 사진을 올려 위험을 호소하는 사진과 글을 올렸다가 학교로부터 고소까지 당하고 징계 위협을 받는 등 힘든 한 해를 보냈다. 이 학교는 2008년에 건물을 신축했는데 처음부터 여러 가지 이상이 있었고 진동과 굉음이 나곤 했으며 2014년에는 건물에 있는 자습실에서 물이 새고 석면 가루가 떨어져 많은 학생들이 불안에 떨었다는 것이다. 여러 학생들이 이 문제를 지적했는데 그럴 때마다 돈이 없어서 못 해준다고 했으며 또 이 학생이 트위터에 처음 글을 올린 날에는 교장이 단상에서 "왜 안전한 학교를 자꾸 걸고넘어지느냐, 아무 문제가 없으니 가만히 있으라"라고 했다는 것이다. 잠깐, "가만히 있으라." 어디서 많이 들었던 소리 아닌가!

미디어와의 인터뷰에서 교장은 이렇게 말했다.

"학생도 학내 문제에 대해서 불만이 있으면 나한테 와서 얘기하면 될 거 아니에요. 왜 인터넷에 띄워요?"

미국의 할머니 교사와 10대 여고생은 둘 다 문제해결 수단으로서 SNS를 활용했다. 교육 현장에서 SNS는 목욕물인가, 아기인가? 모모세대라면 어떻게 생각하겠는가?

7장

모모세대의 존재감

: 웃자란 경계인을 넘어 어른으로

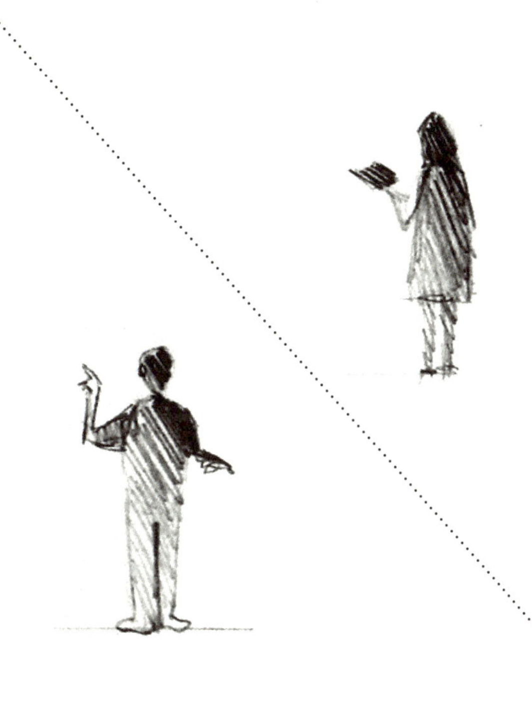

경계인

둘 이상의 이질적인 사회나 집단에 동시에 속하여
양쪽의 영향을 함께 받으면서도,
그 어느 쪽에도 완전하게 속하지 않아 정체성의 혼란을 겪는 사람

완벽한 보호가 필요한 아이도 아니고
독립적으로 삶을 꾸려갈 성인도 아닌
청소년과 어른의 경계에 선 이들

모모세대는 경계인이다

그러나 모모세대는
신체적으로도 조숙할 뿐만 아니라
사회에 대한 관심, 미적 감각의 숙련성,
소비자로서의 감각, 소비 영역에서의 영향력 등
시민이자 경제인으로서도 충분히 조숙하다

디지털과 모바일로 인해 변해갈 세상에서
모모세대의 삶은 그 자체로 이미 트렌드다

**10대의 잠재력은
그들이 20대, 30대가 되었을 때
꽃을 피울 것이다**

농사를 지을 때 웃자란 것들은 대개 꺾거나 잘라준다. 그렇다면 웃자란 10대들은 어떻게 해야 하는가? 이번 장에서는 마지막으로 그들의 '성장'에 대해 알아보고자 한다.

수직적 기업문화의 직장생활에서도 뛰어난 능력의 후배가 일을 잘하는 것은 좋지만 금새 내 자리를 위협할 것이라는 점에서 그렇게 달갑기만 한 것은 아니다. 따라서 이런 경우 기업문화가 좀 더 수평적으로 변해 각자의 장점을 서로 인정하고 키워주는 방식으로 변해갈 필요가 있다. 그런데 지금 10대가 딱 그런 꼴이다. 웃자라고 있는 것이다.

모모세대는 웃자란다. 거름이 너무 풍부한 밭에서 자라는 채소들처럼, 영양분이 너무 많이 주어지기 때문이다. 이 경우 영양분이란 지나치게 많은 정보와 지식이다. 신체적으로도 과거 세대에 비해 조숙하다. 아마도 학제를 바꿔야 하는 건지도 모르겠다. 100년 전에 만들어진 6-3-3 학제는 웃자란 모모세대들에게는 몸에 맞지 않는 옷일 수 있다. 조사를 하다 보니 12년간이나 학교라는 울타리에 갇혀 통제를 받을 필요가 있을까라는 생각이 저절로 든다. 유치원까지 합하면 대략 14년간 학생이라는 신분이다. 2~3년 일찍 대학에 보내거나 사회에 적응하는 시간을 주는 것이 미래를 위해 훨씬 좋은 방법이 아닐까?

청소년기는 생애주기에서 보면 경계인이다. 경계인이란 어느 쪽에도 소속되어 있지 않아 정체성의 혼란을 겪는 사람들을 말한다. 민족이나 국가, 혹은 성적 정체성 등이 대표적으로 경계인을 만드는 기준들이다. 청소년기는 완벽한 보호가 필요한 아이도 아니고 그렇다고 성인도 아니라는 점에서 경계인이다. 아이도 아니고 어른도 아닌 청소년들은 정체성을 확립하기 어렵다. 그것이 사춘기라는 특징으로 나타나는 것이다. 그러나 요즘 대부분의 아이들은 사춘기를 13~15세에 거친다. 또 정신적으로나 심리적으로도 조숙할 수밖에 없는 환경 속에서 자란다. 모든 게 빠르다. 스마트폰을 만지작거리고 인터넷과 SNS를 다루는 것은 10살 이전부터다. 그들은 정보의 바다에서 무엇이든 접할 수 있다. 정말 얌전하고 말 잘 듣는 아이들조차 마음만 먹으면 어떤 어른의 세계라도 접근 가능하다. 따라서 15~17세가 되면 개인차가 있을지언정 그들은 이미 어른의 경계에 선다. 청소년기를 넘어서는 것이다. 그래서 이들은 웃자라는 경계인들이다.

그러나 우리 사회는 웃자란 경계인으로서의 10대에게 좌절의 연속이다. 기존 제도의 공고함, 난공불락의 거대함 대문이다. 한국 사회는 청소년기를 벗어난 사람들을 10대라는 이유로 학교에 잡아

두고, 무엇이든 통제하고 심지어 교실에서 스마트폰도 수거한다. 오랜 관성과 이미 굳어진 사회제도 때문이다. 그것이 그들을 또다른 경계인으로 만든다. 학교, 성적, 대학, 청소년의 굴레는 웃자란 모모세대에게는 좌절이다. 그들은 독립된 주체로서 어떤 활동도 할 수 없다. '가만히 있으라', '너희는 아무것도 하지 말라'라는 사회적 금제 속에서 그들의 도전 정신은 꺾인다. 상하서열이 분명한 한국문화도 이들에게는 커다란 장벽이다. 지금 전 세계에서 불쑥불쑥 10대들의 창업 이야기가 나오지만 한국에서는 몰래 인터넷 쇼핑몰을 해볼까 하는 10대들이 고작이다. 열린 문이 없기 때문이다. 그러면서 '창의성이 부족하다'라는 것이 기성세대의 질타다.

세상을 일찍 알게 된 조숙함

10대가 조숙하다는 것은 직업 선택 요인에 대한 조사에서도 나타난다. 고등학교를 졸업할 때까지 사회에 대해 아는 것이 없었던 세대들과는 확연히 다르다. 통계청 조사를 보면 직업 선택 요인에서 '보람, 자아성취' 항목은 2002년 11.2퍼센트의 학생들에게 중요했는데 2011년에는 5.8퍼센트로 거의 절반으로 줄어들었다. '발전성, 장래성' 같은 모호한 기준에 대해서도 2002년 16.6퍼센트에서 6.9퍼센트로 줄었다. 그렇다면 무엇이 늘었는가? '수입'이다. 16.1퍼센트에서 28.5퍼센트로 늘었는데 중간 연도의 조사들을 보면 꾸준히 늘고 있다.

그들은 싫어도 세상을 일찍 알게 된다. 보고 듣는 영역이 이전 세대보다 확연히 확장되었다. 이런 현상은 넷세대부터 꾸준히 증가해오던 변화다. 스마트폰은 그저 그 속도를 더 빠르게 만들었을 뿐이다.

정치적 사안에 대해서도 그들은 일찍 눈을 뜰 수 있는 환경에 놓여 있다. 2014년 4월 16일 세월호 참사 후 청와대 게시판에 한 10대가 "대통령님은 헌법을 위반하셨습니다"라는 글을 올렸다. 고3 학생이라는 그는 "도저히 참을 수가 없어 목숨을 걸고 청와대 게시판에 이 글을 남깁니다"라고 썼다. 이 글은 각종 SNS를 통해 널리 퍼져나갔고 어른들을 더욱 미안하게 만들었다.

이것을 한 개인의 특별한 행동으로 봐서는 안 된다. 10대들도 관심만 있다면 모바일을 통해 모든 뉴스에 접근할 수 있다. 그리고 그 중 일부가 관심을 가졌다고 해도 SNS를 통해 순식간에 퍼져나간다.

과거의 고정관념에서 벗어나지 못하는 기성세대의 일부에게, 10대가 정치에 대해 견해를 얘기한다는 것에 있을 수 없는 경거망동이다. 그러나 이런 식의 고정관념은 정치나 사회 전반에 대한 정보를 10대를 입수한다는 것이 대단히 제한적이었던 시절의 유산이다. 모모세대에게 정치와 사회에 관련한 정보는 20년 전 어른들만이 독점적으로 점유하는 독과점 체계가 아니다. 어른들의 정보 독점은 완벽하게 깨졌다. 특히 사춘기를 지난 고등학생들에게는 아직 학생이라는 틀만 아니라면 투표를 하거나 정치적 견해를 갖기에 충분한 지식과 환경이 주어져 있다.

모모세대 중 17세가 넘은 이들은 이미 충분히 자랐고 더 자랄 수 있는 연령이다. 그들은 사실 청소년이라고 불려서는 안 된다. 이것은 조숙한 일부 아이들에 대한 것이 아니라 세대로서 그들 전체에 해당하는 것이다.

포털사이트 '다음'은 연령대별 많이 본 뉴스에 대한 자료를 제공한다. 다음 캡처 화면은 2014년 6월 8일의 각 연령대별 남성과 여성이 24시간 내에 가장 많이 본 뉴스의 리스트다. 물론 각 연령대마다 얼마나 많은 사람들이 뉴스를 보았는지에 대한 통계는 빠져 있으니 이 점은 감안하기 바란다.

먼저 10대 남성들이 많이 본 뉴스들이다. 모모세대답게 삼성전자가 새로 개발중인 '접으면 스마트폰, 펴면 태블릿'이 되는 디지털 기기가 1위에 올라 있다. 2위는 비즈니스 뉴스로 다음과 카카오의 합병에 대한 것이다. 3위는 정치적 사안인 선거에 대한 것이고, 4위는 스마트폰, 5위는 북한에 대한 관심을 반영한다. 10대 여성들은 1위, 4위, 5위가 세월호 관련 뉴스이고 2위는 일상생활 관련 뉴스이며 3위는 북한 어린이에 대한 것이다.

한편 20대는 어떤가? 남녀를 불문하고 세월호 뉴스나 정치 관련 뉴스는 실종된 상태다. 축구, 섹시, 연예인 뉴스가 상위권을 점

< 2014.06.08 > 달력 오늘 ? 인기기사

구분	순위	기사	언론사	시간
10대 남성	1	삼성, 스마트폰과 태블릿 넘나드는 '트랜스포머' 출시	전자신문	2014.06.08 18:01
	2	다음카카오 합병 '열홀'..네이버가 웃는다	지디넷코리아	2014.06.08 14:51
	3	7·30 재·보선 열기 초반부터 '후끈'	파이낸셜뉴스	2014.06.08 17:29
	4	'고급형 갤럭시S5' 갤럭시F 사진 추가 유출	아시아경제	2014.06.08 10:59
	5	판문점에 '갤러리'가 들어선다?	머니투데이	2014.06.08 09:23
10대 여성	1	<세월호참사> 오열하는 학생	연합뉴스	2014.06.08 11:56
	2	귀여운 얼굴에도 과학적인 '공식' 있다 (英 연구)	서울신문	2014.06.08 18:32
	3	물놀이 즐기는 北 어린이들	연합뉴스	2014.06.08 15:09
	4	지문 채취 '사투'.."빨리 가족 만나게 해줘야죠"	한겨레	2014.06.08 20:20
	5	밤새 실종자 발견 없어..내일부터 중조기	YTN	2014.06.08 07:05
20대 남성	1	삼성, 스마트폰과 태블릿 넘나드는 '트랜스포머' 출시	전자신문	2014.06.08 18:01
	2	속타는 업계 "모바일 웹보드게임 규제, 빨리 만들어라"	이데일리	2014.06.08 10:58
	3	김보성 "의리, 콘셉트라 하면 서운..지금은 기적같아"	연합뉴스	2014.06.08 08:02
	4	프랑스 자메이카 축구 A매치 평가전, 9일 새벽 4시(...	조선일보	2014.06.08 15:58
	5	방자전 류현경, '섹시 향단이'..청순한 매력도 철철,...	조선일보	2014.06.08 10:52
20대 여성	1	심태윤 아내, 12살 연하 일반인이라더니.."연예인 뺨...	조선일보	2014.06.08 13:51
	2	남아공 스포츠스타 조셉 느트숑과나, 시민 3명 살해.....	조선일보	2014.06.08 11:42
	3	귀여운 얼굴에도 과학적인 '공식' 있다 (英 연구)	서울신문	2014.06.08 18:32
	4	'제자 19명 탈출시키고' 54일 만에 바다에서 돌아온...	머니투데이	2014.06.08 17:50
	5	[오늘의 운세] 6월 9일 월요일(음력5월 12일 辛亥...	조선일보	2014.06.08 18:01
30대 남성	1	속타는 업계 "모바일 웹보드게임 규제, 빨리 만들어라"	이데일리	2014.06.08 10:58
	2	삼성, 스마트폰과 태블릿 넘나드는 '트랜스포머' 출시	전자신문	2014.06.08 18:01
	3	프랑스 자메이카 축구 A매치 평가전, 9일 새벽 4시(...	조선일보	2014.06.08 15:58
	4	방자전 류현경, '섹시 향단이'..청순한 매력도 철철,...	조선일보	2014.06.08 10:52
	5	아이폰6 더 얇아질까..라이트닝 케이블 이어폰 등장 예...	아시아경제	2014.06.08 09:41
30대 여성	1	남아공 스포츠스타 조셉 느트숑과나, 시민 3명 살해.....	조선일보	2014.06.08 11:42
	2	나, 소시오패스요, 그래서	한겨레	2014.06.08 19:40
	3	개코 아내 김수미씨, 연예인 빰치는 미모.."러브스토리...	조선일보	2014.06.08 10:33
	4	고속도로 교통상황, 정체 구간 늘고 있어..'가장 막히...	조선일보	2014.06.08 13:37
	5	명예살인·조혼·혐오..딸로 태어난 것이 무섭다	세계일보	2014.06.08 19:37

령하고 있다. 30대 남녀도 대동소이하다.

자, 누가 더 정치에 관심이 많은가? 누가 더 어른스러운가? 이런 상황에서도 10대를 연령 제한과 학교라는 울타리로 가둬놓는 것이 정당한가?

20대들도 조숙했을 것이다. 문제는 그들이 일찌감치 경험한 '좌절'이다. 사회 문제에 관심을 가지고 그들 자신의 견해를 만들어봐야 아무도 들어주지 않고 대학과 성적의 굴레에 얽매이는 환경에서 조금도 벗어나지 못했던 경험들이다. 대학에 들어오자마자 다시 사회에 진출하기 위해 쌓아야 할 스펙에 저당잡힌 청춘의 좌절들이다. 그러니 축구나 연예인에 더 관심을 갖는 것은 그들로서는 합리적 선택인 것이다.

널리 퍼져야 할 아이디어, 10대의 존재감

2010년 2월, '널리 퍼져야 할 아이디어Ideas worth spreading'라는 모토로 미국 뿐 아니라 유럽, 아시아 등 세계 곳곳에서 개최되는 강연회 TED에 12살짜리 소녀가 혜성같이 등장했다. 이 소녀의 이름은 아도라 스비탁Adora Svitak이다. 1997년 미국 태생의 이 어린 소녀는 생후 2년 6개월 때부터 책을 읽고 4살 때부터 글을 썼으며, 이미 8살 나이에 단편소설 400편, 시 100편을 집필했다. 아도라는 자신의 능력이 여섯 살 때 엄마가 사준, 마이크로소프트 '워드'가 장착된 노트북에서부터 발휘되었다고 말한다. 그녀는 TED 강연에서 어른들을 향해 이런 말을 던진다.

세상은 아이들에게 아이 같은 생각을 요구합니다. 그리고 어른들은 제한을 두어 아이들은 이래야 한다는 생각과 함께 종종 아이들

의 능력을 과소평가하기까지 하지요. 그러나 안네 프랑크Anne Frank는 홀로코스트Holocaust 이야기로 수만 명의 심금을 울렸고 루비 브리지스Ruby Bridges는 미국 인종차별의 종결을 도왔으며, 최근에는 찰리 심슨Charlie Simpson이 작은 자전거 하나로 12만 파운드의 아이티Haiti 기금을 모금했답니다. 이러한 예를 증거로 볼 수 있듯이, 나이는 아무 상관이 없죠.

물론 이 이야기는 다시 한 조숙한 천재의 깜찍한 발언으로 관심의 방향을 돌릴 우려가 있다. 여기서 눈여겨보려는 것은 10대들에게는 그들을 대변할 어떤 권력도 대변인도 없다는 것이다. 오늘날 모모세대들은 이미 충분히 웃자라고 있다. 100년도 넘는 과거에 만들어진 학제와 기성세대의 편견이 그들을 더 자라지 못하게 억누르고 있는 것이다.

한국트렌드연구소의 《핫트렌드 2011》에서는 'E-Teens'라는 키워드로 새로운 변화에 주목한 적이 있다. 여기서 E는 '어리다early'이라는 의미로 10대 초반의 아이들을 의미한다.

"10대 초반이면 아이들은 벌써 자기들만의 스타일을 추구한다."

한 일간지의 기사는 이렇게 시작한다. 기사는 이어서 이들의 눈높이를 맞춰주는 옷을 찾기가 쉽지 않다며, 아동복 스타일에서 벗어나고 싶어하지만 성인복은 맞지 않는 것이 이들의 현실이라고 전한다.

<한국일보> 2010. 10. 21

그리고 '이틴즈'를 다음과 같이 정의했다.

부모보다 컴퓨터를 잘 안다. 페이스북이나 트위터가 전화만큼 친숙한 커뮤니케이션 수단이다. 동시에 많은 정보를 다루는 데 익숙하고, 여러 가지 일을 병렬적으로 처리하는 멀티태스킹 능력이 뛰어나다. 음악은 생활이다. 평등이나 환경 이슈에 남달리 민감하다. 무엇보다 이전의 그 어떤 세대들보다 조숙하다.

네이버 지식인과 같은 묻고 답하기 코너에 늘어나고 있는 초등학교 여학생들의 화장법에 대한 수다 같은 현상들이 2010년에 이미 다양하게 나타났다. 그로부터 몇 년 후 이제 초등학교 여학생 가운데 일부는 스마트폰으로 영상을 찍어 유튜브에 올리고 사람들의 반응을 체크한다. 인기 동영상은 1만 회가 넘는 조회 수를 올리고 그 주인공들은 시리즈를 제작하고 있다.

한국트렌드연구소가 2014년 상반기에 서울 강남과 강북에서 고등학교를 하나씩 정해서 집단면접 조사를 실시했을 때, 고등학생쯤 되면 미의식이나 주체에 대한 인식이 이미 거의 어른이나 다름없다는 것을 알 수 있었다. '요즘 아이돌에 대해 어떻게 생각하느냐'는 질문에 대해 학생들은 입을 모아 이렇게 말했다.

외모나 스타일은 마음에 들고 참고하는 편이지만, 그들의 노래나 음악까지 마음에 드는 것은 아니에요.

10대들은 오히려 진정성 있는 가사와 멜로디가 담긴 노래라면 옛날 노래이든 요즘 노래이든 상관없이 끌린다고 말했다. 실제로 흘러간 옛 노래나 가수에 새로운 의미를 덧붙여 소화하는 10대 소비자들도 적지 않다. 모모세대인 10대들은 맹목적으로 아이돌 그룹에 열광하는 10대가 아니다. 어릴 때부터 다양한 장르의 음악을 다양한 디지털 기기를 통해 접하고 스스로 체험할 수 있는 환경 안에서 직접 보고 느끼고 만지는 과정을 거쳤기에, 감동을 주는 음악을 골라낼 줄 아는 전문가 못지않은 감각을 스스로 키운 세대들인 것이다.

이런 감각은 미의식과는 좀 다르지만 쇼핑에서도 다르지 않았다(4장 참조). 오히려 이제는 10대들이 쇼핑 문화를 선도하기까지 한다. 화장품의 경우 어른들이 전용 공간이었던 전문매장에서 10대들이 주요 고객이 되어가고 있다. 화장품산업 관계자들은 10대들이 없으면 매출에 큰 타격을 받는다고 분명하게 말하고 있다.

한국정보통신정책연구원이 2013년에 조사한 바에 따르면 온라인에서 유료 콘텐츠에 돈을 지출하는 연령별 통계에서 10대는 30대에 이어 2번째 소비세대라고 한다. 30대가 월 평균 1만8,700원을 온라인 유료 콘텐츠에 쓰는 것에 비해 10대는 월 1만2,400원을 지출한다. 반면 20대는 월 1만1,100원을 지출함으로써 오히려 10대보다 적었다.

한국에서 2013년 9,800억 원, 2014년 1조2,850억 원 등 폭발적으로 증가하는 모바일게임 시장에서도 10대는 가장 큰 손이다.

글로벌 모바일게임 시장이 123억 달러(시장조사업체 뉴주Newzoo와 디스티모Distimo 2013 보고서)에 달하고 2016년에는 그 두 배에 이를 것으로 전망되는데 그 주역이 10대가 아니면 누구겠는가. 또 〈해리 포터〉 시리즈, 〈트와일라잇〉 시리즈, 드라마 〈상속자들〉 등 10대를 겨냥한 영화나 드라마 시장도 갈수록 커지고 있다.

또한 디지털 기기나 디자인, 편의성 등의 영역에서 10대들이 더 잘 아는, 혹은 더 감각적인 소비 분야가 갈수록 늘어나면서 가정 내의 소비 관련 의사결정에서 10대가 차지하는 역할도 갈수록 커지고 있다. 이런 경향은 이미 10여 년 전부터 꾸준히 강화되어 온 것이며 스마트폰을 손에 쥔 모모세대의 등장으로 태풍의 눈이 되었다. 10대들의 존재감이 예전과 다르다는 것을 이제는 인정해야 한다.

어른의 관문, 신체적 성숙

이번에는 신체적 성숙이라는 면에서 경계에 서 있는 10대들의 처지에 대한 들여다보자.

넷세대나 모모세대에게 관통하는 것이 신체적 조기 성숙이다. 사실 이 변화는 디지털이나 스마트폰과는 상관없이 20세기 내내 진행된 것이다. 신체적인 면에서 10대는 30년 전의 10대와는 다르다.

2013년에 발표한 자료에 따르면 한국의 중학교 3학년 남자의 평균 키는 169센티미터다. 그런데 이 수치는 30년 전 고등학교 3학년보다 크다. 당시 고3 남학생의 평균 키는 168.3센티미터였다. 최소 3년은 빨라졌다. 몸무게도 마찬가지다. 30년 전 고3 남학생의 평균 몸무게는 58.7킬로그램이었다. 2013년 중3 남학생의 평균 몸무게는 62.1킬로그램이다. 30년을 격하고 중학생의 몸무게가 오히려 3.4킬로그램 더 많은 것이다. 여학생은 어떨까? 키는 30년 전 고3 여학생에 비해 중3 여학생이 2.1센티미터 커졌다(157.4cm→159.5cm). 몸무게는 1.7킬로그램 늘었다(52.5kg→54.2kg). 다시 말하면 오늘날의 중3은 30년 전의 고3보다 훨씬 더 신체 발육이 좋다. 최소한 3년 일찍 어른의 신체가 되고 있다고 말할 수도 있다.

물론 지금의 중3이 아직 더 크는 중이라는 점에서 30년 전의 중3과 키와 몸무게만 다를 뿐 같은 것이 아니냐고 반문할 수 있다. 그러나 이런 신체의 차이는 청소년기의 가장 큰 특징인 사춘기와 2차 성징의 시기도 완전히 바꿔놓았다는 사실을 잊으면 안 된다.

한의사 박기원 박사의 연구는 여성의 2차 성징인 초경과 남성의 2차 성징인 변성기를 통해 1970년과 2012년을 비교하고 있다(〈학교폭력의 눈높이 선도-초경과 변성기 시작시기의 변화 연구결과〉, 2012년). 이 연구에 따르면 1970년의 여성 초경은 만 14.4세였다. 중학교 2학년 무렵에 초경을 맞이했던 것이다. 그런데 2012년의 여학생은 평균적으로 11.9세에 초경을 맞이한다. 2.5세 빨라진 것이다. 초등학교 6학년 나이다. 한편 남자들의 2차 성징인 변성기는 1970년에 15.4세였다. 여자들보다 1년쯤 늦게 시작되었으니 중학교 3학년에 변성기가 온 것이다. 그런데 2012년에는 12.7세에 변성기를 맞는다. 2.7세가 빨라져 중학교 1학년에 변성기가 온다. 결국 부모 세대에 비해 요즘 아이들은 평균 2년 이상 2차 성징이 빨리 온다는 것이다. 그만큼 일찍 신체적으로도 어른이 되는 셈이다.

그런데 더 흥미로운 결과는 보호관찰소에 있는 아이들이나 학교폭력의 가해학생들과의 비교 수치다. 다같이 생각해보자. 이들과 일반적인 10대들 사이에 초경이나 변성기 시기에 유의미한 차이가 있을까?

연구에 따르면 범죄를 저질러 보호관찰소에 있거나 학교폭력 가해자인 10대들의 초경과 변성기 시기는 또래 일반 학생들에 비해 평균적으로 훨씬 빨랐다. 이들의 경우 여학생의 초경은 평균 10.1세(초등학교 4학년 경)이며 남학생의 변성기는 11.2세(초등학교 5학년 경)이다. 또래에 비해서 또 2년 가까이 빠른 셈이다. 1970년대와 비교하면 여학생은 4.3세, 여학생은 4.2세나 빨라진 것이다.

이 같은 결과를 놓고 우리가 해석할 수 있는 방향은 무엇일까? 연구자들은 2차 성징이 빠르다는 결과를 통해 이들이 성조숙증에 걸려 있다고 본다. 엄밀하게 말해 병으로서의 성조숙증은 여자 아이가 8세 이전, 남자 아이가 9세 이전에 2차 성징이 나타나는 경우

성조숙증의 문제점

박기원·김영일·장경익 지음, 《학교폭력의 눈높이 선도》 중에서

(단위 : 세)

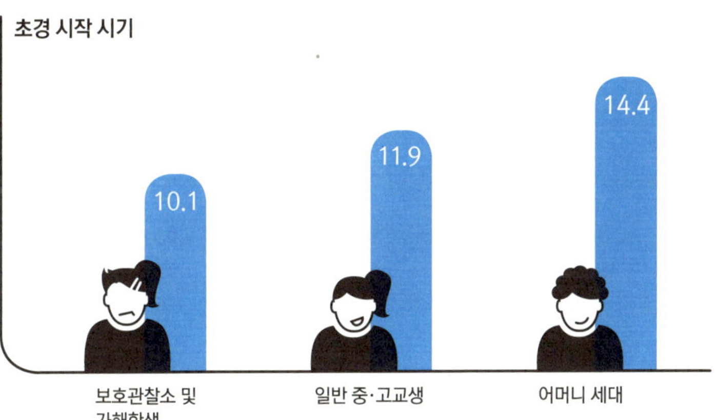

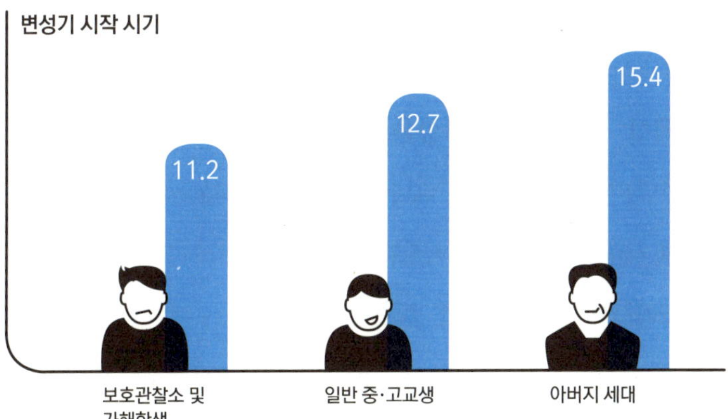

이다. 폭력성을 나타낸 아이들의 경우 병이라고까지 할 수는 없지만 넓은 범위에서 성조숙증으로 판단한 것으로 보인다. 연구진의 해석을 보자.

성조숙증으로 이른 시기에 신체적 변화를 경험하는 아이는 아동기에서 성년기로 옮겨가는 과도기에서 불안정과 불균형으로 인해 긴장과 혼란을 경험하게 됩니다. 이때 느끼는 불안에서 도피하고자 새로운 자극을 추구하거나 비행행위를 저지르기도 합니다. 여러 가지 욕구불만에 대해 인내할 수 있는 능력이 자연스레 키워지는 것이 사춘기의 바람직한 정서 발달이지만 이상행동이 일어날 수 있습니다. 그중 하나가 폭력성입니다.

쉽게 정리하자면 이미 신체적으로 어른이 되어가고 있는데 부모나 학교는 이에 대해 알지 못하거나 무관심해 적절한 대응을 하지 못할 경우 아이들은 폭력적 경향이 나타날 수 있다는 것이다. 부모세대보다 일찍 경계에 선 경계인들은 사회나 가정의 보호를 받지 못할 경우 폭력적 성향을 보일 수 있는 것이다. 조금 더 확대해석을 한다면 '미친 중2' 같은 현상은 경계에 서 있거나 경계를 넘어선 10대들의 신체적 · 성적 성장에 대비하지 못한 어른들의 무식함에 기인한다고도 할 수 있는 것이다.

우리는 사회적 현상에서도 이 같은 사실을 확인할 수 있다. 몇 년 전 유럽 10대들 사이에서 해피슬래핑happy slapping이 한동안 이슈가 되었다. 휴대폰으로 길거리의 아무나 골라 폭행을 하고는 그것을 인터넷에 올려 자랑(?)하는 문화다. 영국에서는 15세와 16세 두 소년이 해피슬래핑을 위해 장난 삼아 67세 노인을 때리는 동영상을 찍어 올렸는데 이 노인이 사망하여 큰 사건이 되기도 하였다. 여기서 디지털이나 모바일 도구들은 단지 수단일 뿐이지만 이 10대들이 겪는 사회와의 부조화를 과거보다 더 쉽게 확장시키고 공유하고 사회적으로 문제를 만들어내는 역할을 단단히 하고 있다.

한편 한국의 10대들은 어떤가? '가출팸' 사례를 보자. 가출팸은 '가출한(할) 아이들끼리 뭉치는 패밀리'다. 카카오스토리와 같은 SNS에서 10대들은 '같이 지낼 사람'을 모으곤 한다. "잘 곳 없어 힘드신 분들 보세요"라거나 "가출팸 구하는 동시에 집 나갈 거예요. 현재 2만5,000원 있어요" 같은 이야기들이 넷상에 떠돈다. 그들은 자기들끼리 엄마, 아빠가 되어 독립하는 꿈을 실현하고자 한다. 《15소년 표류기》 같은 상황을 스스로 만든다. 물론 이 환상은 쉽게 깨진다. 어떤 경우엔 그들 사이에 권력자가 나타나 부족한 돈을 벌어오라며 현실 속 부모들은 시킬 리 없는 성매매를 강요하는 상황에 처하기도 한다. 그러나 가출팸을 찾는 10대들도 무척 진지하다. 도움을 청하는 글을 인터넷에 올리면서 그들은 어김없이 "집으로 돌아가라는 말을 하지 말아요"라는 단서를 남긴다. 하나의 글에는 수십 개의 댓글이 달린다. 놀랍게도 댓글의 대부분은 연락을 해달라는 것이다. 가출팸은 그 자체로는 폭력적이지 않지만 쉽게 폭력과 범죄의 희생양이 될 가능성이 크다. 해피슬래핑 사례와는 반대의 경우인 셈이다.

스스로 폭력을 행사하든 그 반대의 처지로 내몰리든 이들의 공통점은 부모 세대보다 일찍 경험한 경계인으로서 가정이나 사회가 준비하기 전에 사고를 치게 된다는 것이다.

위의 사례들처럼 어두운 길로 접어들지 않는 대다수 일반적인 10대들은 어떻게 될까? 그들은 용케 위험한 고비를 넘기고 '어른'이 되어간다. 물론 개인에 따라 큰 차이들이 있다. 주변에서 경험하는 개별적인 10대에 대한 인상으로 판단해서는 안 된다. 우리는 지금 2차 성징을 10대 초반에 겪은 10대 전체에 대해 이야기하고 있다. 이제 그들은 30~40년 전의 부모세대에 비해 2, 3년 일찍 어른이 된다. 그러나 여전히 그들은 학생일 뿐이며 자신이 겪은 과거를 그대로 투영하는 어른들이 만들어놓은 환경에 사는 경계인들이다. 이것은 커다란 부조화를 낳을 수밖에 없다.

어른과 아이의 경계가 좁아진다

20대, 30대보다 더 정치적인 10대가 얼마든지 가능하다. 10대보다 더 아이 같은 40대 키덜트kidult(장난감 등을 갖고 노는 어른을 뜻함)도 얼마든지 가능하다. 마치 산업이나 학문, 국가의 경계가 허

물어지듯 나이의 경계도 허물어지고 있다. 어머니와 딸이 같이 옷을 고르고 엄마가 딸에게 유행을 묻는 것, 아빠와 아들이 포르노에 대해 토론하는 것, 40대와 10대가 함께 정치적 이슈를 토론하는 것이 당연시되는 시대로 가고 있다. 모모세대는 신체적으로도 조숙할 뿐만 아니라 사회에 대한 관심, 미적 시야의 숙련성, 소비자로서의 감각이나 소비 영역에서의 영향력 등 시민이자 경제인으로서도 충분히 조숙하다. 이제 기성세대가 그들에게 다른 대접을 할 때가 되었다.

문제는 세대 간 권력의 차이다. 기성세대가 무엇을 하든 그들은 권력과 관습과 제도를 갖고 있다. 그러나 새로운 세대인 10대는 그중 어느 것도 갖고 있지 않다.

무엇보다도 일찍 큰 10대들이 '경계인으로서 좌절을 겪은 후 어떻게 될 것인가'가 가장 큰 미래 문제다. 새로운 세대로서 모모세대는 미래의 주역이 될 것임이 자명하다. 시간이 지나면 저절로 그렇게 된다. 따라서 이른 시기의 좌절이 그들의 집단적 정체성의 일부가 되서는 안 된다.

소설가 헤르만 헤세는 고전《수레바퀴 밑에서》에서 공부 잘하고 어른들의 말을 잘 들었던 주인공 한스 기벤라트의 삶을 묘사한다. 어른들의 억압과 그에 대한 순응이 한스를 무거운 삶의 수레바퀴 밑에 깔리게 만들었으며 결국 그를 자살에 이르게 했다고 한탄한다.

학교와 아버지와 몇몇 교사의 잔인한 명예욕이 숨김없이 드러낸 상처받기 쉬운 영혼을 가차 없이 짓밟아 나약하고 아름다운 소년을 이런 지경에까지 이르게 했다고 생각하는 사람은 없었다. 어째서 그는 가장 감수성이 예민하고 위험한 소년 시절에 매일 밤늦게까지 공부를 해야만 했던가? 왜 그에게서 토끼를 빼앗아버렸던가? 왜 라틴어 학교 시절 친구들에게서 떨어뜨려놓았던가? 왜 낚시질이며 돌아다니며 노는 것을 금지했던가? 왜 심신을 갈가리 찢어놓을 뿐인 쓸데없는 공명심을 부추겨, 공허하고 저속한 이상을 불어넣었던가? 왜 시험이 끝나고 나서도 마땅히 누려야 할 휴식조차 허락하지 않았던가? 이제 지칠 대로 지친 노새는 길가에 쓰러져서 아무 쓸모도 없는 존재가 되어 있었다.

10대들에게 세상은 자신의 의지와 상관없이 주어진 것, 거대한 벽과 같다. 아무리 조숙하다 해도 권력과 무관한 그들이 세상의 거대한 벽 전체와 싸워 이길 가능성은 극히 적다. 한편 역설적이게도 오늘날의 기성세대는 기를 쓰고 젊음을 유지하기 위해 애를 쓰고 있다. 고령화 덕택에 수명이 연장되었기 때문이다. 50대나 60대가 되어서도 은퇴는커녕 영원한 현역으로서 일과 놀이와 젊음을 원하고 있다. 그들은 나이가 들었지만 젊은 시절 해보지 못한 것들에 대한 아쉬움으로 잠못 이룬다. 그리고 젊었던 나를 떠올린다. 《60대에 하지 않으면 안될 17가지》의 저자 혼다 겐은 60대가 젊게 살기 위한 교훈으로 '부모의 돌아가신 연령을 세지 않는다',

'나만의 취미를 갖는다', '젊은 친구를 사귄다'와 같은 것들을 제안하고 있다. 또《서드 에이지, 마흔 이후 30년》의 저자 윌리엄 새들러는 '내 안의 어린아이에게 손 내밀기'를 제안한다. 넘어져도 다쳐도 얼른 일어나는 것은 어린 아이의 도전정신이며 내 안에 있을 그 도전정신을 다시 꺼내야 긴긴 인생 후반부를 활력 있게 살 수 있다는 것이다.

앞서 여러 장에 걸쳐 10대들의 잠재력에 대해 이야기했으므로 그것에 대해 되풀이할 필요는 없다.《십대의 두뇌는 희망이다》의 저자 대니얼 J. 시겔은 정신의학 교수로서의 견해를 통해 10대의 '새로운 것에 대한 추구' 경향이 인류 발전의 원동력이었다고 밝혔다. 언제나 그렇다. 10대가 항상 옳은 것은 아니지만 항상 다른 것은 분명하다. 더구나 디지털과 모바일로 인해 변해갈 세상에서 그들의 삶은 그 자체로 이미 트렌드를 앞서서 보여주고 있다. 여기서 세상의 거대한 변화의 수레바퀴 앞에서 버티는 것은 오히려 기성세대다. 새로운 기술과 낡은 감성을 권력으로 오묘하게 버무리는 정도로 거대한 트렌드를 막아설 수는 없다. 10대들의 잠재력은 그들이 20대, 30대가 되었을 때, 진부한 표현이지만 '꽃을 피울 것이다.' 나이가 들었다는 이유로 가진 권력이 그 미래를 꺾을 권리는 없다.

우리가 몰랐던
모모세대 이야기

사회적 발언에 나서는 모모세대
: 동아시아의 10대들

1997년 7월 1일, 155년 만에 홍콩이 중국에 반환되었다. 영국의 오랜 식민지 생활을 거쳐 중국의 행정구역이 되었다. 그 홍콩에서 2014년 민주화에 대한 대규모 시위가 일어났다. 홍콩은 자치권이 있는 행정장관이 선출되지만 중국 정부가 임명권을 가지고 있다. 그런데 2017년부터 행정장관 선거부터는 친중국 성향의 사람만 애초에 출마할 수 있도록 제한하려 하자 대규모 민주화 시위가 일어난 것이다.

흥미로운 것은 이번 시위의 주요 세력 가운데 10대가 끼어 있다는 점이다. 그들은 대부분 홍콩의 중국 반환 이후에 태어났다. '반환둥이'라고도 불리는 그들은 홍콩의 모모세대인 셈이다.

17세의 조슈아 웡은 경찰의 물대포를 우산으로 막자는 아이디어를 냈다. 이후 홍콩 시위는 '우산 혁명'이라고 불렸다. 15세 때부터 정치운동 경력이 있는 그는 벌써부터 차세대 정치인으로 부각되고 있다. '메모 시위'라는 기발한 방식으로 눈길을 끈 사람은 16세 소녀 코라 호다. 홍콩의 미래에 대한 의견이나 아이디어를 직접 만든 벽에 붙이게 하는데 이틀 만에 4,000개가 넘는 메모가 붙으면서 ‘민주주의의 벽’이라는 이름이 생겼다.

“홍콩의 민주주의가 후퇴하고 있어요. (고등학생이지만) 우리는 많은 일을 할 수 있고, 그럴 힘이 있다고 생각해요.”

〈YTN〉 2014. 10. 4

홍콩의 10대는 자신들이 중국인이 아니라 홍콩인이라고 생각한다. 그들은 중국 본토보다 홍콩이 더 선진화되고 민주화된 사회라고 믿으며 자랐다. 또한 그들은 홍콩의 모모세대다. 어려서부터 스마트폰을 가지고 놀며 다양한 정보를 접해왔고 SNS 등을 통해 의견을 나누는데 익숙한 웃자란 경계인들이다. 홍콩의 10대들이 민주화 운동의 상징처럼 부상하고 있는 것은 결코 우연이 아닌 것이다.

영국 〈가디언〉은 조슈아 웡에게 감명을 받았는지 역사를 뒤흔든 10대를 소개하는 기사를 작성했는데 그 중에는 17세의 파키스탄 소녀 말랄라 유사프자이Malala Yousafzai도 포함되어 있다. 그녀는 11살부터 블로그를 시작했고 지역 어린이회의 의장이 되기도 했다. 말랄라의 블로그 활동은 탈레반에 맞서 여성의 교육 권리를 용감하게 주장하는 것이었다. 단지 여자 아이도 학교에 가게 해달라는 것이었다. 그녀의 영향력이 커지자 탈레반은 응징을 결의했고 2012년 7월, 총을 든 테러범이 귀가하는 말랄라가 탄 버스에 올라타 이름을 물은 뒤 그녀의 머리에 총을 쐈다. 영국으로 옮겨져 여러 번의 대수술을 통해 겨우 생명을 건진 그녀는 그러나 결코 물러서지 않았다. 2013년 7월, UN에서의 연설을 통해 여성과 아동의 교육권을 주장했고 이것은 큰 반향을 일으켰다. 그해 최연소 노벨평화상 후보에 추천되었으며 〈타임〉은 '세계에서 가장 영향력이 큰 100인'의 한 사람으로 그녀를 지명했다.

말랄라는 인터넷 보급률이 낮은 파키스탄에서 블로그 활동을 했다. 그러나 파키스탄은 오히려 모바일 국가로 성장하는 중이다. 2013년 기준 휴대폰 보급률이 70퍼센트(1억2,200만 명)에 달하고 이 중 50퍼센트는 휴대폰으로 인터넷에 접속하고 있다. 스마트폰 보급률은 12퍼센트로 대부분 와이파이WiFi 이용자들이지만 3G-4G 모바일 시장의 성장 잠재력이 높아 세계 각국의 통신회사들이 뛰어들고 있는 실정이다. 이제 파키스탄에도 모모세대들이 등장할 것이다.

정치적으로 안정된 선진국에서 모모세대는 모바일에 대한 경험을 바탕으로 새로운 문화와 소비, 비즈니스 영역에서 활약한다. 반면 아시아나 3세계에서는 정치적 문제가 항상 우위에 놓인다. 그러다보니 선진국과 달리 정치, 사회적으로 어른보다 용감하게 세상을 선도하는 역할을 하는 것 같다.

사진출처

4 CC BY, Garry Knight

6 CC BY, Tomas Angermann

36 CC BY, Tony McNell

37 CC BY, Chris Isherwood

71 CC BY, bestreferencesforbuyers.com/2014/09/mobile-phone-applications

72 CC BY, Mike Licht

73 CC BY, Marc Smith

103 CC BY, scottebales.com/the-culture-of-mobile-natives

176 CC BY, Kids these days

177 CC BY, wanelo.com

225 CC BY, splitshire.com

226 CC BY, trigger-proof.com

273 CC BY, Pleuntje

274 CC BY, Pink Sherbet Photography